NÃO CONFIE NOS INSTINTOS

TÍTULO ORIGINAL
Don't trust your gut

AUTOR
Seth Stephens-Davidowitz

Direitos reservados para todos os países de língua portuguesa à exceção do Brasil por:

CONJUNTURA ACTUAL EDITORA, uma chancela de Edições Almedina, S.A.
Avenida Emídio Navarro, 81, 3D -3000-151 Coimbra - Portugal

TRADUÇÃO
Rita Caetano

REVISÃO
Inês Castelhano

CAPA
Joana Carvalho

IMAGEM DE CAPA
© Constantine Johnny / Getty Images

PAGINAÇÃO
João Jegundo

IMPRESSÃO E ACABAMENTO
PUBLITO, ESTÚDIO DE ARTES GRÁFICAS
outubro 2022

DEPÓSITO LEGAL
506740/22

ACTUAL | GRUPOALMEDINA

Biblioteca Nacional de Portugal – Catalogação na Publicação

STEPHENS-DAVIDOWITZ, Seth

Não confie nos instintos. – (Fora de coleção)
ISBN 978-989-694-692-0

CDU 005

NÃO CONFIE NOS INSTINTOS

SETH STEPHENS-DAVIDOWITZ

ACTUAL

PARA A JULIA

Se os dados dizem que amar-te é errado, não quero estar certo.

ÍNDICE

INTRODUÇÃO

AUTOAJUDA PARA CROMOS DOS DADOS

É possível tomar melhores decisões de vida. Os Grandes Dados podem ajudá-lo.

Estamos a viver uma revolução silenciosa no que respeita à nossa compreensão das áreas mais importantes da vida humana — graças à Internet e a todos os dados que gerou. Nos últimos anos, os académicos têm explorado uma variedade enorme de conjuntos de dados que incluem tudo, desde mensagens do OkCupid, a perfis da Wikipédia, a relacionamentos no Facebook. Nesses milhares ou milhões de dados, encontraram, talvez pela primeira vez, respostas credíveis a perguntas fundamentais como:

» O que nos torna bons pais?
» Quem é secretamente rico — e porquê?
» Quais as probabilidades de nos tornarmos uma celebridade?
» Porque é que algumas pessoas são excecionalmente sortudas?
» O que prevê um casamento feliz?
» De um modo mais geral, o que faz as pessoas felizes?

MUITAS VEZES, AS RESPOSTAS QUE OS DADOS REVELAM NÃO SÃO as esperadas — e apontam para decisões diferentes das que se poderiam tomar independentemente deles. Pura e simplesmente, existem nestas pilhas de dados novas informações que lhe podem permitir, ou a alguém que conhece, tomar melhores decisões.

Seguem-se três exemplos apresentados por investigadores que se dedicam a áreas da vida muito díspares.

Exemplo # 1: imagine que é um homem ou mulher solteiro(a) e que não está a conseguir ter tantos encontros como gostaria. Tenta melhorar de todas as maneiras que os outros lhe sugerem. Veste-se melhor. Branqueia os dentes. Faz um novo corte de cabelo caro. Mesmo assim, os encontros não acontecem.

As informações obtidas nos Grandes Dados podem ajudar.

O matemático e autor Christian Rudder estudou todos os perfis do OkCupid para perceber as qualidades dos utilizadores mais bem-sucedidos do site. Concluiu — e não foi propriamente uma surpresa — que os mais apreciados são os abençoados com a beleza convencional: os Brad Pitts e as Natalie Portmans desta vida.

Mas encontrou, nos conjuntos de dados, outros utilizadores que se saíram surpreendentemente bem: os que tinham visuais radicais. Pense, por exemplo, em pessoas com cabelo azul, arte corporal, óculos loucos ou cabeças rapadas.

Porquê? A chave do sucesso destes utilizadores não convencionais é que, embora muitas pessoas não se sintam especialmente atraídas por eles, ou os achem claramente pouco atraentes, outras sentem-se bastante atraídas — e nos encontros isso é o mais importante.

Nos encontros, a menos que seja deslumbrante, a melhor estratégia é, segundo Rudder, obter «muitos Sins, muitos Nãos, mas muito poucos Mais ou Menos». Essa estratégia, concluiu Rudder, pode levar a cerca de 70% mais mensagens. Seja uma versão radical de si mesmo, dizem os dados, e algumas pessoas irão achá-lo extremamente atraente.

Exemplo # 2: imagine que acabou de ter um bebé*. Precisa de escolher um bairro para criar a sua criança. Já sabe como é... consulta amigos, procura no Google alguns factos básicos, visita algumas casas. E *voilà*! Encontra uma casa para a sua família. Parte do princípio de que

* *Mazel tov!*

não há grande ciência nisto. Mas, agora, há uma ciência para procurar bairros.

Recentemente, investigadores aproveitaram registos fiscais, que há pouco tempo passaram a estar disponíveis em formato digital, para estudar as trajetórias de vida de centenas de milhões de americanos. Os cientistas concluíram que ser criado em certas cidades — e mesmo em certos bairros dentro dessas cidades — pode melhorar drasticamente os percursos de vida de uma pessoa. E estes bairros excelentes não são necessariamente aqueles que as pessoas supõem — nem são os mais caros. Atualmente, existem mapas que podem informar os pais, com base numa extensa análise de dados, sobre a qualidade de cada pequeno bairro dos Estados Unidos.

E não é tudo. Os investigadores também exploraram dados para encontrar as características que os melhores bairros para criar crianças tendem a partilhar; nesse processo, têm vindo a contradizer muita sabedoria popular sobre a educação de crianças. Graças aos Grandes Dados, somos finalmente capazes de dizer aos pais o que realmente importa para criar uma criança de sucesso (dica: modelos exemplares de adultos) e o que importa muito menos (dica: as escolas mais sofisticadas).

Exemplo # 3: imagine que é um aspirante a artista e não está a conseguir alcançar a sua grande oportunidade. Compra todos os livros que pode na sua área. Pede *feedback* aos amigos. Revê as suas peças uma e outra vez e volta a rever, mas nada parece funcionar. Não consegue perceber o que está a fazer de errado.

Os Grandes Dados descobriram um erro provável.

Um estudo recente do percurso de carreira de centenas de milhares de pintores, liderado por Samuel P. Fraiberger, descobriu um padrão, anteriormente desconhecido, no motivo de alguns serem bem-sucedidos e outros não. Então, qual é o segredo que distingue os grandes nomes dos lutadores anónimos?

Muitas vezes, é a forma como apresentam o trabalho. Os dados dizem-nos que os artistas que nunca têm sucesso tendem a apresentar o seu trabalho em poucos e nos mesmos lugares, repetidamente. Os artistas que alcançam sucesso apresentam em espaços muito mais abrangentes, o que lhes permite tropeçar numa grande oportunidade.

Muitas pessoas já discutiram a importância de aparecer para a carreira, mas os cientistas de dados constataram que o que importa é aparecer em vários sítios.

Este livro não pretende dar dicas apenas a pessoas solteiras, pais recentes ou aspirantes a artistas — embora tenha mais lições para todos eles. O meu objetivo é apresentar algumas explicações de conjuntos de dados novos e vastos, que sejam úteis para si, independentemente da fase da vida em que esteja. Encontrará lições recentemente descobertas por cientistas de dados sobre como ser mais feliz, ter melhor aparência, avançar na carreira, e muito mais. E a ideia do livro surgiu-me numa noite enquanto... estava a ver um jogo de basebol.

MONEYBALL PARA A SUA VIDA

Eu e outros fãs de basebol não podemos deixar de notar: o basebol é um jogo muito diferente do que era há três décadas. Quando era rapazinho e aplaudia os meus adorados New York Mets, as equipas de basebol tomavam decisões de acordo com o instinto e a intuição. Optavam por bater ou roubar a bola com base no que o treinador sentia e escolhiam os jogadores com base nas impressões dos olheiros.

No entanto, na segunda metade do século XX, surgiram sinais de um caminho melhor. Todos os anos durante a minha infância, o meu pai trazia para casa um novo livro de Bill James. James, que trabalhava no turno da noite como segurança numa fábrica de conservas de porco e feijão no Kansas, era um fã obsessivo de basebol. Tinha uma abordagem atípica na análise do jogo: usava os computadores mais recentes no mercado e dados digitalizados. James e os seus pares — chamados *sabermetricians** — descobriram, na sua análise de dados, que muitas das decisões que as equipas normalmente tomavam, quando confiavam no seu instinto, estavam completamente erradas.

Quantas vezes as equipas devem bater? Muito menos vezes, disseram os *sabermetricians*. Quantas vezes devem roubar? Quase nunca.

* Analistas de dados estatísticos, especializados em basebol. *[N. do E.]*

Quanto valiam os jogadores que faziam muitas passagens? Mais do que as equipas pensavam. Quem é que as equipas deveriam selecionar? Mais lançadores universitários.

O meu pai não era o único curioso com o trabalho de James. Billy Beane, um antigo jogador de basebol que se tornou executivo de basebol, era um grande fã de Bill James. Quando se tornou diretor-geral dos Oakland A's, optou por dirigir a equipa utilizando os princípios da estatística especializada.

Os resultados foram notáveis. Como o livro e o filme *Moneyball — Jogada de Risco* popularizaram, os Oakland A's — apesar de terem dos salários mais baixos no basebol — chegaram aos *playoffs* em 2002 e 2003, tendo o papel da analítica no basebol explodido desde então. Os Tampa Bay Devil Rays, que foram chamados «uma equipa mais Moneyball do que os próprios Moneyball A's», alcançaram a World Series 2020, apesar de terem o terceiro menor vencimento no basebol.

Mais: os princípios do Moneyball e a poderosa ideia subjacente — de que esses dados podem ser úteis para corrigir os nossos vieses — transformaram muitas outras instituições. Outros desportos, por exemplo. As equipas da NBA confiam cada vez mais em análises que acompanham a trajetória de cada lance. Em dados de 300 milhões de lances, foram encontrados grandes desvios de lançamentos ótimos. O jogador médio da NBA, ao que parece, tem o dobro da probabilidade de falhar um lance demasiado curto, e não um demasiado longo. E, quando lança a partir do canto, é mais provável que falhe para o lado da tabela, talvez por ter demasiado medo de acertar. Os jogadores têm utilizado esta informação para corrigir estas tendências — e conseguir fazer mais lançamentos.

As empresas de Silicon Valley foram construídas, em grande parte, de acordo com os princípios Moneyball. A Google, onde já trabalhei como cientista de dados, sem dúvida que acredita no poder dos dados para tomar decisões importantes. A saída da empresa de um programador tornou-se famosa porque muitas vezes ignorou a intuição de programadores treinados a favor dos dados. A última gota para o programador foi uma experiência que testou 41 tons de azul num *link* publicitário no Gmail para recolher dados sobre quais seriam os cliques mais frequentes. O programador pode ter ficado frustrado, mas a experiência de dados compensou a Google com cerca de 200 milhões de dólares por ano em receitas adicionais de anúncios, e a Google nunca hesitou na sua crença nos dados ao construir a sua empresa de 1,8 biliões de dólares. Como Eric Schmidt, o antigo CEO, afirmou: «Confiamos em Deus», «Todos os outros têm de trazer dados».

James Simons, um matemático de renome e fundador da Renaissance Technologies, levou a análise de dados rigorosa para Wall Street. Ele e uma equipa de matemáticos financeiros criaram um conjunto de dados sem precedentes de preços de ações e eventos do mundo real e pesquisaram padrões. O que costuma acontecer às ações depois de anúncios de resultados? Escassez de pão? A empresa é mencionada nos jornais?

Desde a sua fundação, a marca emblemática da Renaissance, o fundo Medallion — que negoceia inteiramente baseada nos padrões dos dados —, teve um retorno de 66% por ano antes das taxas. Ao longo do mesmo período, o S&P 500 teve um retorno de 10% por ano. Kenneth French, um economista associado à hipótese do mercado eficiente, que sugere ser quase impossível realmente superar o S&P 500, explicou o sucesso da Renaissance da seguinte forma: «Pelos vistos, são simplesmente melhores do que todos nós».

Mas como tomamos grandes decisões nas nossas vidas pessoais? Como escolhemos com quem casar, como ter encontros, como passar o nosso tempo, se devemos aceitar um emprego?

Somos mais como os A's em 2002 ou como as outras equipas de basebol da altura? Mais como a Google ou uma loja de família? Mais como a Renaissance Technologies ou como um gestor financeiro tradicional?

Eu diria que a grande maioria de nós, na grande maioria das vezes, depende demasiado do instinto para tomar as maiores decisões. Podemos consultar alguns amigos, familiares ou estranhos ao acaso na rua. Podemos ler alguns conselhos que não se baseiam em nada concreto. Podemos ler de relance algumas estatísticas muito básicas. Depois, fazemos o que nos parece certo.

Enquanto assistia àquele jogo de basebol, questionei-me: o que poderia acontecer, se escolhêssemos uma abordagem baseada nos dados para as decisões mais importantes da vida? E se geríssemos as nossas vidas pessoais da mesma forma que Billy Beane geriu os Oakland A's?

Sabia que essa abordagem à vida é cada vez mais possível hoje em dia. No meu livro anterior, *Toda a Gente Mente*, explorei como todos os novos dados disponíveis graças à Internet estão a transformar a nossa compreensão da sociedade e da mente humana. A revolução das estatísticas pode ter chegado primeiro ao basebol, graças a todos os dados que adeptos obcecados em estatísticas procuraram e recolheram. A revolução *Lifeball* é possível graças a todos os dados que os nossos *smartphones* e computadores recolheram.

Considere esta pergunta nada trivial: o que faz as pessoas felizes?

Os dados para responder a esta pergunta de uma forma rigorosa e sistemática não estavam disponíveis no século XX. Quando a revolução Moneyball atingiu o basebol, os *sabermetricians* podem ter conseguido analisar dados de todas as jogadas devidamente registadas para todos os jogos. Na altura, contudo, os cientistas de dados não possuíam o equivalente de todas as jogadas para as decisões de vida das pessoas e o estado de espírito daí resultante. Na altura, a felicidade, ao contrário do basebol, não estava aberta a uma pesquisa quantitativa rigorosa.

Mas agora está.

Investigadores brilhantes como George MacKerron e Susana Mourato usaram *iPhones* para criar um conjunto de dados sem precedentes sobre a felicidade. Recrutaram dezenas de milhares de utilizadores a quem enviavam um *ping* para os seus *smartphones* ao longo do dia. Faziam perguntas simples como o que estavam a fazer, com quem estavam e quão felizes se sentiam. A partir daí, criaram um conjunto de dados de mais de três milhões de pontos de felicidade, muito diferente das dezenas de dados que anteriormente eram o conteúdo da pesquisa sobre a felicidade.

Por vezes, os resultados nestes milhões de dados são provocadores; por exemplo, dizem que os adeptos de desportos sofrem mais com as derrotas do que se alegram com as vitórias das suas equipas. Por vezes, os resultados são contraintuitivos; por exemplo, beber álcool tende a dar um acréscimo maior de felicidade a alguém a fazer tarefas do que a alguém a socializar com os amigos. Por vezes, os resultados são profundos; por exemplo, o trabalho tende a tornar as pessoas infelizes, a menos que trabalhem com amigos.

Mas os resultados são sempre úteis. Já se perguntou precisamente de que forma o estado do tempo altera o seu humor? Que atividades tendem sistematicamente a enganar-nos na quantidade de prazer que nos vão conferir? Qual é o verdadeiro papel que o dinheiro desempenha na felicidade? Em que medida o ambiente que nos rodeia determina como nos sentimos? Agora, temos respostas credíveis para todas essas perguntas — respostas que serão discutidas nos Capítulos 8 e 9. Na verdade, vou até concluir este livro com uma fórmula confiável para a felicidade que foi revelada por milhões de *pings* de *smartphones*. Chamo-lhe a Resposta para a Vida Baseada nos Dados.

Então, nos últimos quatro anos, motivado por um jogo de basebol, desapareci num estudo intensivo. Conversei com investigadores, li ensaios académicos, analisei os apêndices dos trabalhos de uma forma que tenho a certeza que nenhum investigador estava à espera e fiz algumas pesquisas e interpretações em nome próprio. Encarava o meu trabalho como encontrar os Bill Jameses de áreas como o casamento, a paternidade, a realização desportiva, a riqueza, o empreendedorismo, a sorte, o estilo e a felicidade — e permitir que todos vocês se tornassem o Billy Beane das vossas vidas pessoais. Estou pronto para relatar tudo o que encontrei.

Chame-lhe «Moneyball para a sua vida».

AS MUDANÇAS DE CAMPO DA VIDA

Antes de aprofundar a pesquisa, coloquei-me algumas questões básicas. Como poderá ser a vida construída de acordo com os princípios Moneyball? Como pode parecer o nosso processo de tomada de decisão se, como os A's e os Rays, seguirmos os dados em vez dos nossos instintos? Algo impressionante nos jogos de basebol pós-Moneyball é que algumas das decisões tomadas por equipas de basebol que se baseiam nos dados é... bem, um pouco estranha. Considere o seguinte exemplo: a localização do defesa interno.

Na era pós-Moneyball, as equipas de basebol cada vez mais optam por efetuar mudanças de campo. Enchem uma parte do campo com defesas, deixam vastas áreas completamente desprotegidas, aparentemente escarrapachadas para um batedor lançar a bola. A mudança de campo é considerada positivamente absurda pelos adeptos do basebol tradicional, mas não é absurda. Essas mudanças são justificadas por montanhas de dados que preveem onde há maior probabilidade de jogadores em particular baterem a bola. Os números dizem às equipas de basebol que, embora pareça errado, está certo.

Se optarmos pela abordagem Moneyball para a vida, vamos da mesma forma constatar que algumas decisões aparentemente estranhas — chame-lhes as mudanças de campo da vida — são justificadas.

Já discutimos algumas. Rapar o cabelo ou pintá-lo de azul para conseguir mais encontros é uma mudança de campo na vida. Seguidamente, apresento mais uma, descoberta nos Grandes Dados das vendas.

Imagine que está a tentar vender algo. Esta é uma experiência cada vez mais comum. Como o autor Daniel Pink diz no seu livro *Saber Vender é da Natureza Humana*, quer estejamos a «apresentar a colegas, a convencer financiadores, [ou] a conquistar crianças... todos estamos a vender algo».

Seja qual for a sua apresentação, dê o seu melhor.

Escreve a sua apresentação. (Isso é bom!) Treina a sua apresentação. (Bom!) Tem uma boa noite de sono. (Bom!) Toma um pequeno-almoço substancial. (Bom!) Luta contra a ansiedade e apresenta-se. (Bom!) E, quando está a apresentar a sua venda, lembra-se de transmitir o seu entusiamo com um enorme e carinhoso sorriso rasgado. (Isto... não é bom.)

Um estudo recente analisou os efeitos da expressão emocional de um vendedor em relação ao que vende.

O conjunto de dados: 99,451 lançamentos de vendas numa plataforma de venda a retalho *livestreaming*. (Hoje em dia, as pessoas estão cada vez mais a comprar produtos em serviços como a Amazon Live, que lhes permite apresentarem o seu produto por vídeo a potenciais clientes.) Os investigadores receberam os vídeos de cada apresentação de vendas com os dados da quantidade de produtos depois vendida.

(Também dispunham de dados sobre o produto vendido, o preço do produto, e se oferecia portes de envio.)

Os métodos: inteligência artificial e aprendizagem profunda. Os investigadores converteram os 62,32 milhões de fotogramas de vídeo em dados. Em particular, a IA conseguiu codificar a expressão emotiva do vendedor durante o vídeo. O vendedor parecia zangado? Desgostoso? Assustado? Surpreendido? Triste? Ou feliz?

O resultado: os investigadores concluíram que a expressão emotiva de um vendedor era um grande indicador da quantidade de produto que iria vender. Não é de surpreender que, quando um vendedor expressou emoções negativas, como raiva ou desgosto, vendeu menos. A raiva não vende. Mais surpreendente foi ver que, quando o vendedor expressou emoções altamente positivas, como felicidade ou surpresa, vendeu menos. A alegria não vende. No que concerne a aumentar as vendas, comprova-se que um vendedor que controla o entusiasmo — com uma cara séria, em vez de um sorriso — é duas vezes mais frutífero do que envios grátis.

Às vezes, para vender o seu produto, deve transmitir menos entusiasmo. Pode parecer-lhe errado, mas os dados dizem que está certo.

DE *TODA A GENTE MENTE* A *NÃO CONFIE NOS INSTINTOS*

Vou fazer uma breve pausa para justificar este livro perante os leitores do meu primeiro livro, *Toda a Gente Mente*. Alguns de vós podem ter tido interesse por este livro porque gostaram do anterior. Se isso não explica como chegaram a este livro, talvez consiga convencer-vos nas próximas páginas a comprar também o outro. Vou tentar.

Em *Toda a Gente Mente*, discuti o meu estudo da forma como podemos usar as pesquisas do Google para descobrir o que as pessoas realmente pensam e fazem. Chamei às pesquisas no Google «soro da verdade digital» porque as pessoas são muito honestas com o motor de pesquisa. E apelidei as pesquisas no Google de o conjunto de dados mais importante alguma vez recolhido sobre a psique humana.

Demonstrei que:

- As pesquisas racistas no Google previram onde Barack Obama teve piores resultados nas eleições presidenciais de 2008 e de 2012.
- As pessoas frequentemente escrevem frases completas no Google, coisas como «Odeio o meu patrão», «Estou com os copos» ou «Adoro as mamas da minha namorada».
- O *top* das pesquisas no Google que começam por «o meu marido quer...» na Índia é «o meu marido quer que o amamente». Na Índia, há quase tantas pesquisas no Google a pedir conselhos sobre como amamentar um marido como há para os bebés.
- As pesquisas no Google para abortos caseiros estão praticamente concentradas em zonas dos EUA onde é difícil fazer um aborto legal.
- Os homens pesquisam mais informação sobre como aumentar o pénis do que como afinar uma guitarra, mudar um pneu ou fazer uma omelete. Uma das maiores pesquisas no Google sobre o pénis é «Quão grande é o meu pénis?».

NO FINAL DESSE LIVRO, SUGERI QUE O MEU PRÓXIMO LIVRO SE chamasse *Toda a Gente (Ainda) Mente*, e iria a continuar a explorar o que as pesquisas no Google nos dizem. Lamento, pelos vistos, era mentira — era de esperar, vindo do autor de *Toda a Gente Mente*.

À primeira vista, este livro é muito diferente. E, se esperava ter mais análise das pesquisas dos homens sobre os seus genitais, vai ficar bastante desapontado. Pronto, digo-lhe mais uma. Sabia que os homens às vezes escrevem frases completas no Google a declarar o tamanho do seu pénis? Escrevem no Google, por exemplo, «O meu pénis mede 12 cm». Se analisarmos os dados em todas estas pesquisas, estes revelam uma distribuição perto do normal de tamanhos de pénis reportados no Google centrada aproximadamente nos 12 cm.

Pesquisas no Google do género «O meu pénis mede _ centímetros»

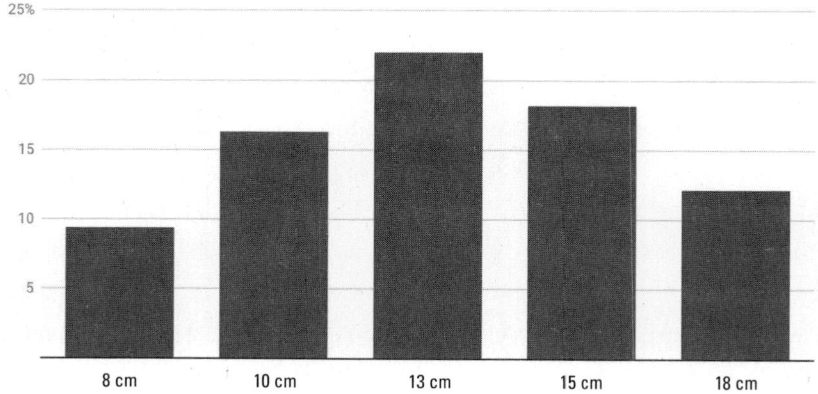

Mas vamos avançar da minha investigação do mundo louco dos dados sobre pesquisas no Google; como referi, pode saber mais em *Toda a Gente Mente*.

A maior parte da pesquisa deste livro, ao contrário de *Toda a Gente Mente*, é de outras pessoas, não é minha. Este livro é mais prático, é estritamente focado no autoaperfeiçoamento, ao invés de explorar partes aleatórias da vida moderna. Para além disso, dá consideravelmente menos ênfase ao sexo do que o anterior. Qualquer discussão sobre sexo não se vai focar nos desejos sexuais secretos ou nas inseguranças das pessoas, tópicos bastante abordados no livro anterior. Pelo contrário, a discussão sobre sexo limita-se a aferir se o sexo faz as pessoas felizes (*spoiler*: faz).

Considero este livro uma continuação natural do meu primeiro livro por duas razões.

Em primeiro lugar, a motivação para este livro baseia-se, em parte, no seguimento dos dados daquilo que os leitores realmente querem, e não no que dizem que querem. Depois de ter escrito *Toda a Gente Mente*, como bom analista de mercado, perguntei aos leitores o que mais lhes tinha chamado a atenção. A maior parte disse-me que tinha ficado particularmente comovida com algumas das partes sobre os maiores problemas do mundo e de como podemos melhorá-los — abuso de menores ou desigualdade, por exemplo.

Mas, enquanto autor de *Toda a Gente Mente*, as respostas das pessoas deixaram-me cético e quis ver outros dados — talvez um pouco de soro da verdade digital. Analisei as partes mais sublinhadas nas versões do Kindle, da Amazon, e constatei que as pessoas frequentemente sublinhavam passagens sobre como podiam melhorar as suas vidas e raramente sublinhavam passagens sobre como melhorar o mundo. Concluí que as pessoas são atraídas para a autoajuda, quer o admitam quer não.

Um estudo mais extenso dos dados do Kindle, da Amazon, chegou a uma conclusão similar. Os investigadores constataram, a partir de uma grande amostra de livros, que era mais provável 12 vezes a palavra «você» aparecer nas frases mais sublinhadas do que outras frases. Por outras palavras, as pessoas gostam mesmo de frases que incluem a palavra «você».

Por conseguinte, o primeiro parágrafo de *Não Confie nos Instintos*:

«É possível tomar melhores decisões de vida. Os Grandes Dados podem ajudá-lo.»

Esse primeiro parágrafo foi impulsionado pelos dados e não pelo instinto. Foi-lhe entregue num livro escrito para o ajudar a conseguir mais daquilo que quer na sua vida. Gostou?

A popularidade dos livros que podem oferecer ajuda aos leitores também é confirmada por uma imersão profunda nos livros mais populares da História. Analisei os livros mais vendidos de todos os tempos. A maior categoria de *best-sellers* de não-ficção é a de autoajuda (representa aproximadamente 42% dos livros de não-ficção mais populares de sempre). A seguir, temos memórias de celebridades (28%) e, em terceiro lugar, estudos sobre sexo (8%).

O que estou a tentar dizer é que, seguindo os dados, primeiro, vou escrever este livro de autoajuda. Depois, escrevo *Sexo: os Dados*. Depois, espero que me torne suficientemente famoso para escrever *Seth: Memórias do Autor que Ficou Famoso por Seguir os Dados sobre os Livros que Vendem*.

A segunda ligação entre *Toda a Gente Mente* e *Não Confie nos Instintos* é que este livro também é sobre a utilização de dados para descobrir os segredos da vida moderna. Uma das razões de os dados serem tão úteis para tomar melhores decisões é que nos escondem factos básicos sobre o mundo. Há segredos sobre quem consegue o que quer na vida que são revelados pelos Grandes Dados.

Este segredo, por exemplo: quem é rico? Claramente, saber isto ajudaria qualquer pessoa que quer ganhar mais dinheiro. Mas saber isto é complicado por muitas pessoas ricas não quererem que os outros saibam que são ricas.

Um estudo recente utilizou registos fiscais recém-digitalizados para realizar, de longe, o estudo mais abrangente sobre pessoas ricas. Os investigadores concluíram que o típico americano rico não é um magnata da tecnologia, um manda-chuva corporativo ou algumas das outras pessoas que naturalmente se poderia esperar. O típico americano rico é, segundo os autores, o proprietário de «um negócio local», como «um revendedor de automóveis [ou] distribuidor de bebidas». Quem diria?!? No Capítulo 4, vamos discutir por que razão assim é — e o que implica para a forma como escolher uma carreira.

A comunicação social também nos mente — ou pelo menos dá-nos uma impressão enganadora de como o mundo funciona ao selecionar apenas certas histórias para contar. Usar dados para contornar essas mentiras pode levar-nos a informação útil para tomar decisões.

Um exemplo: idade e sucesso empresarial. Os dados desvendaram que a comunicação social nos dá uma visão distorcida da idade dos típicos empreendedores. Um estudo recente constatou que a idade média dos empreendedores que figuram em revistas de negócios é de 27 anos. A imprensa adora contar-nos histórias emocionantes de miúdos génios que criaram empresas importantes. Mas qual é a idade do empreendedor típico, na realidade? Um estudo recente do universo de empreendedores constatou que, em média, o empresário de sucesso tem 42 anos. E as probabilidades de começar um negócio de sucesso aumentam até aos 60 anos. Para além disso, a vantagem da idade no mundo empresarial verifica-se mesmo na tecnologia, um campo em que a maioria acredita que é necessário ser-se jovem para dominar as novas ferramentas.

Certamente, a vantagem da idade em todos os tipos de empreendedorismo é uma informação útil para alguém que atingiu a meia-idade e pensa que a oportunidade de iniciar um negócio já passou. No Capítulo 5, vamos quebrar alguns mitos sobre o sucesso empresarial e discutir uma fórmula fiável — descoberta nos dados — que é suscetível de maximizar as hipóteses de alguém criar um negócio de sucesso. Quando tem conhecimento dos dados sobre como o mundo realmente funciona — e evita as mentiras dos indivíduos e dos meios de comunicação —, está preparado para tomar melhores decisões de vida.

DE DEUS AOS SENTIMENTOS E AOS DADOS

No último capítulo de *Homo Deus*, Yuval Noah Harari escreve que estamos a passar por uma «tremenda revolução religiosa, que não se vê desde o século XVIII». A nova religião, diz Harari, é o dataísmo — ou fé nos dados.

Como chegámos até aqui?

Durante grande parte da História da Humanidade, evidentemente, as pessoas mais instruídas no mundo atribuíram a maior autoridade a Deus. Segundo Harari, «Quando as pessoas não sabiam com quem casar, que carreira escolher ou se deviam começar uma guerra, liam a Bíblia e guiavam-se por aí».

A revolução humanista, que Harari situa no século XVIII, questionou a mundivisão centrada em Deus. Académicos como Voltaire, John Locke e o meu filósofo favorito, David Hume, sugeriram que Deus era uma invenção da imaginação humana e que as regras da Bíblia eram erróneas. Sem nenhuma autoridade externa para nos guiar, os filósofos sugeriram que os seres humanos se guiam a si próprios. As formas de tomar decisões importantes, na era do humanismo, segundo Harari, eram «ouvir-nos a nós próprios», «observar o pôr do sol», «ter um diário privado» e «ter conversas de coração aberto com bons amigos».

A revolução dataísta, que acabou de começar e, diz Harari, pode demorar décadas ou mais a ser inteiramente aceite, questionou a mundivisão centrada nos sentimentos dos humanistas. O estatuto quase religioso dos nossos sentimentos foi questionado por cientistas e biólogos. Descobriram que, nas palavras de Harari, «os organismos são algoritmos» e os sentimentos «limitam-se a processar os cálculos bioquímicos».

Para além disso, cientistas comportamentais emblemáticos como Amos Tversky e Daniel Kahneman concluíram que os nossos sentimentos frequentemente nos desorientam. A mente, segundo Tversky e Kahneman, está repleta de preconceitos.

Acha que o seu instinto é um guia fiável? Segundo eles, não é assim. É frequente sermos demasiadamente otimistas; sobrestimamos a prevalência de histórias fáceis de lembrar; agarramo-nos a informação que se enquadra naquilo em que queremos acreditar; concluímos erradamente que conseguimos explicar acontecimentos que, na altura, eram imprevisíveis; e assim por diante.

«Ouvirmo-nos a nós próprios» pode ter parecido libertador e romântico aos humanistas, mas «ouvirmo-nos a nós próprios» parece francamente perigoso depois de ler a última edição da *Psychological Review* ou do artigo magnífico da Wikipédia «List of cognitive biases/ /Lista de preconceitos cognitivos».

Finalmente, a revolução dos Grande Dados oferece-nos uma alternativa a ouvirmo-nos a nós próprios. Enquanto os nossos instintos — e os conselhos dos outros seres humanos — possam ter parecido aos humanistas a única fonte de sabedoria a que poderíamos recorrer num universo sem Deus, os cientistas de dados estão, cada vez mais, a analisar e a gerar conjuntos de dados enormes que podem libertar-nos dos preconceitos das nossas próprias mentes.

Harari também defende que «no século XXI, os sentimentos já não são os melhores algoritmos do mundo. Estamos a desenvolver algoritmos superiores que usam um poder computorizado sem precedentes e bases de dados gigantes». De acordo com o dataísmo, «Quando reflete sobre com quem casar, que carreira encetar ou se deve começar uma guerra», agora, a resposta «são algoritmos [que] nos conhecem melhor do que nós nos conhecemos a nós próprios».

Não sou presunçoso a ponto de afirmar que *Não Confie nos Instintos* é a bíblia do dataísmo ou de tentar escrever os Dez Mandamentos do Dataísmo, embora gostasse imenso que ficasse a pensar nos investigadores cujo trabalho aqui discuto como os profetas do dataísmo. (São, de facto, inovadores a esse nível.) Mas espero que este livro lhe mostre como é a nova mundivisão do dataísmo e que ofereça alguns algoritmos que possam ser úteis para si ou para um amigo que esteja perante uma decisão importante. *Não Confie nos Instintos* tem nove capítulos; cada um explora aquilo que os dados nos podem dizer acerca de uma área importante da vida. O primeiro vai focar-se talvez na maior decisão da vida das pessoas e na decisão que Harari elenca em primeiro lugar como uma que pode ser transformada pelo dataísmo.

Então, dataístas e potenciais dataístas convertidos: pode um algoritmo ajudá-lo a escolher «com quem casar?»

CAPÍTULO 1

CASAMENTO COM IA

Com quem deve casar?

Esta deve ser a decisão com mais consequências na vida de uma pessoa. É certo que o investidor multimilionário Warren Buffett pensa que sim. Diz que a pessoa com quem casamos «é a decisão mais importante que podemos tomar». No entanto, as pessoas raramente recorreram à ajuda da ciência para tomarem esta decisão importantíssima. Verdade seja dita, a ciência não tem tido grande ajuda para dar.

Os académicos das ciências sociais do ramo das relações têm tentado encontrar respostas, mas tem sido difícil e dispendioso recrutar grandes amostras de casais. Os estudos neste campo tenderam a basear-se em amostras minúsculas, e diferentes estudos mostraram frequentemente resultados contraditórios. Em 2007, o eminente académico Harry Reis, da Universidade de Rochester, comparou este campo das ciências sociais com uma adolescente: «dispersa, por vezes desregrada, e talvez mais misteriosa do que gostaríamos».

Há alguns anos, uma jovem cientista, enérgica e extremamente curiosa, a brilhante canadiana Samantha Joel, quis mudar isso. Joel, como tantos da sua área, estava interessada no que pode determinar relacionamentos de sucesso, mas tinha uma abordagem marcadamente diferente dos restantes. Joel não se limitou a recrutar uma nova amostra minúscula de casais. Em vez disso, agregou dados de outros estudos já existentes. Concluiu que, se conseguisse agregar dados dos pequenos estudos existentes, conseguiria ter um conjunto de dados vasto — e obter dados suficientes para constatar de forma fidedigna o que prevê o sucesso nas relações e o que não prevê.

O plano resultou. Convocou todos os professores que conseguiu encontrar que tinham recolhido dados sobre relacionamentos — a sua equipa acabou por incluir outros 85 cientistas — e conseguiu criar um conjunto de dados de 11 196 casais, ordens de grandeza superiores a qualquer outro estudo sobre relações amorosas*.

A dimensão do conjunto de dados era impressionante, assim como a informação nele contida.

Joel e a equipa de investigadores mediram o nível de felicidade que cada casal reportou na sua relação, tendo obtido dados sobre tudo o que pode pensar medir numa relação de duas pessoas.

Os investigadores tinham dados sobre:

» demografia (por exemplo, idade, formação, rendimento e raça)
» aparência física (por exemplo, quão atraentes as outras pessoas classificaram o parceiro)
» preferências sexuais (por exemplo, com que frequência cada parceiro queria sexo ou até que ponto gostavam que fosse bizarro)
» interesses e passatempos
» saúde mental e física
» valores (por exemplo, as suas opiniões sobre política, relações e educação de crianças)
» e muito, muito mais.

Para além disso não tinham apenas mais dados do que toda a gente na área: tinham melhores métodos estatísticos. Joel e alguns dos outros investigadores dominavam a aprendizagem automática, um subgrupo de inteligência artificial que permite aos estudiosos contemporâneos detetar padrões subtis em grandes conjuntos de dados. Podemos

---

* O estudo focou-se em relacionamentos heterossexuais. Mais investigação poderá explorar quaisquer diferenças entre casais homossexuais.

apelidar o projeto de Joel de Casamento com IA, uma vez que esteve entre os primeiros estudos a usar estas técnicas avançadas para tentar prever a felicidade nos relacionamentos.

Se gosta de adivinhas, pode tentar prever os resultados. Quais lhe parecem os maiores indicadores de sucesso num relacionamento? Serão os interesses em comum mais importantes do que os valores em comum? Qual a importância da compatibilidade sexual a longo prazo? Será que vir de um contexto similar torna um casal mais feliz?

Depois de criar a sua equipa e de recolher e analisar os dados, Joel estava pronta para apresentar os resultados — possivelmente os resultados do projeto mais emocionante da história das ciências sociais no campo das relações.

Joel marcou uma conferência para outubro de 2019 na Universidade de Waterloo, no Canadá, com o título direito ao assunto: «Conseguimos ajudar as pessoas a escolher melhores parceiros românticos?».

Então, será que Samantha Joel — em conjunto com 85 dos mais reconhecidos cientistas do mundo, combinando dados de 43 estudos, extraindo centenas de variáveis recolhidas de mais de dez mil casais, e utilizando modelos de aprendizagem de máquinas de última geração — consegue ajudar as pessoas a escolherem melhores parceiros românticos?

Não.

Samantha Joel disse-me, numa entrevista via Zoom, que a primeira — e mais surpreendente — lição dos dados é «o nível de imprevisibilidade que as relações parecem ter». Joel e os seus coautores constataram que a demografia, as preferências e os valores de duas pessoas tinham surpreendentemente pouco poder na previsão se aquelas duas pessoas eram felizes numa relação romântica.

E aqui está, amigos. Agora, a inteligência artificial consegue:

» derrotar os humanos mais talentosos do mundo no xadrez e no *Go*;
» prever de forma fiável a agitação social cinco dias antes de ocorrer, apenas com base em conversas na Internet;
» informar as pessoas de uma questão de saúde emergente, como a doença de Parkinson, com base nos odores que emitem.

Mas, se pedir à IA que descubra se dois seres humanos conseguem construir juntos uma vida feliz, a IA irá revelar a mesma ignorância que todos nós.

BEM... DE FACTO, DESILUDE UM POUCO — E TAMBÉM é um começo verdadeiramente horrível do capítulo do meu livro que apresenta a tese arrojada de que a ciência dos dados pode revolucionar a forma como tomamos decisões na vida. Será que a ciência dos dados não tem nada para nos oferecer quando escolhemos um par romântico, talvez a decisão mais importante que vamos ter de tomar na vida?

Nem por isso. Na verdade, há lições importantes a retirar do projeto de aprendizagem automática de Joel e coautores, mesmo que a capacidade dos computadores de preverem o sucesso romântico seja pior do que muitos de nós teríamos suposto.

Em primeiro lugar, enquanto Joel e a sua equipa descobriram que o poder de todas as variáveis que tinham recolhido para prever a felicidade de um casal era surpreendentemente pequeno, encontraram algumas variáveis num companheiro que pelo menos aumentam ligeiramente as probabilidades de sermos felizes com ele. Mais importante, a dificuldade surpreendente de prever o sucesso romântico por vezes teve implicações contraintuitivas relativamente à forma como devemos escolher os parceiros românticos.

Atente no seguinte: inúmeras pessoas certamente acreditam que muitas das variáveis que Joel e a equipa estudaram são importantes na escolha de um par romântico, sendo que competem ferozmente por parceiros com certos traços, porque partem do princípio de que esses traços vão fazê-las felizes. Se, em média, como Joel e coautores constataram, muitos dos traços mais pretendidos no mercado dos encontros não se correlacionarem com a felicidade romântica, isto sugere que muitas pessoas estão a namorar mal.

Isto leva-nos a outra questão antiga que também foi contestada recentemente com novos dados revolucionários: como é que as pessoas escolhem um parceiro romântico?

Nos últimos anos, outras equipas de investigadores têm explorado sites de encontros online e pesquisado grandes e novos conjuntos de dados sobre os traços e as vezes que dezenas de milhares de pessoas solteiras deslizam para outro perfil, para determinar o que prediz o desejo romântico. Os resultados da investigação sobre o desejo romântico, ao contrário da investigação sobre a felicidade romântica, têm sido conclusivos. Embora os cientistas de dados tenham descoberto que é surpreendentemente difícil detetar as qualidades nos parceiros românticos que levam à felicidade, concluíram que é espantosamente fácil detetar as qualidades que atraem no contexto dos encontros.

Na verdade, um estudo recente constatou que não só é possível prever com maior precisão se alguém vai deslizar para a esquerda ou para a direita numa pessoa em particular, num site online de encontros, como até é possível prever, com uma precisão impressionante, o tempo que demora até alguém passar para o perfil seguinte. (As pessoas tendem a demorar mais tempo a passar para alguém próximo do seu limiar de aceitabilidade de namoro.)

Outra forma de dizer tudo isto: *bons parceiros românticos são difíceis de prever com dados. Os parceiros românticos desejados são fáceis de prever com dados. E isso sugere que muita gente anda a namorar mal**.

O QUE AS PESSOAS PROCURAM NUM PARCEIRO

O grande desenvolvimento na procura de romance no início do século XXI foi a ascensão dos encontros online. Em 1990, havia seis formas predominantes de as pessoas conhecerem o seu parceiro. A mais frequente era através de amigos, seguida de colegas de trabalho, em bares, através da família, na escola, vizinhos e na igreja.

O ano de 1994 foi o ano inaugural do kiss.com, o primeiro site de encontros online moderno. Um ano depois, começou o Match.com. Em 2000, instalei, entusiasmado, o meu perfil no JDate, um site judeu de encontros online, confiante de que tinha descoberto a nova grande tendência... para rapidamente me aperceber de que, mais uma vez, a grande

* Uma forma mais incisiva de dizer isto: é fácil de prever em quem vai clicar. É difícil prever com quem irá fazer *click*.

tendência que eu pensava ter encontrado era, na verdade, predominantemente usada por esquistoides como eu.

A forma como casais se conheceram, ao longo dos anos

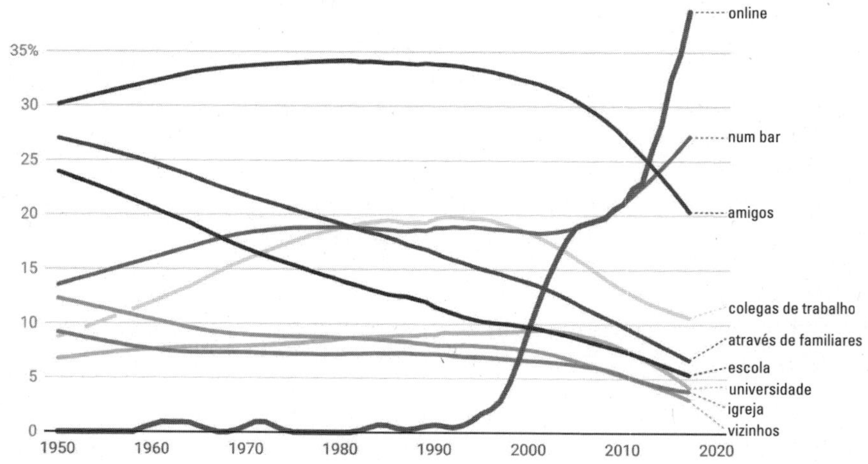

Fonte: Rosenfeld, Thomas e Hausen (2019).

No entanto, o recurso a encontros online explodiu desde essa altura. Em 2017, quase 40% dos casais se tinham conhecido online — e este número continua a aumentar todos os anos.

Terão os encontros online sido bons para as vidas românticas das pessoas? É discutível. Muitos solteiros queixam-se que as *apps* e os web-site*s* levam a interações, pares e encontros frustrados. Alguns comentários recentes sobre encontros online no Quora, o website de perguntas e respostas, incluíam as seguintes reclamações: «é esgotante»; «muitos perfis de mulheres atraentes e/ou atiradiças são, na verdade, esquemas de fraudes nigerianos»; e há demasiadas «fotos não solicitadas da anatomia masculina».

Mas há um efeito imbatível dos encontros online: tem sido inequivocamente enriquecedor para os cientistas que estudam o romance. É justo dizer que ninguém no campo da ciência romântica se queixa da existência de aplicações e website*s* de encontros.

Repare que no século passado, quando o processo de galanteio acontecia offline, as decisões de cada pessoa eram conhecidas por poucos e depressa eram esquecidas. Se os cientistas queriam saber o que as pessoas procuravam num parceiro, tinham basicamente uma abordagem: perguntar-lhes. Um estudo pioneiro de 1947 de Harold T. Christensen fez isso mesmo. Christensen pesquisou 1157 estudantes e pediu-lhes para classificar a importância de 21 traços num potencial parceiro romântico. O traço mais importante reportado por homens e mulheres foi «carácter confiável». Quase no fim da lista, tanto os homens como as mulheres disseram que os traços que lhes interessavam menos eram «boa aparência» e «boas perspetivas financeiras».

Mas podemos confiar nestes relatos pessoais/autorrelatórios? Há muito que se sabe que as pessoas mentem nestes tópicos sensíveis. (Na verdade, foi este o tema do meu livro anterior, *Toda a Gente Mente.*) Talvez as pessoas não queiram admitir até que ponto preferem namorar com pessoas com carinhas larocas, cinturas de vespa e carteiras recheadas.

Neste século, os investigadores têm melhores formas de descobrir o que as pessoas desejam num parceiro do que perguntar-lhes. Quando uma percentagem tão grande de galanteios se dá em *apps* ou websites, os perfis dos utilizadores de sites de encontros, os cliques e as mensagens podem ser retidos em dados. Os «Sins» e os «Nãos» são facilmente codificados para ficheiros .csv. Houve investigadores do mundo inteiro que extraíram dados do OkCupid, eHarmony, Match.com, Hinge e de outros serviços de encontros para determinar quanto cada fator contribui para o desejo no mercado dos encontros. Simplesmente, limitaram-se a recolher perceções sem precedentes do que torna um ser humano desejável a outros seres humanos.

Como referi na Introdução, há alguma variação naquilo que as pessoas consideram atraente — e quem vai a encontros pode, por vezes, tirar partido desta variação, ao ocupar um nicho de mercado. Porém, os traços que tornam as pessoas mais atraentes, em média, são previsíveis.

Então, que traços tornam as pessoas desejáveis aos olhos dos outros?

Bem, a primeira verdade sobre o que procuramos nos parceiros românticos, como tantas verdades importantes sobre a vida, foi expressa por uma estrela de *rock* antes de os cientistas a descobrirem. Como Adam Duritz, dos Counting Crows, nos disse na sua obra-prima de 1993 «Mr. Jones»: todos procuramos algo «algo bonito».

ALGUÉM BONITO

Uma equipa de investigadores — Günter J. Hitsch, Ali Hortaçsu e Dan Ariely — estudou milhares de utilizadores heterossexuais de um site de encontros online.

Cada utilizador incluía fotos, e os investigadores recrutaram e pagaram a um grupo diferente de pessoas para classificar a atratividade de cada um, baseando-se nas fotos, numa escala de 1 a 10.

Com a ajuda da classificação de 1 a 10, os investigadores tinham uma medida da atratividade física convencional para cada utilizador. Podiam testar o quanto a aparência influencia o nível a que uma pessoa é desejada. Mediram o desejo com base no número de mensagens não solicitadas que uma pessoa recebeu e na frequência com que as suas mensagens foram respondidas. Constataram que a aparência interessa — e não é pouco.

Aproximadamente 30% do nível de desempenho de uma mulher heterossexual pode ser explicado pela sua aparência. As mulheres heterossexuais são um pouco menos superficiais, mas, mesmo assim, bastante superficiais.

Probabilidade de um homem atraente responder a mensagens de mulheres com diferentes níveis de atratividade

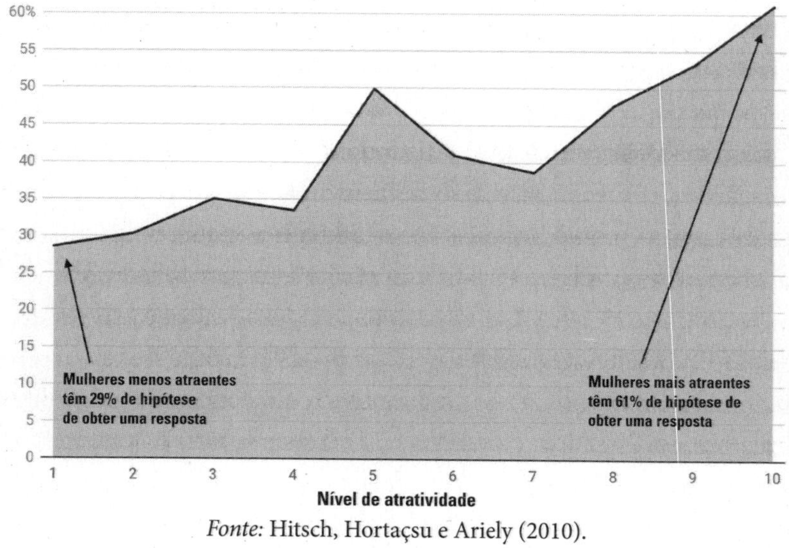

Fonte: Hitsch, Hortaçsu e Ariely (2010).

Probabilidade de uma mulher atraente responder a mensagens de homens com diferentes níveis de atratividade

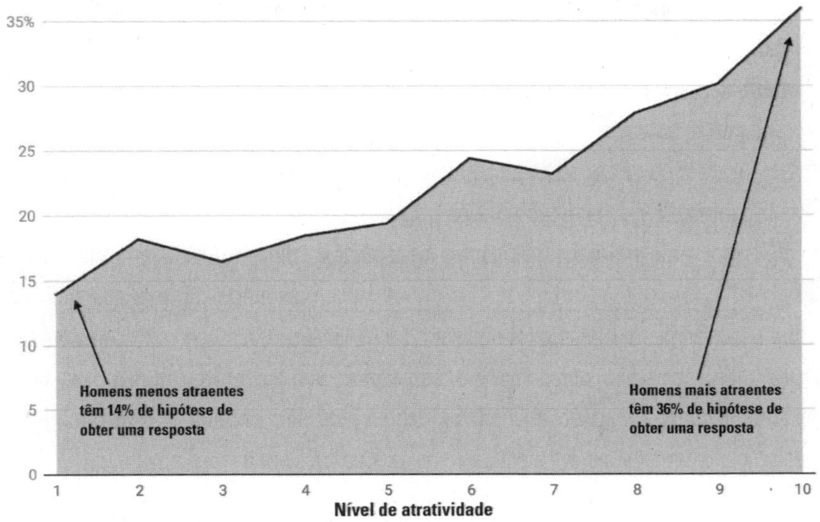

Fonte: Hitsch, Hortaçsu e Ariely (2010).

Aproximadamente 18% do sucesso nos encontros dos homens heterossexuais podia ser explicado pela sua aparência. Afinal, a beleza é, para ambos os sexos, o indicador mais importante de quantos parceiros potenciais enviam e respondem a mensagens num site de encontros online.

Coloquem essa constatação no departamento «óbvio», assim como no departamento «Está a ver? Eu sabia que, quando as pessoas me diziam que a aparência não era importante, estavam a ser secretamente fúteis e, portanto, cheias de tretas».

ALGUÉM ALTO (SE FOR HOMEM)

A mesma equipa de investigadores que estudou a forma como a aparência afeta o nível de desejo também estudou como a altura afeta a atratividade de um parceiro. (Cada utilizador do site de encontros reportou a altura que tinha.)

Mais uma vez, os resultados foram absolutos. A altura de um homem teve um impacto enorme no quanto era desejável para uma mulher.

Os homens mais populares mediam entre 1,90 m e 1,93 m, tendo recebido 65% mais mensagens do que homens com altura entre 1,70 m e 1,73 m.

Os investigadores também estudaram os efeitos do rendimento sobre a desejabilidade, que discutirei mais à frente. Isto permitiu-lhes fazer uma comparação interessante entre o rendimento e a altura no mercado de encontros. Podiam aferir quanto mais dinheiro um homem mais baixo teria de ganhar para ultrapassar a sua desvantagem em termos de altura.

Constaram que um homem com 1,82 m com um vencimento anual de 62 500 dólares é, em média, tão desejável como um homem com 1,60 m que ganha 237 500 dólares. Por outras palavras, esses 15 cm de altura valem cerca de 175 mil dólares no salário no mercado dos encontros.

Impacto da altura no sucesso dos encontros

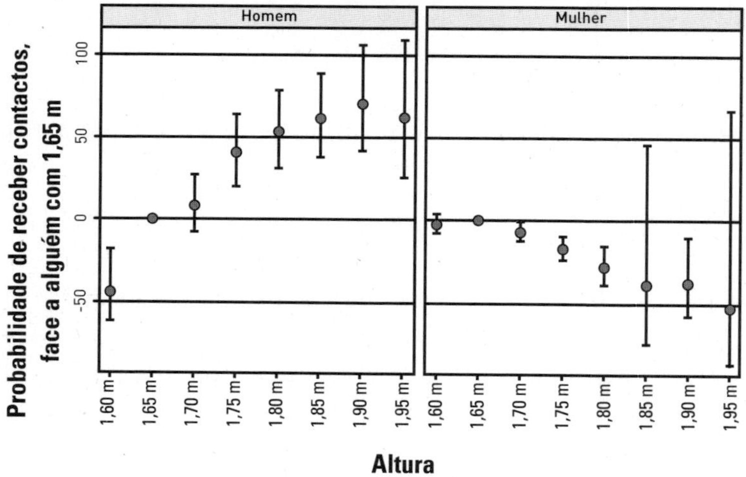

Fonte: Hitsch, Hortaçsu e Ariely (2010).

O efeito da altura no desejo foi inverso e muito menos pronunciado nas mulheres. No geral, as mulheres altas tiveram menos sucesso no site de encontros. Os investigadores constataram que uma mulher com 1,90 m podia esperar receber 42% menos mensagens do que mulheres que medem 1,65 m.

ALGUÉM DE UMA RAÇA DESEJADA (MESMO QUE NUNCA O ADMITAM)

Continuando no tema dos fatores superficiais de uma pessoa que desempenham um papel perturbador no sucesso no mercado dos encontros, os cientistas encontraram provas significativas de discriminação racial nos encontros. Christian Rudder, matemático e um dos cofundadores do OkCupid, analisou dados das mensagens de mais de um milhão de utilizadores do OkCupid. Descreve os resultados num livro fascinante chamado *Dataclisma*.

Os dois gráficos abaixo mostram as taxas de resposta no OkCupid quando homens e mulheres heterossexuais de raças diferentes enviam mensagens um ao outro. Se a raça não influenciasse as decisões acerca dos encontros, os números no gráfico seriam exatamente os mesmos. Por outras palavras, uma mulher negra e uma mulher branca que enviassem uma mensagem a um homem branco teriam a mesma hipótese de obter uma resposta. Em vez disso, os números são muito diferentes. Uma mulher negra tem 32% de hipóteses de obter uma resposta de um homem branco, enquanto uma mulher branca tem 41%.

No geral, talvez a descoberta mais impressionante nos dados tenha sido a dificuldade com que as mulheres afro-americanas se deparam no mercado dos encontros. Repare na segunda linha do primeiro gráfico. Os homens de todos os grupos raciais mostram menor probabilidade de responder a mensagens de mulheres negras.

A segunda coluna do segundo gráfico mostra como as mulheres afro-americanas reagem a este tratamento ríspido dos homens: tornam-se muito menos seletivas. Seja qual for o grupo que envia mensagens, as mulheres negras muito provavelmente vão responder.

A experiência de namoro das mulheres negras é notoriamente diferente da dos homens brancos. Os homens brancos tendem a ter uma probabilidade significativamente maior de respostas às suas mensagens. Isto é notório na última linha do segundo gráfico. E eles, por sua vez, tornam-se mais esquisitos, e é menos provável que respondam a mensagens das mulheres. Isto é notório na última coluna do primeiro gráfico.

Taxas de resposta: mensagem inicial enviada por mulheres

	Homem asiático	Homem negro	Homem hispânico	Homem branco
Mulher asiática	48	55	49	41
Mulher negra	31	37	36	32
Mulher hispânica	51	46	48	40
Mulher branca	48	51	47	41

Taxas de resposta: mensagem inicial enviada por homens

	Mulher asiática	Mulher negra	Mulher hispânica	Mulher branca
Homem asiático	22	34	22	21
Homem negro	17	28	19	21
Homem hispânico	20	31	24	22
Homem branco	29	38	30	29

Fonte: https://www.gwern.net/docs/psychology/okcupid/howyourraceaffectsthemessagesyouget.html

Entre os homens, os grupos raciais que recebem menores taxas de resposta são os negros, os asiáticos e os indianos.

Os gráficos de Rudder são contundentes. Mostram as taxas globais de respostas de todos os pares raciais, mas não consideram quaisquer outras diferenças entre os grupos que possam levar a diferenças nas taxas de resposta. Talvez parte da razão de alguns grupos raciais, em média, terem um melhor ou pior desempenho no mercado dos encontros seja porque alguns grupos raciais recebem, em média, diferentes rendimentos.

Hitsch, Hortaçsu e Ariely tentaram corrigir estes fatores. Constataram que, quando se consideram esses outros fatores, o preconceito contra homens asiáticos se agrava ainda mais. Como os homens asiáticos nos EUA têm rendimentos acima da média, algo que tende a ser atrativo para as mulheres, a baixa taxa de resposta às mensagens deles é ainda mais notável. Os investigadores determinaram que um homem asiático teria de ganhar uns impressionantes 247 mil dólares mais no seu rendimento anual para ser tão atraente para uma mulher branca, em média, do que se fosse branco.

ALGUÉM RICO

De volta aos resultados óbvios: o rendimento afeta a atratividade no namoro, com maior efeito nos homens.

Hitsch, Hortaçsu e Ariely constataram que, se tudo o resto for igual, se um homem aumentar o seu rendimento de 35 mil dólares para 50 mil dólares, de 150 mil dólares para 200 mil dólares, pode esperar 8,9% maiores probabilidades de a mulher em média o contactar. Se os rendimentos de uma mulher aumentarem no mesmo valor, ela pode esperar 3,9% maior probabilidade de o homem, em média, a contactar.

Evidentemente, é sabido que um homem com um rendimento substancial pode ser atrativo para as mulheres. Vejamos a primeira frase do livro de Jane Austen *Orgulho e Preconceito*: «É uma verdade universalmente reconhecida que um homem solteiro em posse de fortuna necessita de uma esposa.*» Ou vejamos este pensamento da banda Barenaked Ladies — que são homens, claro —: se «tivesse um milhão de dólares», conseguia comprar o amor de alguém.

Como os efeitos da riqueza na atratividade romântica e os esforços que os homens fazem para ganhar mais dinheiro são clichés tais, na verdade, fiquei surpreendido que os efeitos do rendimento tenham sido bastante modestos. Seguidamente, vou discutir os efeitos significativos da ocupação do homem na sua atratividade romântica, independentemente do seu rendimento. Por exemplo, se tudo o resto for igual, os homens podem esperar significativamente mais atenção romântica se forem bombeiros do que se forem empregados de mesa.

Ao que parece, por vezes, uma mudança para uma ocupação diferente, mais atrativa, pode tornar um homem mais desejável do que um grande aumento salarial. Por exemplo, os dados de sites de encontros

---

* Segundo a tradução da Editorial Presença; ISBN 9789722352291. *[N. da T.]*

online sugerem que um homem que ganhou 60 mil dólares na indústria hoteleira seria mais desejável, em média, se ganhasse a mesma quantia enquanto bombeiro, do que se ficasse na mesma indústria, mas aumentasse o seu salário para 200 mil dólares. Por outras palavras, um bombeiro que ganha 60 mil dólares é tendencialmente mais atraente para a mulher heterossexual, em média, do que um trabalhador do ramo da hotelaria que ganha 200 mil dólares.

Enquanto muitos homens acreditam que precisam de ganhar um salário substancial para «comprar» o amor de uma mulher, os dados sugerem que ter um emprego interessante é frequentemente mais apelativo do que ter um emprego maçador, mas lucrativo.

UM AGENTE DE EXECUÇÃO DAS LEIS OU UM AJUDANTE DE OUTRAS PESSOAS EM APUROS (SE FOR UM HOMEM)

A profissão da pessoa interessa no mercado dos encontros — se for um homem.

Hitsch, Hortaçsu e Ariely tinham dados do site de encontros online sobre a ocupação dos utilizadores. Pelos vistos, a ocupação de uma mulher não afeta quantas mensagens recebe, quando se tem em consideração a sua atratividade física.

Claro que há advogadas sensuais, secretárias sensuais e enfermeiras sensuais, mas os dados sugerem que não interessa se essas mulheres são advogadas, secretárias ou enfermeiras. Interessa serem fisicamente atraentes. Seriam igualmente sensuais para os homens se fossem empregadas de mesa, estudantes ou condutoras de autocarro.

Para os homens que tentam atrair mulheres, a história é diferente. Homens que trabalham em certas áreas recebem mais mensagens. E isto verifica-se considerando tudo o que os investigadores sabem sobre eles, incluindo o rendimento.

Advogados, polícias e bombeiros, soldados e médicos recebem mais mensagens do que homens com rendimentos similares, com uma educação igualmente prestigiante, igualmente atraentes, e da mesma altura.

Os advogados seriam, em média, menos atrativos para as mulheres se fossem contabilistas*.

Segue-se uma lista de ocupações, classificadas desde as mais às menos desejáveis para as mulheres heterossexuais nos sites de encontros online.

OCUPAÇÕES MAIS DESEJADAS NOS HOMENS (COM RENDIMENTO CONSTANTE)

Ocupação	Aumento percentual nas abordagens de mulheres, em relação a um estudante
Jurídico/advogado	8,6 %
Executor da lei/bombeiro	7,7 %
Militar	6,7 %
Profissional de saúde	5 %
Administrativo/secretariado	4,9 %
Entretenimento/emissão/cinema	4,2 %
Executivo/gestão	4,0 %
Produção	3,7 %
Financeiro/contabilista	2,4 %
Trabalhador independente	2,2 %
Político/governo/civil	1,7 %
Artista/músico/escritor	1,7 %
Vendas/marketing	1,4 %
Técnico/ciência/engenharia/ /investigação/informática	1,2%
Transportes	1,0 %
Professor/educador/professor universitário	1,0 %
Estudante	0 %
Trabalhador/construção	-0,3%
Serviços/hospitalidade/alimentação	-3%

Fonte: Hitsch, Hortaçsu e Ariely (2010).

* *Os fãs do Seinfeld devem estar a pensar em George Costanza. Costanza, que, segundo o seu melhor amigo Jerry Seinfeld, era «uma das mentes mais enganadoras, ambíguas e ardilosas do nosso tempo» e tinha uma carreira instável, mentia frequentemente sobre a sua ocupação para tentar engatar mulheres. Dizia que era biólogo marinho (que supostamente se enquadra na categoria ciência/pesquisa) e arquiteto (que talvez se enquadre melhor na categoria de artista). Mas a ciência dos dados concluiu que estas ocupações não se encontram entre as mais atrativas para as mulheres. Se George quisesse mentir baseado nos dados, devia ter dito que era advogado.*

ALGUÉM COM UM NOME SENSUAL

Há uns anos, uns investigadores enviaram mensagens aleatoriamente a utilizadores de sites de encontros online com nomes próprios diferentes; não incluíram foto nem nenhuma outra informação. Constataram que alguns nomes tinham o dobro das probabilidades de receberem cliques do que outros. Os nomes mais sensuais (com maior probabilidade de receberem uma resposta) incluíam:

- Alexander
- Charlotte
- Emma
- Hannah
- Jacob
- Marie
- Max
- Peter

Os nomes menos sensuais (menos suscetíveis de obter uma resposta) incluíam:

- Celina
- Chantal
- Dennis
- Jacqueline
- Justin
- Kevin
- Mandy
- Marvin

ALGUÉM EXATAMENTE COMO NÓS

Procuramos parceiros parecidos connosco ou diferentes de nós?

Emma Pierson, uma cientista informática e cientista de dados, estudou um milhão de correspondências no eHarmony e publicou os seus resultados no site de jornalismo de dados FiveThirtyEight. Analisou 102 traços que o eHarmony mede nos parceiros e trabalhou os números para ver se era mais provável as pessoas arranjarem pares que partilhavam determinado traço. Verificou que não se contestava: a semelhança, e não a diferença, leva à atração.

As mulheres heterossexuais são especialmente atraídas para a semelhança. Pierson constatou que, para literalmente todos os 102 traços, se um homem partilhasse um deles, esse era positivamente correlacionado com o contacto da mulher. Incluía traços aparentemente centrais como idade, educação e rendimento, mas também traços mais curiosos, tais como quantas fotos tinham no perfil ou se usavam os mesmos adjetivos nos seus perfis. É mais provável que uma mulher que se descreve como «criativa» envie uma mensagem a um homem que se caracteriza da mesma forma. Os homens heterossexuais também mostraram uma preferência por mulheres parecidas com eles, embora a preferência não tivesse sido tão forte.*

O artigo de Pierson no FiveThirtyEight chamava-se «In the end, people may really just want to date themselves/Afinal, as pessoas podem realmente só querer namorar consigo próprias».

As conclusões de Pierson de que a semelhança leva a correspondência foram confirmadas por outro estudo, que recorreu aos dados do Hinge. Estes investigadores também tinham um título inteligente para o seu estudo, «Polar Similars/Polos Semelhantes». Os investigadores também descobriram uma nova dimensão estranha em que os utilizadores de sites de encontros são atraídos para a semelhança: as iniciais. Os utilizadores do Hinge têm 11,3% maior probabilidade de corresponder com alguém que partilha as suas iniciais. E este efeito não é motivado por pessoas da mesma religião que partilham iniciais e correspondem com maior frequência — digamos, Adam Cohen corresponde com Ariel Cohen. A elevada propensão de correspondência de pessoas que partilham as mesmas iniciais tem em consideração a crença religiosa.**

---

* *Para cerca de 80% dos traços que Pierson estudou, as mulheres mostraram uma preferência mais forte pela semelhança do que os homens.*

** *Os fãs do Seinfeld devem estar a pensar em Jerry Seinfeld. No 24.º episódio da 7.ª temporada, Jerry Seinfeld namora com uma mulher, Jeannie Steinman, que é exatamente como ele. Não partilham apenas as iniciais; ela, como ele, tem opiniões fortes sobre as escolhas de vestuário das pessoas, pede cereais em restaurantes e diz «Que pena!» quando algo mau acontece a um estranho.*

Jeannie S. conquista o coração de Jerry S., que a pede em casamento. Mas rapidamente cancela tudo. «Não posso estar com alguém igual a mim», conclui. «Eu odeio-me.»

Os dados dizem-nos que todos somos Jerry Seinfeld, à procura da nossa Jeannie Steinman — e que também podemos sentir-nos infelizes se a encontrarmos.

Aquela coisa de que os opostos se atraem é um mito, de acordo com o que dizem os dados. A semelhança atrai — e os efeitos são extensos.

O QUE PREVÊ A FELICIDADE ROMÂNTICA

Os dados fascinantes, mesmo que por vezes perturbadores, dos sites de encontros online dizem-nos que pessoas solteiras são atraídas para determinadas qualidades. Mas deveriam ser atraídas para essas qualidades?

Se for como o solteiro médio que vai a encontros — previsivelmente vai clicar em pessoas com os traços que os cientistas apuraram ser os mais desejados —, estará a abordar os encontros corretamente? Ou está a namorar de uma forma completamente errada?*

No início deste capítulo, discuti a investigação de Samantha Joel e coautores. Se bem se lembra, recolheram o maior conjunto de dados da História sobre casais e as respetivas qualidades. Constataram que era surpreendentemente difícil de prever se uma pessoa era feliz com um parceiro romântico, de acordo com uma grande lista de traços. Não há um conjunto de dados que garanta a felicidade romântica ou que a inviabilize. E nenhum algoritmo no mundo pode prever, com enorme precisão, se duas pessoas vão acabar felizes uma com a outra.

Posto isto, houve algum poder preditivo em alguns traços, alguns fatores que aumentam as probabilidades — pelo menos de alguma forma — de uma pessoa ser feliz na sua relação romântica. Vou discutir o que prevê a felicidade romântica — e o pouco que tem que ver com as qualidades que as pessoas procuram num parceiro romântico.

---

* *Para os leitores que procuram um guia exaustivo baseado na ciência de tudo relacionado com romance, recomendo, para além de* Dataclismo, *de Rudder,* Como Não Morrer Sozinho, *de Logan Ury.*

«NÃO ÉS TU, SOU EU»: A CIÊNCIA DOS DADOS É QUE O DIZ

Imagine que alguém, John, tem um relacionamento com Sally. Quer prever se John está feliz na relação. Pode fazer a John e/ou a Sally as três perguntas que quiser sobre eles e usar essa informação para prever a felicidade na relação.

Que perguntas quereria fazer? O que quereria saber sobre os dois elementos deste casal?

Segundo a minha leitura da investigação de Joel e coautores, as três melhores perguntas para perceber se John é feliz com Sally não teriam nada que ver com Sally; na verdade, seriam todas relacionadas com John. As melhores questões para prever a felicidade de John com Sally seriam nos moldes das seguintes:

- «John, estava satisfeito com a sua vida antes de conhecer a Sally?»
- «John, não sofria de depressão antes de conhecer a Sally?»
- «John, tinha uma atitude positiva antes de conhecer a Sally?»

Os investigadores constataram que as pessoas que responderam «sim» a questões como estas têm uma probabilidade significativamente maior de reportarem estarem felizes na sua relação romântica. Por outras palavras, uma pessoa que é feliz fora da relação tem muito maior probabilidade de ser feliz também na relação.

Além disso — e foi bastante surpreendente —, a forma como a pessoa respondeu às perguntas sobre si própria foi aproximadamente quatro vezes mais indicadora da sua felicidade na relação do que todos os traços combinados do parceiro romântico.*

---

* *Os fãs de Seinfeld podem mais uma vez estar a pensar em George Costanza. George era famoso pela sua conhecida deixa de separação, «Não és tu, sou eu.» George considera esta deixa tão central ao seu ser romântico que fica doido quando uma mulher acaba com ele e usa exatamente a mesma frase. (Ele consegue finalmente cansá-la até ela admitir que a separação ficou, de facto, a dever-se a ele. «Pronto, George. És tu», diz-lhe ela.)*
O que pretendo dizer é que a conhecida frase de George pode agora ser defendida pela ciência dos dados. George poderia ter declarado o seu estado de forma mais contundente da seguinte forma: «Segundo os modelos da aprendizagem automática que preveem a felicidade romântica, o meu estado mental é quatro vezes mais importante para prever a minha

Claro, a constatação de que a felicidade da pessoa fora de uma relação pode ter um enorme impacto na felicidade da pessoa nessa relação dificilmente é uma ideia revolucionária. Considere a seguinte máxima retirada das Daily Inspirational Quotes/Citações inspiradoras: «Ninguém pode fazê-lo feliz, enquanto não estiver feliz consigo primeiro».

Este é o tipo de citação que muitas vezes leva os cromos dos dados céticos, como eu, a revirar os olhos. Contudo, agora, depois de ler o trabalho de Joel e coautores, convenci-me de que esta citação é, em grande parte, verdadeira.

Isto relaciona-se como um ponto importante sobre ter uma forma de vida baseada nos dados. Os cromos dos dados, como eu, podem entusiasmar-se mais quando ficam a saber de uma constatação que choca com a sabedoria convencional ou conselho cliché; joga com a nossa necessidade natural de saber algo que o resto do mundo não sabe. Mas nós, cromos dos dados, também temos de aceitar quando os dados confirmam a sabedoria convencional ou os conselhos cliché. Temos de estar dispostos a ir até onde os dados nos levarem, mesmo que nos levem a constatações como as que constam das Daily Inspirational Quotes.

Assim, como descoberto pela equipa de 86 cientistas e por quem que seja que escreve as Daily Inspirational Quotes, a felicidade da pessoa fora da relação é, de longe, o maior indicador da felicidade de uma relação romântica. Mas o que mais prevê felicidade romântica além do próprio estado mental preexistente de cada um? Quais as qualidades de um parceiro que são indicadoras de felicidade romântica? Vamos começar pelas qualidades de um parceiro que são menos indicadoras de felicidade romântica.

---

felicidade numa relação do que tudo o que diga respeito a ti. Sabes, os cientistas descobriram que é extremamente difícil ser feliz numa relação se não estiver satisfeito com a vida, sofrer de depressão e tiver uma atitude negativa — tudo traços que me caracterizam. Até desenvolver uma atitude mais positiva perante a vida, vai ser extremamente difícil para mim ser feliz numa relação com qualquer pessoa. Não és tu, sou eu!»

A APARÊNCIA É SOBREVALORIZADA — E OUTROS CONSELHOS QUE HÁ MUITO LHE DÃO E QUE CONSISTENTEMENTE TEM IGNORADO, MAS QUE PODE PASSAR A SEGUIR, DEPOIS DE SABER QUE A CIÊNCIA DOS DADOS OS CONFIRMA

Entre mais de 11 mil casais de longa data, os modelos de aprendizagem automática constataram que os traços elencados seguidamente, num parceiro, estavam entre os que menos previam a felicidade com aquele parceiro. Vamos chamar a estes traços os Oito Irrelevantes, sendo que os parceiros parecem ter tanta probabilidade de estarem felizes na relação quando estão com pessoas com qualquer combinação destes traços:

- Raça/etnia
- Afiliação religiosa
- Altura
- Ocupação
- Atratividade física
- Estado civil anterior
- Gostos sexuais
- Semelhança com a pessoa

O que devemos pensar desta lista, dos Oito Irrelevantes? Reparei imediatamente na sobreposição entre a lista dos traços irrelevantes e outra lista motivada pelos dados discutida neste capítulo.

Anteriormente discuti as qualidades que tornam as pessoas atrativas enquanto pares românticos, segundo os Grandes Dados de sites de encontros online. Sucede que essa lista — das qualidades mais valorizadas no mercado de encontros, segundo os Grandes Dados para sites de encontros online — se sobrepõe quase perfeitamente à lista de traços de um parceiro que não se correlacionam com a felicidade da relação a longo prazo, segundo o grande conjunto de dados que Joel e coautores analisaram.

Considere, digamos, a atração convencional. A beleza, recordar-se-á, é a característica mais valorizada no mercado de encontros; Hitsch,

Hortaçsu e Ariely encontraram no seu estudo, de dezenas de milhares de pessoas solteiras inscritas num site de encontros online, que quem recebe mensagens e quem responde às mensagens pode, em grande medida, ser explicado por quão convencionalmente atraentes as pessoas são. Mas Joel e coautores constataram, no seu estudo a mais de 11 mil casais de longa data, que a beleza convencional de um parceiro não prevê felicidade romântica. Da mesma forma, homens altos, homens com ocupações atraentes, pessoas de certas raças e pessoas que lembram os outros de si próprios são tremendamente valorizados no mercado de encontros. (Ver as provas apresentadas anteriormente neste capítulo.) Mas pergunte a milhares de casais de longa data e não há provas de que as pessoas que conseguiram unir-se aos seus companheiros com estas características desejadas sejam mais felizes na sua relação.

Se tivesse de resumir, numa frase, a descoberta mais importante no campo da ciência social na área das relações, graças aos estudos dos Grandes Dados, seria algo do género (chame-lhe a Primeira Lei do Amor): *no mercado dos encontros, as pessoas competem ferozmente por parceiros com qualidades que não aumentam as hipóteses de felicidade romântica.*

Para além disso, se tivesse de definir as qualidades bastante desejadas, mesmo que não levem a felicidade romântica no longo prazo, iria chamar-lhes qualidades luminosas. Essas qualidades chamam-nos imediatamente a atenção. Quase todos nós somos rapidamente atraídos pela beleza convencional, por exemplo. Mas estas qualidades luminosas que chamam a atenção, sugerem os dados, não fazem diferença na felicidade romântica no longo prazo. Os dados sugerem que os solteiros são previsivelmente enganados por esse brilho.

O YOUKILIS DO AMOR: UMA ÊNFASE MOTIVADA NOS DADOS SOBRE CARACTERÍSTICAS SUBVALORIZADAS

Após analisar toda esta investigação sobre ciências sociais na área das relações, ocorreu-me que o mercado de encontros atualmente tem uma semelhança impressionante com o mercado do basebol dos anos 90.

Pense na revolução Moneyball, que foi a motivação para este livro. Os Oakland A's e algumas outras equipas perceberam, graças à análise de dados, que o mercado do basebol estava todo errado. Havia uma desconexão entre o custo dos jogadores no mercado aberto (entenda-se: o salário que teriam de lhes pagar) e o valor que os jogadores traziam para a equipa (entenda-se: com quantas vitórias podiam contribuir).

Os jogadores eram frequentemente selecionados e pagos não de acordo com o valor que poderiam trazer à equipa, mas por outros fatores. O mercado do basebol tendia a sobrevalorizar as qualidades luminosas dos jogadores de basebol, tais como serem bem-parecidos, e subvalorizar os jogadores que não pareciam imediatamente ser estrelas de basebol.

Um desses jogadores subvalorizados foi Kevin Youkilis. Youkilis foi descrito como «jogador de terceira base gordo que não conseguia correr, lançar nem defender.» O seu treinador da faculdade explicou: «Ele tinha um corpo quadrado, com o equipamento vestido não parecia muito atlético. Não era um tipo alto com um ar promissor. Ficava rechonchudo com o equipamento». Apesar de estatísticas incríveis na faculdade, a aparência estranha para um jogador de basebol de Youkilis levou-o a cair para a oitava ronda da seleção.

Mas os analistas de dados sabiam que, apesar de não parecer um grande jogador profissional, Youkilis tinha todas as ferramentas que realmente interessavam. Os Boston Red Sox, motivados por essas análises de dados, escolheram-no na oitava ronda, para grande frustração do presidente dos A's, Billy Beane. Beane queria-o desesperadamente, mas pensou que ele ia ficar ainda mais para trás. O jogador relativamente baixo e rechonchudo iria acabar por se tornar All-Star por três vezes e ajudar a sua equipa a vencer dois campeonatos da World Series.

Por outras palavras, as equipas que se baseavam em dados nos anos 90 eram bem-sucedidas porque focavam a atenção em jogadores, como Youkilis, que não tinham os traços luminosos que entusiasmavam as equipas que não conheciam os dados. Como Michael Lewis formula no livro *Moneyball: A arte de ganhar um jogo injusto*, «A mente humana prega partidas a si própria quando confia exclusivamente no que vê, e todas essas partidas eram uma oportunidade financeira para alguém que via a realidade além da ilusão».

Similarmente, os dados revelaram ineficiências evidentes no mercado dos encontros, em que a mente prega partidas aos solteiros. Há uma desconexão entre o custo das potenciais correspondências (entenda-se: qual é a dificuldade de conseguir encontros com eles) e o valor das potenciais correspondências (entenda-se: as hipóteses de o fazerem feliz numa relação longa). E frequentemente, o mercado dos encontros premeia o brilho, embora o brilho num parceiro não leve a felicidade no longo prazo.

Então, consegue abordar o namoro com uma mentalidade similar à de Billy Beane? Consegue focar a sua atenção no namoro em objetivos que o restante mercado dos encontros ignora, mesmo que tenham toda a probabilidade de serem ótimos pares românticos?

Os dados provaram que os grupos de pessoas que se seguem são todos drasticamente menos concorridos no namoro, mesmo que as provas sugiram que são igualmente capazes de fazer um parceiro feliz.

Grupos extremamente subvalorizados no mercado dos encontros

» Homens baixos
» Mulheres extremamente altas
» Homens asiáticos
» Mulheres afro-americanas
» Estudantes do sexo masculino ou que trabalham em campos menos desejáveis, como educação, hospitalidade, ciência, construção ou transportes
» Convencionalmente, homens e mulheres menos atraentes

Se focar mais a sua atenção romântica nestes grupos de pessoas, terá muito menos competição para encontrar um parceiro incrível. Tem maior probabilidade de encontrar um ótimo parceiro que os outros erradamente ignoram. Pode encontrar o seu Youkilis do Amor!

CLARO, DIZER ÀS PESSOAS PARA SE PREOCUPAREM MENOS COM AS QUALIDADES luminosas que são demasiado valorizadas no mercado dos encontros, mesmo sendo um conselho consistente, fundamentado pelos dados, parece um conselho difícil de seguir. Há uma razão para se desejarem qualidades luminosas: o brilho, quase por definição, capta a nossa atenção.

Voltemos ao ponto de Adam Duritz de que todos estamos à procura de «algo bonito». Há alguma forma provada de conseguirmos parar de ser enganados pelo brilho, na nossa busca por realização romântica?

Uma conclusão importante, significativa, fascinante e motivada pelos dados foi descoberta por investigadores da Universidade do Texas. No início de um curso, os professores pediram a todos os alunos heterossexuais nesse curso para classificarem o nível de atratividade dos colegas de curso do sexo oposto. Sem surpresas, houve bastante consenso. A maioria das pessoas escolheu os mesmos colegas como sendo os mais atraentes; essas pessoas eram, por definição, convencionalmente atraentes. Pense no Brad Pitt ou na Natalie Portman ou nos equivalentes mais aproximados da turma.

No final do curso, os professores voltaram a pedir aos alunos para classificarem a atratividade de cada um dos colegas do sexo oposto. Foi aqui que o estudo se tornou interessante. Subitamente, houve mais discórdia nas classificações de atratividade. No final do curso, houve uma probabilidade muito maior de classificarem uma pessoa que outros não consideravam muito atraente como a mais atraente.

O que aconteceu entre o início e o fim do curso que levou tantas pessoas a mudar as classificações do nível de atratividade dos colegas? Os estudantes passaram tempo uns com os outros.

O homem com olhar de matador e a mandíbula esculpida pode ter parecido atraente no início do curso, mas tornou-se menos atraente para as pessoas que não gostaram de conversar com ele. A mulher com o nariz em gancho e as maçãs do rosto descaídas pode ter parecido pouco atraente no início do curso, mas tornou-se mais atraente para as pessoas que gostaram de conversar com ela.

Os resultados do estudo têm implicações profundas na forma como abordamos o namoro. Lembre-se que tendemos a procurar os nossos parceiros pela atratividade convencional e outros traços luminosos — os tipos de pessoas que tiveram pontuação mais alta nas classificações de atratividade no primeiro dia do curso —, mesmo que essas pessoas sejam altamente concorridas e não sejam as melhores parceiras. Quando conhecemos pessoas que não têm estes traços luminosos, costumamos não sentir atração por elas e não marcamos encontros com elas.

A investigação sugere que podemos excluir a nossa falta de atração inicial e mostra que a atração física pode crescer ao longo do tempo, se gostarmos de uma pessoa (ou desaparecer com o tempo, se não gostarmos de uma pessoa). Os dados sugerem que devíamos ter mais encontros com pessoas subvalorizadas (aquelas que podem não ter os traços luminosos que tantos consideram muito atrativos), mesmo se inicialmente não as acharmos atraentes — seja paciente, permita que uma potencial atração se desenvolva.

E fico por aqui quanto às qualidades que não preveem a felicidade na relação, como a atratividade convencional. Quais são as qualidades que o fazem?

O MAIS PROVÁVEL MELHOR PARCEIRO: ALGUÉM SATISFEITO COM A VIDA, SEGURO SOBRE QUEM É, QUE TENTA CONSCIENCIOSAMENTE MELHORAR-SE A SI PRÓPRIO

Joel e coautores encontraram algumas qualidades de parceiros com algum poder indicador do nível de felicidade dos parceiros românticos. O estudo sugere que as seguintes qualidades estão entre os melhores indicadores de um bom parceiro:

» Satisfação com a vida
» Estilo de apego seguro (seja paciente se não sabe o que isto significa — e algumas outras expressões — vou explicar de seguida.)
» Consciência
» Mentalidade de crescimento

O que devemos achar desta lista?

A primeira lição pode ser que, para aumentarmos as nossas probabilidades de felicidade romântica, devemos ler edições obscuras de psicologia para aprendermos o que os termos acima querem dizer. Pelos vistos, os melhores indicadores de quão felizes poderemos ser com um parceiro romântico são a classificação que obtêm em vários questionários elaborados por psicólogos. Isto significa que da próxima vez que a sua parceira sugerir que desligue o jogo e se junte a ela no sofá para responder a um novo questionário de psicologia que ela encontrou na Internet, em vez de fazer uma grande birra por detestar estes questionários psicológicos estúpidos e de só querer ficar sozinho a ver desporto durante a noite e pensar que, talvez, afinal, seja melhor ser solteiro, deve juntar-se a ela. Assim, pode descobrir se ela tem as qualidades que lhe permitem ser uma parceira no longo prazo. Melhor ainda, pode sugerir responder aos questionários.

Então, o que determinam estes questionários?

A satisfação com a vida é evidente. As pessoas satisfeitas com a vida costumam ser melhores parceiras no longo prazo. Aviso: uma espécie de piada parva do Mick Jagger. Quando Jagger chega ao palco e canta «I Can't Get No Satisfaction », a voz, o ritmo e o carisma podem ser bons, mas ouça as palavras e vai notar um sinal de alerta quanto à sua capacidade de fazer as mulheres felizes numa relação no longo prazo.

Os estilos de apego são explicados no grande livro *Ligados*, de Amir Levine e Rachel Heller. Pessoas com tipo de apego seguro — este é o traço ideal num parceiro — conseguem confiar nas pessoas e são de confiança, sentem-se confortáveis a expressar interesse e afeto e é-lhes mais fácil ter intimidade com outros. Pode fazer um teste sobre o tipo de apego em https://www.attachmentproject.com/attachment-style-quiz/.

A consciência é um dos Cinco Grandes traços de personalidade propostos pela primeira vez em 1961 por Ernest Tupes e Raymond Christal. As pessoas conscientes são disciplinadas, eficientes, organizadas, confiáveis e, segundo Joel e coautores, melhores parceiras de longo prazo. Pode fazer um teste sobre o nível de consciência em https://www.truity.com/test/how-conscientious-are-you.

A mentalidade de crescimento é um traço desenvolvido pela psicóloga Carol Dweck. As pessoas que têm uma mentalidade de crescimento tendem a acreditar que podem melhorar os seus talentos e capacidades através de trabalho árduo e persistência. Essas pessoas podem esforçar-se por serem melhores parcerias românticas, e pode ser por isso que acabem por ser exatamente isso. Pode fazer um teste sobre a mentalidade de crescimento em https://www.idrlabs.com/growth-mindset-fixed-mindset/test.php.

Os traços mais indicadores de felicidade romântica são bastante impressionantes — e têm implicações profundas na forma como pensamos no mercado do romance. Relembre os dados frequentemente depressivos dos sites de encontros online sobre a impiedosa superficialidade que os utilizadores revelaram. Na verdade, as pessoas querem muito parceiros sensuais, mesmo que não haja assim tantos por aí.

Teria sido certamente possível, nos dados das relações atuais, que as pessoas com parceiros sensuais acabassem por ser mais felizes. Talvez tenham sentido uma alegria de longo prazo graças ao sexo selvagem ou gostassem de poder impressionar as pessoas em festas com os seus lindos parceiros. Mas os dados relativos a milhares de casais mostram que não é assim. Se há alguém com maior probabilidade de ser mais feliz, são os que escolhem um parceiro com traços de carácter aprazíveis.

E pode aprender com os sucessos e fracassos românticos de mais de dez mil casais. Quando procura um parceiro, não julgue as pessoas pela cor da pele, simetria dos rostos, altura dos corpos, sensualidade da profissão ou se por acaso partilham as iniciais do seu nome. No longo prazo, dizem-nos os dados, é de facto o conteúdo do carácter que mais interessa.

A LIGAÇÃO APARENTEMENTE ALEATÓRIA E IMPREVISÍVEL ENTRE DUAS PESSOAS

Porque é que alguns casais ficam mais felizes com o passar do tempo? Porque é que algumas relações começam por ser ótimas e se desmoronam ao longo do tempo?

Samantha Joel e coautores também tentaram responder a estas perguntas. Os investigadores aproveitaram o facto de em muitas relações no conjunto de dados os pares românticos terem sido estudados múltiplas vezes, por vezes com anos de diferença. Alguns pares românticos reportaram que, independentemente de terem começado infelizes na sua relação, foram sendo cada vez mais felizes. Outros reportaram o contrário. O que é que os casais que melhoraram ao longo do tempo tendem a ter em comum? E os que pioraram?

Neste estudo inovador, Joel e coautores incluíram a aprendizagem automática nos dados extensos que recolheram de milhares de casais para tentarem prever as *mudanças* na felicidade romântica. Note que é uma pergunta diferente da que constava no último projeto que discutimos, em que os investigadores tentaram prever se os pares românticos eram felizes num *determinado ponto no tempo*.

Então, o que podem conjuntos de dados enormes e aprendizagem automática dizer-nos sobre a trajetória das relações no longo prazo? O que nos dizem a demografia, os valores, os traços psicológicos e as preferências sobre o melhoramento ou ruína de uma relação ao longo do tempo?

Nada.

Os modelos de Joel e coautores não tinham virtualmente nenhum poder indicador na previsão das *mudanças* da felicidade romântica. Os casais felizes têm maior probabilidade de ser felizes no futuro. Os casais infelizes têm mais probabilidade de ser infelizes no futuro. Mas não há mais nada sobre as duas pessoas que consiga melhorar as previsões da felicidade futura.

O fracasso dos modelos indicadores aqui, diria, tem implicações importantes para as decisões de teor romântico das pessoas.

Certamente, muitas pessoas tomam decisões de foro romântico baseadas em mudanças projetadas na felicidade. Quantas vezes um dos seus amigos manteve uma relação em que não era feliz por pensar, em teoria, que devia ser feliz — e que acabaria por ser feliz? «Claro, agora, estou infeliz», pode dizer o amigo. «Mas esta relação *devia* funcionar. *Tem* de melhorar.»

Os resultados sugerem que, em grande parte, as pessoas estão a cometer um erro quando esperam que a felicidade numa relação mude graças às várias qualidades do casal. O amigo que se mantém numa relação em que é infeliz por pensar que ele e a parceira têm muito em comum e que vão acabar por ser felizes está a cometer um erro.

Os dados sugerem que não há melhor forma de prever a nossa felicidade romântica futura do que a nossa atual felicidade romântica. E se um parceiro não o faz feliz agora, está enganado por assumir que, graças às suas ou às qualidades do parceiro, vai ser feliz no futuro.

Para concluir todos os conselhos baseados em dados sobre como escolher um parceiro: quando é solteiro, centre mais a sua energia na busca por romance em pessoas que não têm os traços luminosos, pois esses são bastante concorridos. Centre mais a sua atenção em pessoas com traços psicológicos fortes. Depois de estar num relacionamento, preste atenção apenas a qual é o nível de felicidade que sente com o seu parceiro — e não se preocupe nem sinta uma confiança falsa por causa das semelhanças ou diferenças entre si e o seu parceiro. Não pense que tem alguma capacidade para reconhecer se uma relação atualmente boa vai correr mal ou se uma relação atualmente má vai correr bem. Se os maiores cientistas contemporâneos do mundo, recorrendo ao maior conjunto de dados alguma vez recolhido, não conseguem prever essas mudanças, o leitor também não vai conseguir.

A SEGUIR

Se encontrar um parceiro, pode ter filhos. E se tiver filhos, irá indubitavelmente perguntar-se como pode ser melhor pai. Há novas e importantes perceções do que faz um ótimo pai em enormes conjuntos de dados, nomeadamente, os registos fiscais de centenas de milhões de americanos.

CAPÍTULO 2

LOCALIZAÇÃO. LOCALIZAÇÃO. LOCALIZAÇÃO

PORQUE É QUE O LOCAL ONDE VIVE É A MAIOR DECISÃO QUE UM PAI PODE TOMAR

A parentalidade é, numa palavra, desafiadora. Um estudo recente calculou que, no primeiro ano de vida de um bebé, os pais enfrentam 1750 decisões difíceis que incluem o nome a dar ao bebé, se devem amamentá-lo, como treinar o sono do bebé, qual o pediatra e se devem publicar fotos do bebé nas redes sociais.

E isso é só no primeiro ano! A parentalidade não se torna mais fácil depois disso. Na verdade, os pais classificaram a idade de 8 anos como a mais difícil.

Como podem os pais tomar estes milhares de decisões difíceis? Claro, podem sempre recorrer ao Google, onde vão encontrar inúmeras supostas respostas a qualquer questão de parentalidade que tenham, mas os conselhos de parentalidade convencionais tendem a dividir-se entre o óbvio e o contraditório.

Exemplos do óbvio: a KidsHealth.org incita os pais a «serem bons exemplos» e «mostrarem que o amor é incondicional». Exemplos de contraditórios: recentemente, o *New York Times* publicou um artigo que recomendava aos pais «Tentarem momentos de pausa» para disciplinar os filhos. Em 2016, a PBS NewsHour publicou, num artigo online, «Porque nunca deve recorrer a momentos de pausa com os seus filhos».

Uma mãe frustrada, Ava Neyer, desabafou, depois de ter lido inúmeros livros sobre parentalidade, particularmente sobre o sono dos bebés e o seu desenvolvimento:

> *Aconchegar bem os bebés, mas não demasiado. Colocá-los de costas para dormir, mas não os deixar ficar de costas muito tempo, caso contrário, terá atrasos de desenvolvimento. Dar-lhes uma chupeta para reduzir a SMSL*. Cuidado com as chupetas porque podem causar problemas na amamentação e impedir o bebé de dormir tranquilamente. Se o bebé dormir demasiado bem, morrerá de SMSL.*

Ava Neyer: estaria a mentir se dissesse que me identifico. (Não sou pai; sou apenas tio. As decisões que tenho de tomar consistem em perguntar à minha mãe que presente devo comprar ao meu sobrinho, ao que ela me responde «compra-lhe um camião»; eu compro um camião ao meu sobrinho e ele passa os quatro anos seguintes a agradecer-me por eu lhe ter oferecido o camião.)

À parte disso, analisei a literatura sobre parentalidade para compreender o que os dados podem dizer a Ava e a todos os outros pais. Há algo que os pais podem aprender que não seja nem óbvio nem contraditório? Consegue a ciência aconselhar em relação às milhentas decisões difíceis que os pais têm de tomar?

Embora ainda não haja uma resposta convincente, orientada pela ciência, a cada uma das 1750 decisões parentais do primeiro ano ou às milhentas decisões depois disso, existem duas lições extremamente importantes, cientificamente comprovadas e não óbvias, da ciência sobre a parentalidade.

» Lição número um: o efeito global da maioria das decisões que os pais tomam conta menos do que a maioria das pessoas espera; isto sugere que os pais se preocupam demasiado com a maioria das decisões que devem tomar.

» Lição número dois: há uma decisão que um pai toma que é a mais importante — e muitos pais tomam a decisão errada. Se um dos pais tomar uma grande decisão,

---

* Síndrome de Morte Súbita do Lactente. *[N. do E.]*

baseada em dados, sobre esta escolha, isso pode ser tão valioso para os seus filhos como tomar grandes decisões na maioria das outras escolhas parentais.

Vamos explorar estas lições — e as provas referentes a elas — uma de cada vez.

OS EFEITOS GLOBAIS DOS PAIS

Vamos começar com a questão mais básica sobre parentalidade: qual é a importância dos pais? Até que ponto é que um pai «excelente» pode melhorar a vida do filho, em comparação com os pais medianos?

Pode imaginar três mundos diferentes.

Mundo 1 (pais excelentes podem transformar um potencial assistente de bordo num higienista dentário)

Neste mundo, pais excelentes podem criar um filho, que de outra forma teria um emprego de rendimento médio, a ganhar cerca de 59 mil dólares por ano (digamos, um canalizador ou assistente de bordo), e torná-lo numa pessoa com um emprego de rendimento ligeiramente acima da média, a ganhar 75 mil dólares por ano (digamos, um enfermeiro ou um higienista dentário).

Mundo 2 (pais excelentes podem tornar um potencial assistente de bordo num engenheiro)

Neste mundo, pais excelentes podem criar um filho que de outra forma teria um emprego com um rendimento médio, a ganhar cerca de 59 mil dólares por ano (um canalizador ou assistente de bordo), e levá-lo para a classe média/alta, a ganhar 100 mil dólares por ano (talvez um engenheiro ou um juiz).

Mundo 3 (pais excelentes podem tornar um potencial assistente de bordo num neurocirurgião)

Neste mundo, pais excelentes podem criar um filho que de outra forma teria um emprego com um rendimento médio, a ganhar cerca de 59 mil dólares por ano (um canalizador ou assistente de bordo), e torná-lo rico, a ganhar 200 mil dólares por ano (talvez como cirurgião ou psiquiatra).

Muitas pessoas pensam que vivemos no Mundo 2 ou no Mundo 3 — que os pais competentes podem ajudar a colocar qualquer miúdo uns degraus acima da escada socioeconómica.

E não há dúvida de que certos pais criaram mais do que a sua quota-parte de filhos dignos de nota. Basta considerar Benjamin e Marsha Emanuel — e os seus três filhos Ari, Ezekiel e Rahm.

» Ari é agente de topo em Hollywood e foi a base de Ari Gold no programa *Entourage*, da HBO.
» Ezequiel é vice-reitor da Universidade da Pensilvânia.
» Rahm foi chefe de gabinete de Barack Obama na Casa Branca e presidente da câmara de Chicago.

Por outras palavras, Benjamin e Marsha criaram filhos que atingiram os escalões mais altos dos negócios, da academia e da política.

Ora, sei o que alguns dos meus leitores judeus estão a pensar depois de saber o que os filhos de Benjamin e Marsha Emanuel atingiram na vida. Alguns de vós, judeus, estão a pensar: «Pois, isso é tudo muito bonito, mas os Emanuels criaram um médico?» Uma anedota antiga judaica (uma das muitas anedotas antigas judaicas deste livro) é a seguinte:

«Pela primeira vez, um judeu foi eleito Presidente. Na tomada de posse, a mãe estava sentada entre todos os dignitários, enquanto o filho era ajuramentado. Diz a toda a gente à sua volta, bem alto: "Veem o indivíduo que está a tomar posse? O irmão dele é médico."»

Não há motivos para preocupações. Ezekiel, para além da carreira académica, é oncologista.

Há até uma suposta lição sobre parentalidade, decorrente do sucesso dos irmãos Emanuel, como Ezekiel escreveu sobre a educação deles no livro *Brothers Emanuel*.*

Em *Brothers Emanuel*, sabemos que, todos os domingos, enquanto a maioria das famílias assistia aos jogos dos Chicago Bears, a família

* *P: O que faz uma família depois de os filhos se tornarem imensamente realizados e ricos? R: Publica um livro que se torna um sucesso de vendas a explicar como isso aconteceu — e recebe ainda mais louros e dinheiro.*

Emanuel fazia um passeio cultural, talvez ao Art Institute of Chicago, ou ia ver um musical. Enquanto os rapazes queriam aulas de karaté ou *jiu-jitsu*, a mãe insistiu que tivessem aulas de *ballet*. Os três foram perseguidos pelos outros miúdos por causa disso, mas agora consideram que a experiência os ajudou a desenvolver disciplina, carácter e coragem.

A aparente lição dos Emanuels: incentive os seus filhos a serem cultos e diferentes. Obrigue o seu rapaz a usar *collants*, mesmo se os outros miúdos gozarem com ele.

Na verdade, uma única família, independentemente de quão realizada, não pode provar a validade de nenhuma estratégia de parentalidade. E é fácil encontrar exemplos que contrariam a lição dos Emanuel. Veja, por exemplo, Dale Fernsby.* Fernsby recentemente respondeu a uma mãe no Quora, um site comunitário de perguntas e respostas, que queria conselhos sobre se devia ou não inscrever o filho no *ballet*. Fernsby afirmou que a mãe dele o tinha inscrito em inúmeras atividades artísticas em miúdo, mesmo que ele as detestasse e fosse gozado por isso. Diz que, com esta experiência, aprendeu que não lhe era permitido ter as suas próprias opiniões ou identidade. Acha que por isso tem baixa autoestima, incapacidade de se expressar e tem ressentimentos em relação à mãe.

Um desafio para percebermos de que forma os pais influenciam os filhos é que um episódio isolado nunca pode dizer-nos grande coisa. Devemos aprender com a história dos Emanuel ou com a de Fernsby?

Outro desafio que se apresenta na aprendizagem da influência dos pais: a correlação não implica causalidade.

Durante grande parte do século XX, os académicos têm procurado correlações em conjuntos de dados de dimensões razoáveis entre estratégias parentais e resultados dos filhos. Encontraram muitas. Algumas destas correlações foram resumidas no excelente livro *The Nurture Assumption*, de Judith Rich Harris. Por exemplo, crianças cujos pais leem muito para elas tendem a ter excelentes concretizações académicas.

Mas que parte destas correlações é causal? Há uma questão importante que confunde: a genética. Sabe, os pais não dão só aos filhos visitas

---

* *O nome foi alterado para proteger a privacidade do utilizador, pois parece que apagou a sua resposta depois de a ter publicado.*

a museus ou aulas de *ballet* ou livros. Também lhes dão ADN. Voltemos à correlação entre a leitura para os filhos e ter filhos bem-educados. Os filhos são atraídos para a educação por causa dos livros que os pais lhes leem? Ou tanto os pais como os filhos são atraídos para os livros e para o conhecimento graças à sua genética? Será natureza ou educação?

Evidentemente, muitas histórias mostram o poder dos genes na orientação das concretizações das pessoas. Considere as provas de gémeos verdadeiros que foram criados em separado. Estas pessoas partilham exatamente os mesmos genes, mas não tiveram a mesma educação. Vejamos, por exemplo, os gémeos verdadeiros Jim Lewis e Jim Springer, que foram criados em separado desde as quatro semanas de idade. Reencontraram-se com 39 anos e constataram que ambos mediam 1,82 m e pesavam 82 kg; roíam as unhas e tinham cefaleias de tensão; tiveram um cão em miúdos e chamaram-lhe *Toy*; foram de férias com a família para a mesma praia na Florida; trabalharam em *part-time* na polícia; gostavam de cerveja *Miller Lite* e de cigarros *Salem*.

Porém, havia uma diferença notável entre os dois Jims. Tinham dado segundos nomes diferentes aos primeiros filhos. Jim Lewis chamou James Alan ao seu primeiro filho, enquanto Jim Springer chamou James Allen ao seu.

Se o Mr. Lewis e o Mr. Springer nunca se tivessem encontrado, poderiam ter assumido que os seus pais desempenharam papéis importantes na construção dos seus gostos, mas, pelos vistos, esses interesses estavam, em grande parte, codificados no ADN.

Steve Jobs, que foi adotado, teve a sua epifania sobre a importância da genética quando esteve pela primeira vez com a sua irmã biológica, Mona Simpson, aos 27 anos. Ficou impressionado com as parecenças deles, inclusivamente, ambos tinham ascendido ao topo num campo criativo. (Simpson é uma romancista premiada.) Como Jobs disse ao *New York Times*, «Costumava pender muito mais para o lado da educação, mas passei bastante para o lado da natureza».

Mesmo a história dos irmãos Emanuel, que, à primeira vista, parece mostrar o poder da parentalidade excelente, tem uma reviravolta pouco conhecida que sugere que a educação pode não ter sido o motivo do sucesso dos três rapazes. Depois de terem tido os três filhos biológicos,

Benjamin e Marsha Emanuel adotaram a quarta filha, Shoshana. Apesar de partilhar da mesma exposição cultural dos três irmãos, não partilhava os genes — e não atingiu o mesmo sucesso.*

Há alguma forma científica de determinar até que ponto os pais podem influenciar os filhos? Para testar os efeitos *causais* dos pais nos filhos, aparentemente, teríamos de atribuir filhos diferentes a pais diferentes de forma aleatória — e estudar como se saíam.

Ao que parece, isto já foi feito. As primeiras provas convincentes dos efeitos globais dos pais devem-se... a um documentário sobre a Guerra da Coreia.

Um dia, em 1954, um casal do Oregon, Harry e Bertha Holt, pais de seis filhos, viram um documentário sobre um tema que desconheciam: os «Bebés da Guerra da Coreia». Estas crianças perderam os pais na Guerra da Coreia e estavam a ser criadas em orfanatos — com falta de comida e de amor. Ora, Harry e Bertha Holt não reagiram a este documentário da mesma forma que eu: desligo durante o documentário inteiro e depois tento desesperadamente convencer a minha namorada de que faço ideia do que se trata. Não, os Holts reagiram ao documentário sobre os órfãos coreanos decidindo ir à Coreia e adotar inúmeros desses órfãos.

O plano ambicioso dos Holts de adotar muitos órfãos que tinham acabado de ver num documentário enfrentava apenas um obstáculo: a lei. Na altura, as leis americanas permitiam a adoção, no máximo, de duas crianças estrangeiras.

Este obstáculo foi efémero. Os Holts pressionaram o Congresso a mudar a lei. Os congressistas, impressionados com a atitude dos Holts de fazer o bem, foram persuadidos. Os Holt foram à Coreia e, em pouco tempo, voltaram ao Oregon — acompanhados por oito novos filhos. Os Holts eram agora uma família de 16!

Depressa as agências noticiosas cobriram a história dos Holts. As estações de rádio contaram-na. Os jornais escreveram sobre ela. As estações de televisão transmitiram-na.

---

* *No próximo capítulo, vamos explorar mais aprofundadamente a relação entre a genética e o sucesso — e como pode usá-la em seu proveito.*

Para além disso, tal como os Holts decidiram agir quando conheceram a história dos «Bebés da Guerra da Coreia», milhares de americanos foram impelidos a agir quando conheceram a história dos Holts. Um após outro, queriam seguir o caminho dos Holts, também queriam adotar órfãos.

Daí a Holt International Children's Services, uma fundação que facilita a adoção de bebés estrangeiros aos americanos. Ao longo dos anos, mais de 30 mil crianças coreanas foram adotadas nos EUA graças a esta organização. Os pais só têm de se inscrever, obter aprovação e receber a próxima criança disponível.

Qual a relação desta história com a ciência da parentalidade? Bem, Bruce Sacerdote, um economista da Universidade de Dartmouth, ouviu falar do programa Holt. Como tantos outros americanos, sentiu-se motivado a agir. Na verdade, sentiu-se motivado a fazer regressões!

Uma vez que o processo que a Holt usa para atribuir as crianças aos pais é essencialmente aleatório, os cientistas têm uma forma fácil de testar os efeitos exercidos pelos pais. Podem simplesmente comparar irmãos adotados aleatoriamente atribuídos aos mesmos pais. Quanto mais os pais conseguem influenciar a criança, mais parecidos os irmãos acabarão por se tornar. E, ao contrário do que acontece em estudos de crianças geneticamente relacionadas, não há a preocupação de a genética interferir em quaisquer correlações.

Uma faceta interessante no estudo de Sacerdote sobre o programa Holt é que permite ver os efeitos da parentalidade que vamos abordar adiante. Outra coisa gira do estudo é que permite ver a forma diferente como líderes de organizações sem fins lucrativos e um economista descrevem a mesma fundação.

Começo pela descrição da Holt International Children's Services feita pela própria organização. Declara que está a «levar luz às situações mais sombrias» e a «ajudar a fortalecer famílias vulneráveis, a tratar de órfãos e a encontrar famílias adotivas para as crianças».

Segue-se a descrição da Holt International Children's Services feita por Sacerdote, economista:

A atribuição aleatória de adotados a famílias garante que a educação da mãe biológica não seja correlacionada com a educação da mãe adotiva... [P]ortanto β1 não é tendencioso, graças à omissão do primeiro e terceiro termos em (1).

A Holt International Children's Services acredita estar a «levar luz às situações mais sombrias». Sacerdote considera que estão a certificar-se de que «β1 não é tendencioso graças à omissão do primeiro e terceiro termos em (1)». Eu diria que ambos estão certos!

Seja como for, o que nos diz o facto de aquele β1 não ser tendencioso? Na maioria dos casos, diz-nos que a família com quem a criança é criada tem um impacto surpreendentemente pequeno na forma como a criança se vai sair. Irmãos adotados atribuídos essencialmente de forma aleatória para serem criados na mesma casa acabam um pouco mais parecidos do que irmãos adotados que foram criados em separado.

Lembre-se de que anteriormente disse que havia três mundos possíveis, cada um representava um nível diferente a que os pais podem influenciar os seus filhos. O estudo de Sacerdote sugere que vivemos no Mundo 1, aquele em que os pais não têm impacto por aí além.

Sacerdote verificou que um aumento de um desvio-padrão no ambiente em que uma criança é criada pode dilatar o rendimento da criança na idade adulta em aproximadamente 26% — é alguma coisa, mas não representa uma subida destacada no escalão socioeconómico. Além disso, Sacerdote observou que os efeitos da natureza sobre o rendimento da criança eram cerca de 2,5 vezes maiores do que os efeitos da educação.

O estudo de Sacerdote foi apenas parte das evidências dos efeitos surpreendentemente limitados da parentalidade. Houve mais investigadores a estudar crianças adotadas. Também desenvolveram um método inovador com gémeos que lhes permite desenredar os efeitos da natureza e da educação, um método que explicarei no capítulo seguinte.

Vezes sem conta, estes estudos convergem em resultados similares, sumariados por Bryan Caplan no seu livro provocador *Razões Egoístas para se Ter Mais Filhos*: «Os estudos de gémeos e de adoção constatam que os efeitos de longo prazo da parentalidade são incrivelmente diminutos».

Os pais, por mais surpreendente que pareça, e como as melhores constatações sobre o tema sugerem, só exercem um pequeno efeito em:

- Esperança de vida
- Saúde geral
- Educação
- Religiosidade
- Rendimento na idade adulta

Têm efeitos moderados em:

- Afiliação religiosa
- Consumo de drogas e álcool e comportamento sexual, particularmente durante a adolescência
- A opinião das crianças sobre os pais

Encontramos, com certeza, exemplos extremos em que os pais tiveram um enorme impacto na educação e rendimento dos filhos. O bilionário Charles Kushner doou 2,5 milhões de dólares à Universidade de Harvard — provavelmente o motivo de a universidade ter aceitado o seu filho, Jared, apesar dos seus resultados relativamente baixos dos exames no secundário — e depois passou a Jared uma parte dos seus negócios lucrativos no ramo imobiliário. É legítimo afirmar que as realizações académicas de Jared e a sua riqueza são muito maiores do que seriam se tivesse tido outro pai. Correndo o risco de ser presunçoso, parece-me evidente que o património líquido de Kushner, estimado de 800 milhões de dólares, é muitas vezes superior ao que seria se não tivesse herdado um império imobiliário. Mas os dados sugerem que os pais médios — aqueles que decidem entre, digamos, o que ler aos filhos, e não quantos milhões doar a Harvard — têm efeitos limitados na educação e no rendimento de um filho.

Se os efeitos globais da parentalidade são menores do que os esperados, isso sugere que os efeitos das decisões sobre parentalidade individuais são provavelmente menores do que esperamos. Pense da seguinte maneira: se os pais se deparam com milhares de decisões e aqueles que tomam melhores decisões têm filhos 26% mais concretizados, cada uma das milhentas decisões, em si, não pode fazer uma grande diferença.

De facto, de uma forma geral, os melhores estudos — muitos deles discutidos em livros importantes de Emily Oster — não conseguiram encontrar um grande efeito, inclusivamente nas técnicas de parentalidade mais debatidas. Alguns exemplos:

» O único ensaio aleatório e controlado sobre a amamentação revelou que não produziu nenhum efeito significativo a longo prazo sobre uma variedade de resultados das crianças.
» Um estudo rigoroso sobre o uso da televisão revelou que a exposição à televisão não teve efeitos a longo prazo nos resultados dos testes das crianças.
» Um ensaio aleatório criterioso sugere que o ensino de jogos cognitivamente exigentes, como o xadrez, não torna as crianças mais inteligentes no longo prazo.
» Uma meta-análise cuidada da educação bilíngue verifica que esta tem apenas pequenos efeitos sobre várias medidas do desempenho cognitivo de uma criança, e os efeitos podem ser inteiramente atribuídos a um preconceito a favor da publicação de resultados positivos.

Da mesma forma que se relaciona com o debate Emanuel/Fernsby sobre os méritos de rapazes aprenderem *ballet*, uma meta-análise verificou «evidências limitadas» de que a participação em aulas de dança possa reduzir a ansiedade; porém, os autores sugerem que isto pode dever-se a estudos de «fraca qualidade metodológica» e que os resultados «devem ser tratados com cautela».

Basta vermos os estudos mais criteriosos, ao invés do ensaio mais recente e chamativo, e iremos constatar que há muitas coisas com que os pais se preocupam que acabam por produzir um efeito surpreendentemente reduzido nos seus filhos. É muito simples: a maioria das decisões que os pais tomam interessam menos do que eles esperam — e menos do que a complexa indústria da parentalidade gostaria que acreditássemos.

Segundo Caplan,

> *Se o seu filho tivesse crescido numa família muito diferente — ou se tivesse sido um pai muito diferente —, provavelmente ter-se-ia*

tornado na mesma pessoa. Não tem de estar à altura de padrões exaustivos da supermãe e do superpai da casa ao lado. Em vez disso, pode criar os seus filhos da forma que o faça sentir-se confortável, e deixe de se preocupar. Vai correr tudo bem com eles na mesma.

Ou, como diz o título de uma das partes do livro de Caplan que oferece os melhores conselhos aos pais, baseado em duas décadas de investigação em ciência social: «Descontraiam».

Essa, na minha opinião, seria a melhor leitura de conselhos sobre parentalidade fundamentados cientificamente, por volta de 2011, quando Caplan escreveu o livro. Desde 2011, as provas continuaram a acumular e os efeitos globais de tudo o que os pais fazem são menores do que a maioria esperava. Da mesma forma, a maioria das decisões com que os pais se preocupam não têm um impacto mensurável na forma como a criança se revela. Porém, atualmente há uma atualização importante, uma vez que há evidências de que há uma decisão que os pais tomam que pode ser, de longe, a mais importante — e merece uma consideração mais profunda.

Agora, aconselho aos pais: «Descontraiam... menos numa escolha que vão fazer».

OS EFEITOS DE UM BAIRRO

«*Asiye funzwa na mamae hufunzwa na ulimwengu.*»

São estas as palavras do meu provérbio africano favorito. A tradução de suaíli é mais ou menos: «É preciso uma aldeia para criar uma criança».

Caso alguém esteja curioso, os meus outros provérbios africanos favoritos (em português) são:

- «A chuva não cai só num teto»
- «Nem todos os que perseguiram a zebra a caçaram; mas aquele que a caçou perseguiu-a»
- «Independentemente de quão escaldante é a tua raiva, não consegues cozinhar inhame com ela»

Mas voltemos a «É preciso uma aldeia para criar uma criança».

Em janeiro de 1996, Hillary Clinton, na altura a primeira-dama dos EUA, desenvolveu este provérbio num livro, *It Takes a Village: And Other Lessons Children Teach Us*. O livro de Clinton e esse provérbio africano defendem que a vida de uma criança é moldada pelas inúmeras pessoas presentes no bairro onde a criança vive: bombeiros e polícias, carteiros e coletores de lixo, professores e treinadores.

No início, o livro de Clinton parecia mais um, numa longa linha de livros completamente irrefutáveis que os políticos escrevem antes de se candidatarem a um cargo mais proeminente, juntando-a a personagens como John F. Kennedy, que em 1956 escreveu *Perfis de Coragem*, à recomendação de «olhar em frente» de George H. W. Bush em 1987 e à defesa de fazermos o nosso melhor, por Jimmy Carter, em 1975.

Contudo, uns meses depois de o livro de Clinton ser publicado, Bob Dole, o candidato republicano a Presidente de 1996, julgou que conseguiria tirar partido dos sentimentos negativos que muitos nutriam pela primeira-dama da altura. E reparou numa manifesta fraqueza na tese aparentemente incontestável de Clinton. Dole defendia que o livro de Clinton, ao sublinhar a importância que os membros da comunidade podem desempenhar na vida de uma criança, minimizou a responsabilidade dos pais de educarem os filhos. A tese de Clinton, segundo Dole, era, na verdade, um subtil ataque aos valores da família. Na Convenção Republicana, Dole atacou. «Com todo o respeito», disse, «vim cá para vos dizer que não é preciso uma aldeia para criar um filho. É preciso uma família para criar um filho». A multidão bradou. E isso, amigos, é a história de como a maior ovação na Convenção Republicana de 1996 foi dedicada a atacar um provérbio africano bonito, enternecedor e comovente.

Afinal quem estava certo, Bob Dole ou África?

Durante 20 anos, a resposta honesta dos académicos fundamentados em dados seria... (encolher de ombros). Não houve investigação conclusiva nem de um lado do argumento nem de outro. O problema era novamente a dificuldade em estabelecer causalidade.

Claro, alguns bairros produzem crianças mais bem-sucedidas. Eis uma curiosidade de que falei no meu último livro: entre os *baby-boomers*, uma em cada 864 crianças nascidas em Washtenaw, Michigan, o condado onde fica a Universidade do Michigan, atingiram algo suficientemente notável para lhes garantir uma entrada na Wikipédia. Uma em 31 167 crianças de Harlan, Kentucky, um condado sobretudo rural, chegou à Wikipédia. Mas que percentagem se deve aos filhos de professores e de outros profissionais da classe média/alta que são de facto inteligentes e ambiciosos — inteligência e motivação que também teriam usado se tivessem nascido no Kentucky rural? É simples: as populações nascidas em bairros diferentes são diferentes, tornando aparentemente impossível saber até que ponto um dado bairro está a proporcionar o sucesso às suas crianças.

A resposta melhor que encolher os ombros era a que se mantinha até há aproximadamente cinco anos, quando o economista Raj Chetty começou a analisar esta questão.

RAJ CHETTY É UM GÉNIO. NÃO ACREDITA EM MIM? ACREDITE na MacArthur Foundation, que em 2012 lhe atribuiu o prémio «Bolsa de Génio». Ou acredite nos economistas, que em 2013 lhe conferiram a Medalha John Bates Clark de melhor economista com menos de 40 anos. Ou acredite no governo da Índia, que em 2015 lhe deu o Padma Shri, uma das mais altas distinções. Ou acredite no economista Tyler Cowen, que apelidou Chetty de «o economista mais influente no mundo atual».

Portanto, sim, basicamente todos acreditam que Chetty, que fez a licenciatura em Harvard em três anos e o doutoramento três anos depois, e atualmente dá aulas entre Stanford e Harvard, é extraordinário. (Chetty foi meu professor no doutoramento em Harvard.)

Recentemente, Chetty convenceu as Finanças a darem-lhe, e a uma equipa de investigadores, dados sem identificação e anónimos do universo completo dos contribuintes americanos. O mais importante: ao correlacionarem os registos fiscais dos filhos e dos pais, Chetty e a equipa ficaram a saber onde os adultos passaram cada ano da sua infância — e quanto acabaram por ganhar em adultos. Se uma criança passou os primeiros cinco anos da sua vida em Los Angeles e depois a restante infância em Denver, Chetty e a equipa sabiam disso. Sabiam disso não para uma pequena amostra de pessoas, mas para toda a população americana. Era um conjunto de dados extraordinário nas mãos de uma mente extraordinária.

O que podemos fazer com estes dados do universo global dos contribuintes para verificar os efeitos de um bairro? Agora, a ação inocente seria comparar cegamente os rendimentos em adultos de pessoas que cresceram em sítios diferentes. Mas este processo iria deparar-se com o problema já discutido: a correlação não implica causalidade.

É aqui que a inteligência de Chetty — ou, segundo a apreciação da MacArthur Foundation, o génio — entra em ação. O truque de Chetty foi focar-se num subconjunto de americanos em particular, muito interessante: irmãos que mudaram de casa em crianças. Como este conjunto de dados era tão vasto — lembre-se, ele estava a analisar todos os contribuintes americanos —, tinha um número substancial de pessoas nessa situação para analisar. Como é que irmãos que mudaram de casa em miúdos estabelecem os efeitos causais dos bairros? Vamos pensar de que forma pode funcionar.

Considere uma hipotética família com dois filhos, Sarah e Emily Johnson, e duas cidades, Los Angeles e Denver. Suponha, nesse mundo hipotético, que quando Sarah tinha 13 anos e Emily tinha 8 anos, a família se mudou de Los Angeles para Denver. Imagine também que Denver é uma cidade melhor para criar uma criança do que Los Angeles. Se for esse o caso, iríamos esperar que Emily se saísse melhor do que Sarah porque teve mais cinco anos de exposição ao bom ar para as crianças de Denver.

Ora, claro, mesmo que Denver fosse, em média, o melhor bairro para criar uma criança em relação a Los Angeles, não seria absolutamente certo que Emily, com os seus cinco anos a mais em Denver, acabasse por se sair melhor. Talvez Sarah tenha outra vantagem que ultrapassa a desvantagem de ter estado menos tempo em Denver. Talvez Sarah fosse a mais inteligente das irmãs Johnson, e a sua inteligência permitia-lhe superar a irmã.*

---

* *Se pensa que a minha afirmação de que Sarah é a mais inteligente das filhas Johnson pode ser má e injusta para Emily, por favor, lembre-se de que são pessoas inventadas.*

Se analisasse dezenas de milhares destas pessoas que se mudaram — como a utilização dos dados do universo inteiro dos contribuintes americanos permite —, as diferenças nas irmãs iriam anular-se. De certa forma, sempre que uma família com pelo menos dois filhos se muda de um bairro para outro, está a oferecer um teste aos dois bairros. Se o bairro de onde saíram fosse o bairro melhor para criar uma criança, era esperado que a criança mais velha se saísse melhor — sendo que essa criança esteve mais anos nesse bairro. Se o bairro para onde se mudaram fosse o melhor bairro para criar uma criança, esperar-se-ia que o miúdo mais novo se saísse melhor — uma vez que esse miúdo esteve mais anos nesse bairro. Mais uma vez, isto não será sempre verdade.

Mas, se tiver pessoas suficientes a mudarem-se, e se determinados bairros forem melhores para criar filhos, deverá ver diferenças sistemáticas no desempenho dos irmãos mais novos em relação aos mais velhos, quando a família se mudou para esse bairro ou para fora dele.

Além disso, uma vez que os irmãos têm os mesmos pais e, espera-se, as mesmas capacidades genéticas, podemos estar confiantes de que é a vizinhança que conduz a quaisquer diferenças consistentes na forma como os irmãos mais novos ou mais velhos se comportam. Multiplique por todo o universo dos contribuintes, faça umas contas inteligentes e obtenha uma medida do valor de todos os bairros nos Estados Unidos.

Então, o que descobriram Chetty e a equipa? Comecemos pela análise feita a grandes áreas metropolitanas. De forma consistente, algumas áreas metropolitanas grandes dão uma vantagem às crianças. Se uma criança se mudar para o bairro certo, tem menor probabilidade de ir parar à cadeia. Tem acesso a uma educação melhor. Ganha mais dinheiro. Chetty e os coautores constataram que ser criado nas melhores cidades (vamos chamar-lhes SuperMetros) pode melhorar o rendimento de uma criança em aproximadamente 12%.

Seguidamente, apresento as cinco melhores áreas metropolitanas, aquelas que ofereceram, em média, o melhor progresso à criança.

SUPERMETROS

	Aumento médio dos rendimentos em adultos por terem crescido aqui (em comparação com crescerem num lugar médio)
Seattle, Washington	11,6%
Minneapolis, Minnesota	9,7%
Salt Lake City, Utah	9,2%
Reading, Pensilvânia	9,1%
Madison, Wisconsin	7,4%

Fonte: Projeto Igualdade de Oportunidades.

Assim sendo, pode ser inteligente um pai considerar algumas destas áreas metropolitanas excelentes para criar crianças. No entanto, os pais não escolhem unicamente uma área metropolitana para viver, também escolhem os bairros dentro dessas áreas.

O trabalho de Chetty e da sua equipa não se limitou a classificar a qualidade de cada uma das áreas metropolitanas. Dentro de uma certa área metropolitana, alguns bairros facultam melhores resultados e outros piores. E alguns bairros podem ser mais vantajosos para alguns grupos do que para outros.

Num artigo incrível, Chetty e coautores usaram os dados dos impostos para estudar o nível de qualidade até aos mais ínfimos bairros dos EUA para criar um rapaz ou uma rapariga, crianças de raças diferentes e crianças de estatutos socioeconómicos diferentes.

Verificaram enormes diferenças dentro das áreas metropolitanas, e que alguns bairros tinham dado estímulos impressionantes aos miúdos que lá cresceram.

Por exemplo, discriminaram os dados para Seattle e descobriram como é que as crianças criadas em cada área de recenseamento de Seattle se saíram. Verificaram, por exemplo, que North Queen Anne, em Seattle, era um local vantajoso para educar uma criança de rendimento baixo e West Woodland não era. No geral, um desvio-padrão de melhoria na qualidade da vizinhança enquanto se cresce pode aumentar o rendimento de alguém em aproximadamente 13%.

Os investigadores criaram um website (http://opportunityatlas.org) que permite a qualquer pessoa saber quão vantajoso se espera que um bairro seja para crianças de diferentes níveis de rendimento, género e raça.

A imagem que se segue, por exemplo, mostra os resultados esperados em adultos para um homem com pais de rendimentos baixos criado em diferentes bairros de Seattle.

Ver detalhe para Seattle, Washington (EUA) em: https://opportunityatlas.org/

Quão bons são os bairros de Seattle para criar crianças de baixo rendimento

OS BAIRROS IMPORTAM MAIS: OS NÚMEROS

Acontece algo interessante quando comparamos o trabalho de Sacerdote e outros (sobre os efeitos da parentalidade) e o trabalho de Chetty e coautores (sobre os efeitos dos bairros).

A questão é um pouco subtil.

Relembre que Sacerdote estudou o que acontecia quando as crianças eram, em suma, adotadas aleatoriamente por famílias diferentes — e constatou que serem criadas em ótimos lares iria aumentar o seu rendimento em aproximadamente 26%. Ora, um bom lar engloba muitos fatores: milhares de decisões que os pais fazem sobre como criar os filhos, juntamente com... o bairro onde o lar se inseria.

Chetty e coautores estudaram o que aconteceu quando as crianças se mudaram para bairros diferentes durante a idade académica, sem alterar nada em relação aos pais. Constataram que mudar a mesma criança com os mesmos pais para o bairro melhor podia aumentar o rendimento da criança até uma fração significativa do efeito geral que Sacerdote concluiu que os pais têm.

Se ambos os estudos estiverem corretos (e foram levados a cabo de forma muito criteriosa), significa que um fator sobre um lar (o bairro onde está inserido) representa uma fração significativa do efeito desse lar.

De facto, calculei, reunindo os diferentes números, que cerca de 25% — e possivelmente mais — dos efeitos globais de um progenitor são impulsionados pelo local onde esse progenitor cria o seu filho. Por outras palavras, uma das milhentas decisões difíceis que um progenitor deve tomar tem muito mais impacto do que outras.

Se o local onde se criam os filhos é uma decisão tão importante, pareceria útil ter informações sobre quais as qualidades que os locais melhores para criar os filhos parecem ter em comum. Chetty e os seus coautores também estudaram isso.

O QUE TORNA EXCELENTES OS BAIRROS EXCELENTES?

Assim que Chetty e coautores tiveram um conjunto de dados com a classificação de cada bairro a nível das vantagens ou desvantagens de lá criar uma criança, puderam comparar com outros conjuntos de dados sobre bairros e aferirem fatores que preveem melhor se um bairro é bom para criar uma criança. Os bairros que levaram as crianças a terem melhores resultados tenderam de forma consistente a ter resultados mais elevados em algumas variáveis selecionadas.

Se é daquelas pessoas que gosta de adivinhas, veja se consegue descobrir quais os aspectos de um bairro que previram que as crianças lá criadas têm propensão a dar-se muito bem na vida. Na lista em baixo de oito características de bairros, três foram mais indicadoras de dar um grande impulso na vida à criança, enquanto as outras cinco não foram indicadoras tão evidentes.

Quais são as três características boas indicadoras de que os bairros são excelentes (as pessoas lá criadas têm maior probabilidade de se saírem bem)?

» Número de empregos altamente remunerados nas proximidades
» Percentagem de residentes licenciados na universidade
» Forte crescimento do emprego na área
» Rácio alunos/professores das escolas na área
» Gastos escolares por aluno na área
» Percentagem de agregados familiares biparentais
» Percentagem de pessoas que devolvem os formulários de recenseamento
» Densidade populacional (quer a área seja urbana, suburbana ou rural)

Já tem os seus palpites?

Os três grandes preditores de que um bairro irá aumentar o sucesso de uma criança são:

» Percentagem de residentes licenciados na universidade
» Percentagem de agregados familiares biparentais
» Percentagem de pessoas que devolvem os formulários de recenseamento

Independentemente de quão bem se saiu, pode pensar o que têm estes três fatores em comum e o que nos dizem sobre o que torna um bairro um bom lugar para criar filhos.

Estes três fatores estão todos relacionados com os adultos que vivem naquele bairro. Os adultos com formação universitária tendem a ser inteligentes e realizados. Os adultos que vivem juntos em casas de dois progenitores tendem a ter uma vida familiar estável. Os adultos que entregam os formulários de recenseamento tendem a ser cidadãos ativos.

Isto sugere que os adultos a que uma criança está exposta podem ter um impacto maior na forma como essa criança se revela. É claro que a correlação entre as qualidades dos adultos na vizinhança e a forma como as crianças se revelam não prova, por si só, que os adultos causaram este resultado. Mas mais pesquisas realizadas por Chetty e coautores sugerem que os adultos a que uma criança é exposta num bairro podem exercer uma vantagem poderosa sobre essas crianças.

De facto, os modelos adultos certos parecem ser mais influentes do que as escolas certas ou as economias em expansão.

CASO DE ESTUDO # 1: O PODER DOS EXEMPLOS DE INVENTORAS FEMININAS

Num estudo chamado «Who Becomes an Investor in America? The Importance of Exposure to Innovation», Chetty *et al.* combinaram um grande número de conjuntos de dados — incluindo registos fiscais, registos de patentes e dados de resultados de testes — para tentar determinar o que prediz quais as crianças que acabarão por alcançar avanços científicos extraordinários.

Alguns dos resultados não foram surpreendentes. Os resultados dos primeiros testes foram grandes indicadores de futuros inventores bem-sucedidos. As crianças que obtêm bons resultados em matemática numa idade precoce têm maiores probabilidades de acabarem por conseguir patentes em adultos.

No domínio deprimente e nada inesperado, os investigadores descobriram que tanto o género como o estatuto socioeconómico de uma criança podem influenciar as probabilidades de se tornar uma inventora bem-sucedida. Infelizmente, as crianças afro-americanas e as meninas têm menores probabilidades de se tornarem inventoras do que as crianças caucasianas e meninos com as mesmas notas nos testes de infância.

Mas houve um fator que desempenhou um papel surpreendentemente notório na previsão de a criança se tornar inventora: os adultos que moram no bairro onde uma criança cresceu. As crianças que, quando eram pequeninas, se mudaram para bairros com muitos inventores adultos tinham maiores probabilidades de se tornarem inventoras quando crescessem. O efeito é altamente concentrado na indústria em que estes inventores adultos trabalharam. Mudam-se para um bairro com muitas pessoas que inventam dispositivos médicos, e é mais provável que uma criança cresça e invente dispositivos médicos.

Surpreendentemente, os efeitos de viver perto de inventores adultos eram específicos do género. Chetty e coautores concluíram que, para o sexo feminino, as hipóteses de as meninas se tornarem inventoras aumentavam, se crescessem perto de inventoras adultas. Não houve efeito nas hipóteses de uma menina se tornar inventora se crescesse perto de inventores adultos do sexo masculino.

Meninas pequenas que veem muitas inventoras bem-sucedidas à sua volta tentam — e muitas vezes conseguem — imitar essas mulheres. Se quiser que a sua filha se torne uma inventora, uma das melhores coisas que pode fazer é colocá-la perto, quando ela for pequenina, de mulheres que se tenham tornado inventoras bem-sucedidas.

ESTUDO DE CASO # 2: O PODER DOS EXEMPLOS DE HOMENS NEGROS

Um segundo estudo realizado por Chetty e coautores analisou os preditores da mobilidade dos negros nos Estados Unidos. Infelizmente, nos Estados Unidos, os homens afro-americanos são menos flexíveis socialmente do que os homens brancos. O gráfico abaixo mostra que, se um homem branco e um homem negro têm pais que ganham o mesmo, podemos esperar que o homem negro acabe por ganhar substancialmente menos dinheiro.

Enquanto os homens negros têm baixa mobilidade social em quase todos os bairros dos Estados Unidos, há alguns bairros onde se saem melhor. Compare, por exemplo, Queens Village, uma zona de Nova Iorque, e West End, uma zona de Cincinnati. Em Queens Village, um homem negro com pais no percentil 25.º de rendimento pode esperar vir a receber um rendimento do percentil 55,4.º. Em West End, um homem negro que nasceu com pais no percentil 25.º pode esperar acabar no percentil 31,6.º.

Então, o que explica a diferença no progresso dos homens afro-americanos nos bairros?

Houve uma variável não muito inesperada e deprimente que teve impacto nos resultados afro-americanos: o racismo. Chetty e coautores descobriram que várias medidas do racismo de um bairro, incluindo pesquisas racistas no Google, se correlacionam negativamente com o avanço dos homens afro-americanos. Em *Toda a Gente Mente*, falei da minha própria pesquisa sobre os elevados níveis de racismo secreto nos Estados Unidos — como revelado nas pesquisas do Google. Esta é mais uma prova da natureza punitiva do racismo nos Estados Unidos hoje em dia.

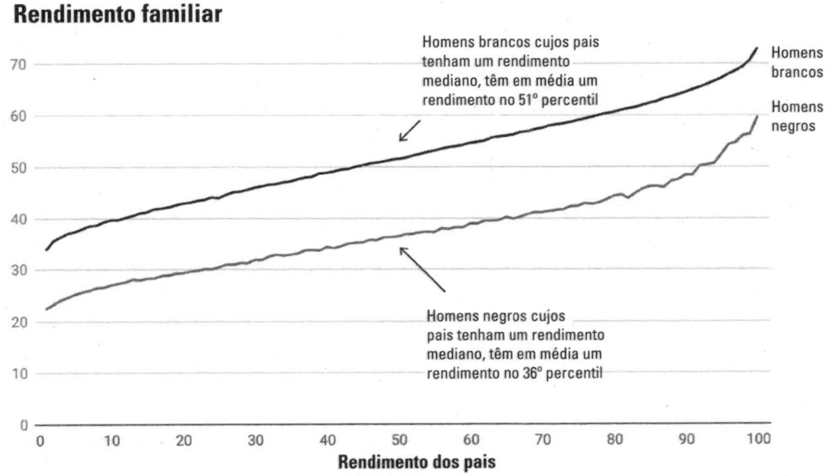

Fonte: https://opportunityinsights.org/

Mas, mais uma vez, houve um fator mais surpreendente que desempenhou um enorme papel na forma como os homens negros se saem: os modelos adultos. Os investigadores descobriram que um dos maiores indicadores da realização dos homens negros era o número de pais negros que viviam na vizinhança. Regresso a Queens Village, na cidade de Nova Iorque, em comparação com West End, em Cincinnati. Em Queens Village, 56,2% dos negros são criados com um pai por perto. Em West End, a percentagem é de 20,5%.

A importância de ter pais homens negros por perto para um jovem rapaz negro ultrapassou a importância de ter o seu próprio pai por perto. Mesmo os rapazes negros que crescem sem os pais saem-se muito melhor quando são educados em locais, como Queens Village, onde há muitos outros pais negros por ali.

PORQUE É QUE OS MODELOS ADULTOS SÃO TÃO PODEROSOS?

Porque é que os adultos de um bairro são tão importantes a decidir porque é que raparigas perseguem os seus sonhos de se tornarem cientistas, quais são os homens negros que escapam ao alcance punitivo do racismo e as concretizações de vida de tantos outros? Como conciliar os efeitos surpreendentemente vastos dos adultos não-parentais de um bairro com os efeitos por vezes inesperadamente pequenos dos próprios pais?

Uma razão potencial para isto é que os sentimentos das crianças sobre os pais são complicados. Muitas crianças revoltam-se contra os pais e pretendem fazer o oposto do que os pais fizeram. Se for extremamente bem-educado e um bom cidadão, talvez os seus filhos se sintam motivados a fazer o mesmo; mas talvez se sintam motivados a traçar o seu próprio caminho e a fazer o contrário.

As relações das crianças com os outros adultos do bairro são muito menos complicadas. Não há complexos de Édipo ou Electra em relação ao casal que vive ao fundo da rua. É provável que as crianças vejam alguns dos outros adultos da cidade como pessoas a admirar — e imitem muitas das coisas que fazem.

Qualquer pai terá dificuldade em convencer os seus filhos a agirem da forma como querem que eles ajam. Mas os pais podem descobrir naturalmente que os seus filhos querem seguir as pegadas de alguns dos outros adultos que veem.

DAR AOS SEUS FILHOS OS MODELOS CERTOS DE ADULTOS

Os resultados neste capítulo podem ser surpreendentes. Pode ter pensado que os pais poderiam ter um impacto geral maior nos filhos. Pode ter pensado que viver em Seattle não daria a uma criança um impulso significativo ao seu rendimento, em comparação a viver em Los Angeles. Pode ter pensado que seria pouco provável que a senhora que vive ao fundo da rua pudesse inspirar a carreira da sua filha.

Estes resultados têm lições importantes sobre a melhor forma de educar os seus filhos. As duas principais conclusões da ciência da parentalidade, de facto, têm implicações diferentes.

1.ª conclusão — os efeitos gerais surpreendentemente pequenos dos pais, tal como revelado pela adoção e outros estudos, sugerem que os pais podem realmente descontrair mais em muitas das decisões que têm de tomar.

Se é um pai que em muitas noites tem uma crise, sem saber o que fazer, quase de certeza que está próximo de ser um pai demasiado ansioso.

Na verdade, para a maioria de decisões parentais, até posso aceitar um método para as resolver que provavelmente pensou nunca ouvir da minha parte: confie no seu instinto. Não porque o seu instinto tem algum poder mágico que o leve às respostas certas, mas porque essas decisões não são assim tão importantes. Fazer o que lhe parece bem e seguir em frente é perfeitamente aceitável. Os dados, de certa forma, justificam uma abordagem simples, feita de forma intuitiva. Confie que, desde que faça escolhas razoáveis, está a sair-se tão bem como os outros pais.

Mas há uma área da parentalidade à qual, de acordo com os dados, deve querer prestar mais atenção: as pessoas a quem expõe os seus filhos. Aqui, pode de facto estar a influenciar a vida deles.

Se o trabalho sobre os bairros o inspirou, pode ver as vantagens de cada bairro num mapa interativo que encontra em https://www.opportunityatlas.org/.

Mesmo sem escolher um bairro inteiramente baseado nos dados, pode usar o espírito dos resultados na educação que dá aos seus filhos. Simplesmente, faz sentido expor os seus filhos a adultos que gostaria que imitassem. Se há pessoas na sua vida que considere que podem inspirá-los, arranje eventos em que os seus filhos convivam com elas. Peça a esses potenciais exemplos que contem as suas vidas e deem conselhos aos seus filhos.

Há anedotas que sugerem que exemplos precoces para os seus filhos podem ser poderosos a moldar as pessoas em que se tornam. Mas os dados de dezenas de milhões de americanos provaram que é assim.

A SEGUIR

Os dados dos registos fiscais podem ajudá-lo a compreender como dar um impulso de aproximadamente 12% ao rendimento do seu filho em adulto. Mas e se quiser ajudar os seus filhos a terem sucesso no desporto? Há dados novos que conseguem ajudar também nesse campo.

CAPÍTULO 3

O PERCURSO MAIS PROVÁVEL PARA A EXCELÊNCIA DESPORTIVA SE NÃO TIVER TALENTO

O que sonhava ser quando era miúdo? Eu só tinha um sonho, mesmo só um. Queria ser atleta profissional.*

Eu era obcecado por desporto. E quando digo obcecado, era mesmo *obcecado*. Quando tinha 4 anos, o meu pai levou-me a um jogo dos New York Knicks, o último jogo do Julius Erving no Madison Square Garden. Depois de me ouvirem a recitar as estatísticas dos jogadores, os adeptos ao nosso lado ficaram convencidos de que eu era um anão. Era impossível alguém tão novo saber tanto sobre desporto.

Mas se as outras pessoas ficavam estupefactas e encantadas com o meu conhecimento desportivo precoce, eu não estava satisfeito com a situação em que me encontrava. O meu sonho, como partilhei no primeiro parágrafo deste capítulo, era ser atleta profissional, não era saber tudo sobre os atletas profissionais. Porque é que eu não podia ser o Julius Erving e o Julius Erving ser o tipo que sabia a percentagem de todos os meus lançamentos livres até à quarta casa decimal?, questionava-me.

---

* *Também discuti os meus sonhos desportivos falhados em* Toda a Gente Mente, *quando escrevi sobre os dados dos passados surpreendentes dos jogadores da NBA. Amigos, este é um grande tema na minha vida. E, sim, de certa forma, é terapêutico estudar/escrever sobre isso.*

O meu sonho tinha um obstáculo aparentemente inultrapassável: eu não tinha talento desportivo. Era o mais baixo da turma. Ainda para mais, era notoriamente lento. E, caso esteja a apontar os resultados, sim, também era fraco.

Quem tornava a minha crise muito mais evidente era o meu melhor amigo, Garrett. Ele era o mais alto da turma, tinha um físico atlético e era rápido. Garrett era melhor que eu no basquetebol, melhor do que eu a lançar, melhor a bater, melhor a apanhar, melhor no futebol, melhor a correr, melhor no dodgeball, melhor no Bonzo ball e melhor nos jogos que eu inventava durante os intervalos para tentar arranjar alguma coisa em que fosse melhor do que ele.

Se o meu amigo que vivia a dois quarteirões de mim era melhor do que eu a todos esses desportos, como poderia tornar-me um dos melhores do mundo? Era um sonhador sem nenhuma hipótese, um Seth que desejava ser um Garrett, um atleta preso no corpo de um cromo. Resumindo, estava tramado.

...

...

...

Será que estava mesmo?

O meu pai, Mitchell Stephens, um ilustre professor de jornalismo da Universidade de Nova Iorque, sentia pena genuína de mim; custava-lhe ver o filho querer tanto uma coisa e não ter nenhuma hipótese de a conseguir. E dedicou o seu poder cerebral a tentar ajudar-me.

Os Stephenses podem não ter altura. Podem não ser rápidos. Podem não ter força física. Mas, bolas, têm inteligência! E, numa certa tarde, a inteligência atingiu o meu pai quando estava a ver um jogo dos New York Jets com as suas velhas calças de pijama *Old Navy*.

«O batedor!»

«Não pode ser assim tão difícil», concluiu o meu pai. Podia simplesmente treinar bater bolas até atingir a excelência — e nessa altura o meu sonho de ser atleta profissional seria alcançado.

O plano estava em ação!

Com sorrisos orgulhosos no rosto, os Stephenses foram ao Modell's Sporting Goods e compraram uma camisola de batedor.

No início, mal conseguia tirar a bola do chão. Mas continuei a treinar. E a treinar. E a treinar. Noite e dia. Com neve, granizo e chuva. Um rapaz, uma *t-shirt* e um sonho.

E essa, meus amigos, é a história de como eu — um judeu baixo e lento dos subúrbios de Nova Jérsia — me tornei jogador universitário da equipa de futebol da Universidade de Stanford!

Estou a brincar. Obviamente, isso não aconteceu. Depois de meses de treino, conseguia bater a bola de forma consistente a 9 metros no ar. Orgulhoso do meu progresso, certo dia, convidei Garrett para ir a minha casa ver o que eu conseguia fazer. Garrett quis ver até onde conseguia lançar. Apesar de nunca ter lançado, lançou a bola a 24 metros na primeira tentativa.

Desisti de tentar ser atleta. Comecei a treinar matemática e escrita, na esperança de talvez um dia poder tornar-me um dos melhores do mundo a analisar o que permite aos outros atingirem o meu sonho.

Fotografia descoberta há pouco do cientista de dados adulto (eu) a tentar (e a falhar) alcançar o sonho de infância

NO SEU LIVRO MAGNÍFICO, O GENE DO DESPORTO, O CIENTISTA e jornalista David Epstein deu início a uma discussão extremamente importante sobre o que é preciso para alguém ser excelente no desporto. Epstein assinalou que, embora muitos pais e jovens esperem que a paixão e trabalho árduo conduzam à excelência desportiva, cada vez mais provas indicam que a genética é responsável por uma grande parte do sucesso desportivo.

Isto é talvez mais evidente no basquetebol. Talvez não precise de lhe dizer que a altura pode ser uma vantagem no basquetebol, já deve ter reparado. Mas pode não ter percebido qual é exatamente a vantagem que pode conferir.

Na verdade, eu e outros cientistas concluímos de forma independente que cada 3 centímetros a mais quase duplicam as hipóteses de alguém chegar à NBA. Um homem com 1,83 m tem quase o dobro das hipóteses de chegar à NBA do que um homem com 1,80 m. E o padrão mantém-se ao longo da distribuição da altura. Um homem com 1,85 m tem quase o dobro das hipóteses de chegar à NBA do que um homem com 1,82 m... Um homem com 2,08 m tem quase o dobro das hipóteses de chegar à NBA do que um homem com 2,05 m... E por aí em diante.

Estes efeitos são tão notórios que implicam que, enquanto um homem com menos de 1,83 m tenha cerca de 1 em 1,2 milhões de hipóteses de chegar à NBA, um homem com mais de 2,13 m tem cerca de 1 em 7 hipóteses de chegar à NBA.

Além disso, Epstein aponta que os cientistas verificaram que existem tipos de corpos ideais — e vantagens genéticas — em muitos outros desportos. Os maiores atletas do mundo tendencialmente receberam, pela sorte da lotaria genética, corpos ideais para o desporto que praticam. Na natação, por exemplo, o corpo ideal tende a ter um tronco comprido e pernas curtas, o que permite uma maior torção quando se bate à perna. Os melhores nadadores do mundo tendem a ter genes que criam esse tipo de corpos. Na corrida de média e longa distância, pelo contrário, o tipo de corpo ideal tem pernas compridas, o que permite dar passos mais longos. E os melhores corredores tendem a ter genes que criaram esse tipo de corpos.

Epstein apontou o contraste impressionante entre os corpos de Michael Phelps, o nadador mais medalhado de todos os tempos, e Hicham El Guerrouj, um dos melhores corredores de média distância de sempre. Michael Phelps (com 1,93 m) é 18 cm mais alto que El Guerrouj

(1,75 m). Mas as pernas de ambos têm, incrivelmente, o mesmo tamanho. Ou como Epstein formulou, «Usam o mesmo tamanho de calças». As pernas curtas de Phelps ajudaram-no a dominar a natação; as pernas compridas de El Guerrouj ajudaram-no a dominar a corrida de média distância.

Os resultados apresentados no livro de Epstein podem ser desmoralizadores para pessoas como eu ou outros familiares meus que sonham ser atletas de renome, mas que não receberam genes atléticos de renome. Alguns pais ou jovens podem ler estes trabalhos e desistir dos sonhos de grandiosidade desportiva. Porquê competir contra os dotados geneticamente do mundo inteiro?

Mas o livro de Epstein, por mais revolucionário que tenha sido, é meramente o começo da discussão do que influencia o sucesso desportivo. Claro, a genética desempenha um papel importante no sucesso desportivo.

Mas será que desempenha um papel muito diferente noutros desportos? Serão alguns desportos quase inteiramente determinados pelos nossos genes, e outros terão maiores probabilidades de serem determinados por coisas como a nossa paixão e esforço? Há certos desportos, como o meu pai colocou a hipótese do futebol, em que um rapaz ou rapariga sem grande vantagem genética têm, mesmo assim, uma hipótese de chegar ao topo através da paixão e do esforço?

Daqui a pouco, vou mostrar dados que podem dar pistas do nível em que diferentes desportos dependem da genética — e quais os melhores desportos para alguém que não é dotado geneticamente. Mas antes de chegar a essas questões, quero referir alguns dados incríveis descobertos por Patrick O'Rourke que também são relevantes para a questão de que desporto pode dar a um jovem sem competências extraordinárias a melhor hipótese de ser bem-sucedido. O'Rourke não estava necessariamente à procura de um desporto que não exigisse uma vantagem genética, procurava um desporto com muitas vagas de bolsa por atleta disponíveis.

ESGRIMIR O SEU CAMINHO PARA A UNIVERSIDADE?

Certa noite, Patrick O'Rourke, um contabilista certificado, estava a jantar com amigos e a falar do filho, que na altura era jogador de basebol do secundário, mas talvez não fosse suficientemente bom para conseguir uma bolsa universitária. Os amigos tiveram uma ideia para o seu filho. Talvez fosse melhor passar a jogar lacrosse. Afinal, há muito menos pessoas que escolhem jogar lacrosse. Talvez tivesse mais hipóteses de conseguir uma bolsa universitária se focasse a sua energia desportiva neste jogo menos popular.

O'Rourke ficou intrigado com a ideia, mas não se limitou a aceitar o que os amigos lhe disseram; em vez disso, como uma espécie de herói deste livro, começou a recolher dados. Para cada desporto, recolheu dados sobre quantos jogadores do secundário praticavam o desporto e quantas bolsas eram atribuídas para esse desporto. Assim, conseguiu criar a métrica «Facilidade de obtenção de uma bolsa desportiva»: a percentagem de atletas do secundário que recebem uma bolsa.

Então, o que disseram os dados?

Os amigos de O'Rourke estavam redondamente enganados. Claro, menos rapazes jogavam lacrosse no secundário do que basebol, mas também havia muito menos bolsas universitárias para lacrosse do que para basebol. No geral, a hipótese de um jogador de lacrosse alcançar uma bolsa é de 85:1. A hipótese de um jogador de basebol conseguir uma bolsa é de 60:1, um pouco mais alta.

O'Rourke aprendeu muito mais com os dados, que partilhou com o mundo no seu website, ScholarshipStats.com — dados que foram compilados pela primeira vez pelo jornalista Jason Notte.

HIPÓTESES DE ALUNOS DO SEXO MASCULINO CONSEGUIREM UM BOLSA UNIVERSITÁRIA NOS DIFERENTES DESPORTOS

Desporto	Atletas do secundário	Bolsas universitárias disponíveis	Rácio de atletas do secundário para atletas universitários
Ginástica	1995	101	20:1
Esgrima	2189	99	22:1
Hóquei no gelo	35 393	981	36:1
Futebol americano	1 122 024	25 918	43:1
Golfe	152 647	2998	51:1
Esqui — alpino	5593	107	52:1
Tiro	2668	47	57:1
Basquetebol	3 541 054	9504	57:1
Basebol	482 629	8062	60:1
Futebol	417 419	6152	68:1
Natação e mergulho	138 373	1994	69:1
Ténis	191 004	2417	79:1
Lacrosse	106 720	1251	85:1
Corta-mato	252 547	2722	93:1
Atletismo	653 971	5930	110:1
Polo aquático	21 451	126	170:1
Luta	269 514	1530	176:1
Voleibol	52 149	294	177:1

Fonte: ScholarshipStats.com; tabela criada por Jason Notte para o Marketplace.

HIPÓTESES DE ALUNAS DO SEXO FEMININO CONSEGUIREM UMA BOLSA UNIVERSITÁRIA NOS DIFERENTES DESPORTOS

Desporto	Atletas do secundário	Bolsas universitárias disponíveis	Rácio de atletas do secundário para atletas universitárias
Remo	4242	2080	2:1
Equitação	1306	390	3:1
Rugby	322	36	9:1
Esgrima	1774	134	13:1
Hóquei no gelo	9150	612	15:1
Golfe	72 172	3056	24:1
Ginástica	19 231	810	24:1
Esqui	4541	133	34:1
Tiro	1587	46	35:1
Futebol	374 564	9266	40:1
Basquetebol	433 344	10 165	43:1
Lacrosse	81 969	1779	46:1

Natação e mergulho	165 779	3550	47:1
Ténis	215 737	4480	48:1
Softball	371 891	7402	50:1
Voleibol	429 634	8101	53:1
Hóquei	61 471	1119	55:1
Polo aquático	18 899	344	55:1
Corta-mato	218 121	3817	57:1
Atletismo	545 011	8536	64:1
Bowling	25 751	275	94:1

Fonte: ScholarshipStats.com; Tabela criada a primeira vez por Jason Notte para o Marketplace.

Estas tabelas são impressionantes. Quem diria que um ginasta do secundário tinha aproximadamente nove vezes mais hipótese de conseguir uma bolsa universitária do que um jogador de voleibol do secundário? Ou que uma rapariga praticante de remo do secundário tinha quase 30 vezes mais hipóteses de conseguir uma bolsa universitária do que uma corredora de corta-mato no secundário?

Posto isto, O'Rourke registou os avisos que os dados revelaram. Alguns dos desportos que ofereciam melhores hipóteses de bolsas, por exemplo, tinham menos programas do secundário e exigiam a adesão a clubes dispendiosos. Para além disso, algumas bolsas eram bastante pequenas. O website de O'Rourke tem muito mais informação sobre cada desporto. Seria sensato, pelo menos se for americano, consultar o ScholarshipStats.com, se o leitor ou o seu filho estiverem a considerar especializar-se num desporto e sonharem jogar esse desporto na faculdade. Não obstante, será na mesma difícil chegar ao topo de muitos dos desportos, se não for geneticamente dotado, como Epstein nos disse de forma notável.

Então, quais os desportos que dependem mais e menos da genética? Percebi que o segredo para compreender o quanto a genética influencia o sucesso desportivo em campos diferentes se pode encontrar no cálculo da... prevalência de gémeos verdadeiros nesse desporto.

TWINS: NÃO SÃO APENAS UMA EQUIPA DE BASEBOL DO MINNESOTA

Os geneticistas comportamentais estudam a razão pela qual os adultos acabam por ser como são — por exemplo, o porquê de algumas pessoas serem republicanas e outras democratas. Em que medida se deve à natureza e em que medida se deve à educação?

Porém, desenredar estes fatores não é muito fácil. A principal dificuldade? As pessoas que partilham a mesma natureza também tendem a partilhar a mesma educação.

Veja-se, por exemplo, os irmãos.

Em média, os irmãos são mais parecidos do que pessoas aleatórias em praticamente todas as dimensões que possamos pensar testar. Por exemplo, é muito mais provável que irmãos partilhem ideologias políticas do que isso aconteça com pessoas aleatórias. O meu irmão mais novo, Noah, concorda quase sempre com a minha análise política. Adoramos Barack Obama e detestamos Donald Trump.

Mas por que motivo? Teremos eu e Noah codificados no nosso ADN os mesmos genes que nos fazem comover com uma mensagem de esperança e mudança de Obama e repudiar uma mensagem de ódio e mentiras de Trump? É certamente possível, uma vez que eu e Noah partilhamos 50% do ADN.

Ou será que eu e Noah partilhamos das mesmas ideologias políticas porque os nossos cérebros foram ambos marcados de formas similares em pequenos? É claro que é possível, uma vez que muitos jantares de família quando éramos crianças se focavam na política, e os nossos pais apoiavam os democratas. Esta mensagem a favor dos democratas foi reforçada pelos nossos amigos do bairro liberal onde fomos criados, nos arredores da cidade de Nova Iorque.

Eu e Noah partilhamos a origem e a educação.

Um geneticista alemão, Hermann Werner Siemens, arranjou uma solução engenhosa para este problema. Podemos aproveitar uma experiência natural: gémeos.

Em cerca de duas em cada mil gravidezes, um único óvulo é fecundado e divide-se em dois embriões separados, produzindo gémeos verdadeiros. Estes pares de irmãos ou irmãs partilharão 100% dos genes.

Em cerca de dez em cada mil gravidezes, dois óvulos separados serão fecundados, ao mesmo tempo, por dois espermatozoides diferentes, dando origem a gémeos falsos. Os gémeos falsos do mesmo sexo, como os gémeos verdadeiros, partilham a data de nascimento e, quase sempre, a mesma educação. Mas, ao contrário dos gémeos verdadeiros, os gémeos falsos apenas partilham, em média, 50% dos genes.

Alguns estudos comparam irmãos do mesmo sexo com os mesmos pais com gémeos verdadeiros, uma vez que os irmãos do mesmo sexo dos mesmos pais também partilham o ambiente, mas apenas metade da genética. O debate natureza/educação pode ser resolvido por algumas equações de álgebra, às quais vos pouparei. O ponto-chave é o seguinte: se uma característica é altamente determinada pela genética — por outras palavras, se a natureza é mais importante —, os gémeos verdadeiros serão muito mais semelhantes do que os gémeos falsos. É claro que a maioria dos traços são uma combinação de natureza e educação, mas a contribuição exata de cada uma pode ser encontrada a partir das equações.

Em qualquer dos casos, estas simples equações tiveram grandes efeitos que abalaram a sociedade. Em primeiro lugar, a perceção de quão valiosos os gémeos podiam ser para a pesquisa comportamental transformou o Festival Anual dos Dias dos Gémeos na cidade de Twinsburg, Ohio. Twinsburg foi assim batizada em 1823. Foi nessa altura que uns gémeos verdadeiros, que eram comerciantes, Moses e Aaron Wilcox, proprietários de terras, dinheiro e de sentido de humor, chegaram a acordo com a cidade de Millsville, Ohio. Os gémeos iriam doar mais de dois hectares de terra à cidade, para se poder construir uma praça, e 20 dólares, para ajudar a construir uma escola nova. Em troca, a cidade seria rebatizada de Twinsburg.

Em 1976, os cidadãos de Twinsburg lembraram-se de uma atividade de verão perfeita para uma cidade com este nome: um festival para gémeos. Vieram gémeos do mundo inteiro. Alguns gémeos chegaram com nomes engraçados, como Bernice e Vernice, Jeynaeha e Jeyvaeha e Carolyn e Sharolyn. Alguns traziam *t-shirts* engraçadas como «Atenção!

Somos dois», «Sou o gémeo mau», ou «Sou ou Eric, não o Deric». Os gémeos fizeram espetáculos de talentos, uma parada e até um casamento. No Festival dos Dias de Gémeos de 1991, Doug e Philip Malm, gémeos verdadeiros, na altura com 34 anos, conheceram as suas mulheres, Jean e Jena, gémeas verdadeiras, na altura com 24 anos. Casaram passados dois anos — no Festival dos Dias de Gémeos de 1993.

Nada podia parar a diversão de milhares de gémeos a conviver. Nada, a não ser os cientistas que souberam que milhares de gémeos, verdadeiros e falsos, iriam estar no mesmo local, no mesmo fim de semana. Tiraram as batas de laboratório, os óculos, puxaram dos lápis e dos cadernos, e foram direitos para Twinsburg. Os cientistas transformaram o Festival anual dos Dias de Gémeos de um fim de semana de diversão e humor num fim de semana de diversão e humor — e também de formulários e testes.

Munidos das suas fórmulas para transformar correlações de gémeos em artigos de investigação, os cientistas ofereceram alguns dólares aos participantes no Festival dos Dias de Gémeos para ajudar a responder a qualquer pergunta que quisessem fazer.

Quer saber o quanto a natureza afeta o nosso comportamento confiante? Uma equipa de cientistas dirigiu-se ao Festival dos Dias de Gémeos para descobrir. Cada gémeo participou no Jogo da Confiança com uma outra pessoa, um jogo que testa se os jogadores entregam dinheiro a outros, na esperança de que os outros participantes lhes devolvam ainda mais dinheiro.

Os cientistas verificaram que, em comparação com os gémeos não verdadeiros, é mais provável que gémeos verdadeiros deem muito dinheiro, ou ambos deem pouco. Por outras palavras, os gémeos verdadeiros tendem a confiar noutras pessoas de formas semelhantes. Ligando os seus dados às fórmulas, descobriram que a variação no comportamento de confiança é 10% de natureza.

Quer saber o quanto a natureza afeta a nossa capacidade de reconhecer sabores amargos? Uma equipa de cientistas dirigiu-se ao Festival dos Dias de Gémeos para descobrir. Recrutaram 74 pares de gémeos verdadeiros e 35 pares de gémeos falsos e pediram-lhes que bebessem várias substâncias, de várias concentrações de amargo, e que tentassem identificar o sabor. Compararam a semelhança do ponto em que cada par de gémeos verdadeiros e falsos conseguiam identificar o amargo. Ligaram os números às fórmulas e descobriram que a variação na capacidade de reconhecer os sabores amargos é 53% da natureza.

Quer saber o quanto a natureza influencia a tendência de as pessoas serem rufias? Uma equipa de cientistas utilizou relatórios de mães e professores sobre o comportamento de *bullying* de gémeos e determinou que o *bullying* é explicado em 61% pela natureza.

Os cientistas até localizaram alguns genes que podem estar relacionados. Por exemplo, ter o alelo T a rs11126630 está consistentemente associado a uma redução significativa da agressividade durante a infância — e, presumivelmente, a uma menor propensão para intimidar.

O que mais adoro nesta descoberta científica é que justifica o regresso definitivo dos rufias.

Quando era miúdo, um rufia até certo ponto inteligente, mas extremamente malvado, disse a um miúdo efeminado e estudioso: «Falta-te o cromossoma Y». A insinuação era que o miúdo totó era desprovido de masculinidade. O totó poderia ter retorquido com «Bem, a ti falta-te o alelo T a rs11126630». A insinuação teria sido que o rufia tinha excesso de agressividade.

Ao longo das últimas duas décadas, cientistas do mundo inteiro usaram gémeos para calcular o nível de natureza e de educação que contribui em grande medida para tudo. Para tudo, exceto desenvolver capacidade desportiva de excelência num desporto em particular.

Decidi ver se conseguia encontrar dados para me ajudarem a responder a esta pergunta.

OS GENES DO BASQUETEBOL

Se a perícia num desporto está altamente dependente da genética, a ciência diz-nos que haverá uma alta prevalência de gémeos verdadeiros aos níveis mais altos desse desporto.

Regressemos ao basquetebol. O basquetebol, em que o sucesso depende tanto de algo altamente genético como a altura, é um desporto com uma prevalência impressionante de gémeos verdadeiros a jogar ao mais alto nível.

Desde o início da Associação Nacional de Basquetebol, dez gémeos chegaram à NBA. Pelo menos nove eram verdadeiros .

Na verdade, partindo do princípio de que os pais de jogadores da NBA têm gémeos verdadeiros a uma taxa média aproximada, estes números significam que um gémeo verdadeiro de um jogador da NBA tem mais de 50% de hipóteses de jogar na NBA. O americano médio tem aproximadamente 1 hipótese em 33 mil de chegar à NBA.

Construí um modelo baseado nas equações de gémeos que os geneticistas comportamentais usaram para estudar outros traços. (Para os verdadeiros cromos, pormenores matemáticos do modelo, assim como a codificação, estão no meu website.) A minha melhor estimativa é que essa variação na capacidade da pessoa de jogar basquetebol se deve 75% à natureza. A capacidade de jogar basquetebol, assim como para se conseguir chegar à NBA, é mesmo, mas mesmo, mesmo, mesmo genética.

É interessante verificar que os olheiros podem não perceber bem qual é a importância da genética no basquetebol. Um artigo da *Sports Illustrated* discutia a dificuldade dos olheiros em avaliar gémeos verdadeiros. Um olheiro da Eastern Conference descreveu a avaliação dos gémeos (verdadeiros) Aaron e Andrew Harrison: «São muito parecidos. Ainda não sei qual é qual. O miúdo que marcou os pontos que ganharam o jogo era o mais fraco. Estamos convencidos de que um é o bom e o outro é o mau. Mas depois o mau entra, bate os melhores e pensamos "ora, bolas!"» Um executivo sugeriu uma estratégia interessante para perceber qual deles tem melhores perspetivas: «observem a mãe». «As mães», referiu, «tendem sempre a torcer muito mais pelo que joga pior».

Três vezes os olheiros, talvez analisando as respostas das mães, ficaram convencidos de que as hipóteses de um dos gémeos verdadeiros eram claramente melhores, classificando um deles pelo menos 20 pontos acima na seleção da NBA. De cada vez, o gémeo julgado inferior teve um desempenho muito mais semelhante ao do seu irmão do que o seu lugar previsto.* Talvez os olheiros tivessem ficado mais bem servidos se

* *Segundo a fórmula de Aaron Barzilai que se encontra em https://www.82games.com/barzilai1.htm, esperava-se que Jarron Collins (escolhido em 52.º lugar) tivesse 16% das*

tivessem ignorado a forma como as mães dos gémeos torciam por eles e meramente tivessem assumido que os gémeos acabariam por jogar mais ou menos da mesma forma. Afinal, tinham o mesmo ADN.

Embora a genética seja fundamental no basquetebol — e tentar ser jogador de basquetebol sem os genes certos não é uma aposta inteligente —, é menos importante noutros desportos. Vamos começar com outro desporto americano importante.

OS GENES (MENOS IMPORTANTES) NO BASEBOL E NO FUTEBOL

No basebol, 19 969 pessoas já jogaram nas ligas principais — e calcula-se que oito pares de gémeos verdadeiros. Isto significa que um gémeo verdadeiro de um jogador de basebol profissional tem aproximadamente 14% de hipóteses de chegar à Major League Baseball, muito menores do que as probabilidades de um gémeo verdadeiro de um jogador profissional de basquetebol tem de chegar ao topo. Isto apesar de as probabilidades de se tornar um jogador profissional de basebol serem três vezes mais altas do que as de se tornar um jogador profissional de basquetebol.

O futebol oferece probabilidades similares ao basebol aos gémeos verdadeiros. Calcula-se que 12 pares de gémeos verdadeiros entre as 26 759 pessoas que jogaram na NFL representam cerca de 15% de hipóteses de um gémeo verdadeiro de um jogador de futebol profissional vir, ele próprio, a tornar-se jogador de futebol profissional.

Os dados são inequívocos em relação às capacidades de jogar basebol ou futebol dependerem menos da genética do que as de jogar basquetebol. A minha melhor estimativa é um contributo genético, tanto para as capacidades de basebol como para futebol, de cerca de 25%.

---

mesmas Partilhas de Vitória de Jason Collins (escolhido em 18.º lugar). Na verdade, tinha 78%. Segundo a mesma fórmula, era esperado que Stephen Graham (não selecionado) tivesse menos de 9,4% das mesmas Partilhas de Vitórias que Joey Graham (escolhido em 16.º lugar). Na verdade, tinha 21,8%. Esperava-se que Caleb Martin (não selecionado) tivesse menos de 27% de Partilhas de Vitórias que Cody Martin (escolhido em 36.º lugar). Na verdade, tinha 48%.

Por outras palavras, a genética tem menos de metade da importância no futebol e no basebol do que tem no basquetebol.

OS QUASE INEXISTENTES GENES NA EQUITAÇÃO E NO MERGULHO

Podemos alargar a análise a mais desportos — e mais uma vez ver que existem diferenças colossais na importância do ADN em diferentes desportos.

Bill Mallon, um antigo jogador de golfe profissional e cirurgião do cotovelo reformado, tornou-se obcecado por estatísticas olímpicas. Atualmente, é historiador a tempo inteiro de olimpíadas e faculta estatísticas ao Comité Olímpico Internacional. Umas das estatísticas que recolheu: gémeos que já participaram nos Jogos Olímpicos — e uma estimativa aproximada se eram verdadeiros ou não. Foi muito generoso e facultou-me essas estatísticas.

Alguns desportos olímpicos têm números elevados impressionantes de gémeos verdadeiros.

Veja-se a luta livre. Dos 6778 atletas olímpicos de luta livre, contavam-se 13 pares de gémeos verdadeiros. Isto significa que um gémeo verdadeiro de um lutador olímpico tem mais de 60% de hipóteses de se tornar também lutador olímpico.

Será porque os gémeos verdadeiros lutam um com o outro quando são pequenos? Improvável. As taxas de os gémeos falsos e dos irmãos do mesmo sexo, que também podiam lutar uns com os outros, atingirem os Jogos Olímpicos, calculo, estão mais perto dos 2%. Pelo contrário, a alta prevalência de gémeos verdadeiros na luta livre sugere que a genética desempenha um papel enorme no talento para a luta livre. Outros desportos olímpicos com uma percentagem elevada de gémeos verdadeiros incluem remo e atletismo.

No entanto, alguns desportos olímpicos, de acordo com os dados de Mallon, têm números muito mais reduzidos de pares de gémeos verdadeiros, o que sugere que a genética desempenha um papel muito mais reduzido a determinar quem chega ao topo.

O tiro, por exemplo. Entre os 7424 atletas olímpicos que competiram no tiro, constavam dois pares de gémeos verdadeiros. Isto significa que um gémeo verdadeiro de um atirador olímpico tem aproximadamente 9% de hipótese de se tornar também atirador olímpico e sugere que o tiro tem apenas uma pequena componente genética. E alguns desportos — incluindo mergulho, halterofilismo e equitação — não tiveram pares de gémeos verdadeiros.

TABELA GENÉTICA DE SUCESSO

	Percentagem de irmãos do mesmo sexo que são gémeos verdadeiros (um número superior sugere maior dependência da genética)
Atletas olímpicos de atletismo	22,4%
Lutadores olímpicos	13,8%
Remadores olímpicos	12,4%
Jogadores da NBA	11,5%
Pugilistas olímpicos	8,8%
Ginastas olímpicos	8,1%
Nadadores olímpicos	6,5%
Praticantes olímpicos de canoagem	6,3%
Esgrimistas olímpicos	4,5%
Ciclistas olímpicos	5,1%
Atiradores olímpicos	3,4%
Jogadores da NFL	3,2%
Jogadores MLB	1,9%
Esquiadores alpinos olímpicos	1,7%
Mergulhadores olímpicos	0%
Cavaleiros equestres olímpicos	0%
Halterofilistas olímpicos	0%

Isto sugere uma pequena componente genética na competência destes desportos. E sugere também que mesmo alguém sem dotes genéticos invulgares pode ter hipótese de ascensão num desporto através da paixão e do esforço.

Então, o que devemos pensar dos desportos que dependem menos da genética?

Certamente, alguns destes desportos podem ser mais difíceis para a pessoa mediana conseguir entrar. A equitação, por exemplo, é famosa por ser muito cara, e é por isso que muitos filhos de ricos se especializam nesse desporto. Parte da razão para a equitação depender tão pouco da genética historicamente é que muitas pessoas com dotes genéticos invulgares para a equitação — sejam eles quais forem — nunca experimentaram o desporto.

Dito isto, hoje em dia, pode entrar na equitação sem muito dinheiro e tirar partido do facto de a paixão e trabalho árduo serem os fatores predominantes do sucesso nesse desporto. Há muitos websites, como https://horserookie.com/how-ride-horses-on-budget/, que explicam como singrar na equitação sem muito dinheiro.

QUANDO ANALISAVA A TABELA GENÉTICA DE SUCESSO, COMECEI a pensar, como acontece com frequência, no Bruce Springsteen. Pode ser, em parte, porque estava a ouvir Bruce Springsteen, como faço normalmente quando escrevo.

A canção mais famosa de Springsteen é «Born to Run». Embora a canção seja sobre o desejo de fugir de uma cidade pequena, o título também podia descrever os resultados da análise dos gémeos verdadeiros no desporto. Afinal, atletismo está entre os desportos que mais dependem da genética.

Bruce Springsteen tem uma filha chamada Jessica. Desde os 4 anos que Jessica Springsteen é obcecada por montar a cavalo e tornou-se uma das melhores atletas equestres do mundo, conquistando a medalha de prata nos Jogos Olímpicos de Tóquio.

Bruce pode ter razão ao dizer que alguns de nós nasceram para correr («Born to Run»), mas os dados e a história da sua filha dizem-nos que mesmo quem não foi dotado de competências atléticas anormais podem «Aprender a montar». E também aprender a mergulhar, a levantar pesos ou a disparar.

A SEGUIR

Tornar-se um grande atleta é uma forma de ficar rico, mas há outras. Os novos dados fiscais estão a revelar os segredos de quem é rico na América — e nem sempre são as pessoas que esperaríamos.

CAPÍTULO 4

QUEM É SECRETAMENTE RICO NA AMÉRICA?

Quer ouvir uma história aborrecida? (Sei mesmo fazer uma introdução chamativa, não sei?)

Kevin Pierce* é distribuidor grossista de cerveja. É proprietário da Beeraro, que foi fundada em 1935, mesmo depois da Lei Seca, pelo avô adotivo. Naquele tempo, a distribuição grossista de cerveja era uma indústria emocionante. O avô adotivo brincava e dizia que, quando tinha começado, quem tivesse o carro mais rápido e a arma maior vendia mais cerveja. Mas, atualmente, a distribuição grossista de cerveja resume-se, como muitos negócios, a muitas folhas de cálculo e reuniões.

Todas as manhãs, às 8h00, Kevin chega ao gabinete de 27 m^2 que partilha com o gestor de vendas e com o líder da equipa e começa a analisar os números: as vendas do dia anterior e as tendências da receita bruta. É provável que Kevin tenha uma ou duas reuniões com fornecedores, em que discutem os preços.

Pode conversar com um motorista, sobretudo se o motorista falhou uma entrega. Pode conversar com uma equipa de consultores de preços que contratou — para o ajudarem a maximizar os lucros por entrega.

Embora a cerveja seja consumida à noite, o negócio de distribuição grossista tem lugar de manhã e à tarde. A maior parte das cadeias

* *Os nomes e alguns pormenores desta história foram alterados.*

de lojas de retalho quer as entregas feitas durante a manhã. A maior parte dos bares e restaurantes quer as entregas pouco antes ou depois do almoço. Portanto, o dia de trabalho de Kevin termina sempre entre as 16h00 e as 17h00.

Kevin ganha bastante dinheiro, diz que já faturou milhões de dólares ao longo dos anos neste negócio. Acontece que por acaso Kevin faz parte de um dos ramos de negócio na América com a maior hipótese de produzir milionários. Uma estimativa económica recente que recorreu a dados fiscais disponíveis constatou que a distribuição grossista de bebidas se encontra entre um grupo seleto de indústrias em que uma grande percentagem de proprietários entram no *top* 0,1% de pessoas com os rendimentos mais elevados.

Para além disso, o dinheiro de Kevin é consistente. Num ano bom, os lucros podem ser 2 a 3% superiores aos que tinha projetado. Num ano mau, os lucros podem ser 2 ou 3% inferiores.

Kevin admite que o seu trabalho pode ser «extremamente aborrecido» e que «começa a detestar folhas de cálculo». Embora a cerveja confira algum *sex appeal* à indústria, admite que o trabalho rotineiro não seria muito diferente se vendesse papel higiénico.

Mas Kevin sente-se satisfeito quando compara a sua carreira com a dos amigos. Acabou por perceber que ganhar imenso dinheiro ano após ano e sair do trabalho às 17h00 é uma situação bastante boa. Recentemente, um amigo de Kevin fez um comentário sobre a sua vida — a boa casa, o controlo da agenda, o rendimento consistente. «Preciso de um negócio como o teu», disse-lhe o amigo.

Kevin resume a sua carreira da seguinte forma: «De facto, é aborrecida, mas podemos ganhar cada vez mais dinheiro todos os dias».

OS DADOS DOS RICOS NA AMÉRICA

Quem é rico na América?

A verdade é que, até há alguns anos, tínhamos apenas respostas limitadas para esta pergunta. Claro, todos tínhamos uma ideia de que certos negócios tinham maior probabilidade de conduzir à riqueza do que outros. Tínhamos alguma noção de que, digamos, quem trabalhava na Goldman Sachs ganhava mais dinheiro do que os professores (independentemente de os empregados da Goldman *deverem* ou não ganhar mais do que os professores).

Mas, até há alguns anos, não havia nenhum estudo exaustivo das finanças de *todos* os americanos, incluindo uma análise de todos os ricos nos EUA. A nossa noção de quem é rico na América tem dependido de duas abordagens erróneas.

Primeiro, podemos perguntar às pessoas. Mas isto é complicado por muitas pessoas não quererem que os outros saibam quanto dinheiro têm. Jack MacDonald, um advogado e investidor de Washington State, vivia num T1, vestia camisas esfarrapadas e juntava cupões para ter descontos nas compras. Quando morreu, chocou toda a gente ao doar 187,6 milhões de dólares que tinha juntado com os investimentos. Já Anna Sorokin mudou-se para Nova Iorque em 2013 e entrou imediatamente para a elite dos círculos sociais de Nova Iorque, dizendo às pessoas que era herdeira de um fundo fiduciário de 60 milhões de euros. Comia nos melhores restaurantes e ficava nos hotéis mais chiques, os amigos pagavam e ela dizia que depois devolvia. Acabou por ser detida por golpes financeiros a várias pessoas e instituições, e revelou-se que, na verdade, não tinha onde cair morta. A maioria das pessoas não chegam aos extremos de MacDonald ou de Sorokin, mas muitas escondem a sua riqueza na complexa dança social da vida moderna.

A segunda forma que costumamos ouvir falar dos ricos é nas histórias, talvez na comunicação social. Mas os ricos de que ouvimos falar são altamente parciais, são os ricos cujas vidas dão uma história suficientemente boa para contar. Assim, a nossa ideia dos ricos é extremamente tendenciosa para ricos com histórias emocionantes.

O que aconteceu há uns anos que nos permitiu finalmente ter uma visão global de quem é rico na América? Os académicos tiveram autorização para usar o IRS para estudar dados digitalizados do universo inteiro dos contribuintes dos EUA. (Os nomes foram retirados e os dados tornados anónimos.) Uma equipa de investigadores — Matthew Smith, Danny Yagan, Owen Zidar e Eric Zwick, que passarei a referir como os Investigadores dos Dados Fiscais — usou estes dados para estudar percursos de carreiras do universo global dos americanos mais bem-sucedidos financeiramente.

Antes de discutir o que verificaram, tenho de fazer um anúncio de utilidade pública importante, pois temo que os fantasmas dos meus falecidos avós judeus socialistas venham ralhar comigo: ganhar uma pipa de massa não é necessariamente o objetivo de vida acertado nem torna as pessoas forçosamente felizes. Nos Capítulos 8 e 9 vou discutir o que a ciência de dados pode ensinar-nos sobre a felicidade — e qual é o papel (limitado) do dinheiro, entre outros fatores, na sua obtenção.

OS RICOS SÃO PROPRIETÁRIOS

Ora, como é que os ricos ganham dinheiro?

Vamos começar pela informação não incrivelmente nova: a maioria dos americanos ricos, segundo os Investigadores dos Dados Fiscais verificaram, tem um negócio; não ganha o dinheiro com um salário. Mais precisamente, apenas 20% dos pertencentes ao topo 0,1% recebem a maioria do dinheiro dos salários.* Entre esses americanos ricos, 84% recebem pelo menos parte do dinheiro do seu próprio negócio.

Certamente, há alguns exemplos de relevo de ricos que obtêm a sua riqueza porque recebem um salário de uma organização. Pense nos CEO de empresas, como Jamie Dimon, que recebe mais de 30 milhões de dólares por ano na JPMorgan Chase; apresentadores de TV famosos, como Lester Holt, que recebe mais de 10 milhões de dólares por ano da NBC; ou treinadores de equipas desportivas de topo, como David Shaw, que recebeu 8,9 milhões de dólares em 2019 da Universidade de Stanford, apesar de ter decidido — não estou a brincar —marcar a partir da linha de 29 jardas [29,5 metros] do adversário.**

---

* *No restante 1% do topo, cerca de 40% recebe a maioria do seu rendimento dos salários. Para chegar ao 1% do topo durante o período estudado, a pessoa teria de ganhar 390 mil dólares. Para chegar ao 0,1 % do topo, teria de ganhar 1,58 milhões de dólares.*

** *Trata-se de uma reclamação desnecessária que não espero que ninguém entenda além de Gabe Rosen.*

Mas, segundo os dados, estes percursos para a riqueza baseados num salário são raros. Os Investigadores dos Dados Fiscais concluíram que, entre o 0,1% do topo, por cada funcionário que recebe um salário que o coloca nesse escalão, há três proprietários que recebem lucros do negócio que os colocou lá. Ou talvez outra forma de pensar nisto: entre os ricos, para cada Jamie Dimon (um funcionário) há três Kevin Pierces (um proprietário).*

Mesmo alguém que receba um salário ridiculamente alto, como uma estrela do desporto, não irá tornar-se tão rico como alguém que detém o património certo. Considere esta curiosidade recentemente referida pelo cientista de dados Nick Maggiulli. Dos mais de 26 mil jogadores que jogaram na Liga Nacional de Futebol (NFL), sabe quem alcançou maior riqueza? Foi... Jerry Richardson. Quem? O antigo recetor apanhou um total de 15 passes nas duas épocas na NFL. Mas, pouco depois de se reformar do futebol, começou uma carreira nos negócios a comprar e expandir *franchises* da Hardee's, o restaurante de *fast-food*. A sua quota em mais de 500 restaurantes Hardee's ajudou-o a construir um património líquido de mais de 2 mil milhões de dólares. Pelo contrário, Jerry Rice, talvez o melhor recetor de todos os tempos, ganhou aproximadamente 42,4 milhões de dólares na sua carreira de 20 anos em que apanhou 1549 passes. A matemática da riqueza, por outras palavras: 15 receções na carreira + 500 Hardee's valem cerca de 50 vezes mais do que 1549 receções na carreira + 0 Hardee's.

Por curiosidade, Richardson usou a sua riqueza para se tornar proprietário fundador dos Carolina Panthers, mas foi obrigado a vender a sua quota do *franchise* depois de alegadamente usar linguagem sexualmente sugestiva e racial no local de trabalho. Portanto, certifique-se de que retira a lição correta da história de Richardson: o valor de património próprio para criar riqueza, independentemente de se ter bom carácter.

---

* *No restante 1% do topo, um número aproximadamente igual de pessoas recebeu a maioria do rendimento tanto de salários como do seu próprio negócio.*

OS RICOS SÃO PROPRIETÁRIOS DAS COISAS CERTAS

Embora ter um negócio seja o caminho predominante para se tornar rico nos EUA, não há garantia de que se vai tornar rico. Por cada Kevin Pierce, que consistentemente recebe bastante dinheiro todos os anos, há muitas pessoas que abrem negócios que vão à falência e muitas pessoas que abrem negócios e que apenas conseguem extrair de lá pequenos lucros.

O que separa os vencedores dos fracassados nos negócios? O ramo a que se dedica é extremamente importante. Alguns ramos são bons negócios, têm boas hipóteses de tornar os seus proprietários ricos. Outros ramos, não.

Vamos começar pelos ramos da última categoria: os que não são bons negócios.

Tian Luo e Philip B. Stark analisaram os ramos de negócio que dão ao proprietário menos hipóteses de se manter no ativo. Usaram um conjunto de dados enorme do Gabinete de Estatísticas do Trabalho dos EUA, que mantém o registo de todos os negócios que operam nos EUA.

O ramo com a duração média de vida mais curta? Lojas de discos. Em média, uma loja de discos dura 2,5 anos até ir à falência. A loja de discos normal, por outras palavras, tem uma duração similar a muitos gigantes do *rock and roll* que inspiram os fundadores das lojas: breves — tirando, claro, *groupies*.

O CAMINHO *SEXY* PARA O FRACASSO RÁPIDO

Ramo	Tempo médio que dura um negócio no ramo (para comparação, o negócio médio de um dentista dura 19,5 anos)
Lojas de discos	2,5 anos
Salões de jogos	3
Lojas de passatempos, brinquedos e jogos	3,25
Livrarias	3,75
Lojas de roupa	3,75
Lojas de cosméticos e de artigos de beleza	4

Fonte: Luo e Stark (2014).

Este foi o início de um padrão descoberto nos dados: negócios *sexy*, os negócios que em crianças sonhamos ter, costumam acabar depressa. Também na lista dos negócios que rapidamente vão à falência encontram-se salões de jogos, lojas de brinquedos, livrarias, lojas de roupa e lojas de cosméticos e artigos de beleza.

Ou seja, o estudo deixa um aviso importante para um aspirante a empreendedor: cuidado ao entrar num ramo *sexy* ou que faça parte dos seus sonhos de criança.

Em muitos ramos *sexy*, a concorrência vai ser aguerrida, e não conseguirá destacar-se. Arrisca-se a perder muito dinheiro em pouco tempo. (Devo reconhecer que existe um caminho mais promissor e *sexy* para o sucesso empresarial, que discutirei daqui a pouco, mas que requer bastante talento e dinamismo.)

ENTÃO, QUAIS SÃO OS RAMOS COM MAIORES PROBABILIDADES DE PRODUZIREM riqueza?

Os Investigadores dos Dados Fiscais documentaram quantas empresas num ramo colocaram os seus proprietários no 0,1% do topo de recebedores nos Estados Unidos. O gráfico está na Tabela J.3 do índice online, para os curiosos.*

5 MAIORES NEGÓCIOS C/ MAIOR NÚMERO DE EMPRESAS MILIONÁRIAS QUE PRODUZEM MUITOS MILIONÁRIOS (NOTA: ESTE É UM GRÁFICO ENGANADOR PARA ESCOLHER UM GRANDE NEGÓCIO)

Ramo	Proprietários no 0,1% do topo
Proprietários de imóveis	12 573
Atividades relacionadas com bens imobiliários	10 911
Concessionários de automóveis	5236
Consultórios médicos	4711
Restaurantes	4471

Fonte: índice online de Smith *et al.* (2019); inclui apenas dados para empresas-S.

* *Questão técnica aborrecida: no resto deste capítulo vou apresentar dados sobre empresas-S, a formulação empresarial mais popular nos Estados Unidos. A menos que diga o contrário, estou apenas a referir-me a este tipo de empresa.*

Em cima está o *top* 5 dos ramos que geram os proprietários mais ricos, embora este gráfico seja enganador para determinar os melhores percursos para a riqueza por motivos que vamos discutir mais à frente.

Posto isto, todos devem despedir-se dos seus empregos e começar um negócio num destes ramos que os Investigadores dos Dados Fiscais constataram que têm os proprietários mais ricos? Será que o caminho para a riqueza é abrir um restaurante e tentar fazer parte dos mais de 4 mil proprietários ricos desse ramo? Estará alguém que pega nas receitas da avó e abre uma pizzaria não apenas para seguir os seus sonhos, mas para seguir os dados? Não. O gráfico é enganador no que toca a compreender os bons ramos para começar um negócio, pela seguinte razão: só mostra o número de pessoas que *enriqueceram* por começarem um negócio nesse ramo, não considera o número total de pessoas que *começaram um negócio* nesse ramo. Alguns ramos tiveram uma classificação alta simplesmente porque um número enorme de pessoas começou um negócio nesse ramo, não porque uma grande percentagem de pessoas com um negócio nesse ramo enriqueceu.

Voltemos aos restaurantes. De acordo com dados disponíveis publicamente do censo que analisei, os restaurantes são o negócio mais popular que se começa nos Estados Unidos. Há mais de 210 mil restaurantes nos Estados Unidos, o que significa que os 4471 proprietários de restaurantes ricos compõem aproximadamente 2% dos proprietários de restaurantes. Por outras palavras, abrir um restaurante não é uma aposta particularmente boa para entrar no escalão dos ricos. Se encontrou muitos proprietários de restaurantes ricos, em grande parte, foi porque há muitos proprietários de restaurantes.

Parece que há muitos ramos que conferem hipóteses muito melhores de se tornar rico. Veja-se os concessionários de automóveis, outro campo perto do topo da tabela dos Investigadores dos Dados Fiscais. Segundo os dados do censo, há apenas 25 200 concessionários de automóveis. Isto significa que os 5236 concessionários que constam da lista dos proprietários ricos representam uns impressionantes 20,1% dos concessionários automóveis. Ou seja, as hipóteses de que um negócio coloque o proprietário no 0,1% do topo era dez vezes mais alta se tivesse um concessionário de automóveis do que um restaurante.

AO COMBINAR OS DADOS DOS INVESTIGADORES DOS DADOS FISCAIS COM OS DADOS públicos do censo, tentei aferir os ramos mais indicadores de riqueza.* Localizei todos os ramos de negócio que se enquadram em dois critérios:

TABELA DO ENRIQUECIMENTO

Ramo	Percentagem de estabelecimentos com proprietário no 0,1% do topo
Proprietários de imóveis	43,2%
Atividades relacionadas com bens imobiliários	25,2%
Concessionários de automóveis	20,8%
Outras atividades de investimento financeiro	18,5%
Artistas, escritores e intérpretes independentes	12,5%
Outros serviços profissionais, científicos e técnicos	10,6%
Grossistas de bens duradouros diversos	10,0%

Fontes: cálculos do autor baseados em dados do índice online de Smith *et al.* (2019) e do Gabinete de Censos dos EUA. Estes cálculos são para empresas-S.

» Primeiro, pelo menos 1500 *proprietários de empresas neste ramo estão no 0,1% do topo.* Isto significa que muitas pessoas alcançaram riqueza através deste caminho.

» Em segundo lugar, *pelo menos 10% das empresas nesse ramo tinham um proprietário no 0,1% do topo.* Isto assegura que muitas das pessoas que tentaram este caminho se tornaram ricas.

Entre centenas de ramos em que as pessoas começam negócios, apenas sete se enquadram em ambos os critérios, ter simultaneamente números altos de ricos e alta probabilidade de riqueza. Aqui estão eles:

Ora bem, o que deve pensar desta tabela?

Primeiro, vamos clarificar o que são alguns destes ramos. Mais pesquisas e conversas sugerem que empresas de «outros serviços

---

* *Para os muito poucos interessados em pormenores, comparei dados do Apêndice J.3 do índice online dos Investigadores dos Dados Fiscais, que registam o número de empresas-S com proprietários nos 0,1% do topo, repartidos por indústria, e Tabelas de dados anuais SUSB por estabelecimento de indústria do Gabinete de Censos dos EUA, que regista o número total de empresas-S, divididas por sector.*

profissionais, científicos e técnicos» são sobretudo empresas de pesquisa de mercado; «grossistas de bens duradouros diversos» são intermediários, que compram mercadorias em grandes quantidades aos fabricantes e depois as revendem aos retalhistas.

O negócio grossista, sugerem os dados, é um ótimo negócio. Os distribuidores grossistas de bebidas, como já mencionei, pertencem de forma desproporcionada ao 0,1% do topo, embora não sejam suficientes para chegar à Tabela do Enriquecimento. E outros comerciantes de mercadorias têm também mais hipóteses de enriquecer.

«Proprietários de imóveis» são sobretudo proprietários de imóveis que arrendam; «atividades relacionadas com imobiliário» são sobretudo empresas que gerem a propriedade imobiliária de outros ou avaliam imobiliário. As pessoas em «Outras atividades de investimento financeiro», sobretudo, gerem e investem o dinheiro dos outros.

Combinando os dois ramos do imobiliário e substituindo os nomes técnicos, podemos dizer que há uma lista dos seis grandes negócios que tornam as pessoas ricas de forma desproporcionada.

Os Seis Grandes

» Imobiliário
» Investimento
» Concessionários de automóveis
» Criativos independentes
» Pesquisa de mercado
» Intermediários

O que devemos pensar dos Seis Grandes?

Investimento e imobiliário claramente não são membros surpreendentes dos Seis Grandes, mas os outros quatro ramos dos Seis Grandes foram revelações, pelo menos, para mim. Intermediários? Concessionários de automóveis? Pesquisa de mercado? Certamente, nunca ninguém me tinha dito que estes campos eram percursos consistentes para o estatuto de milionário.

Sinceramente, nem sequer tinha ouvido falar de intermediários; associava vendedores de automóveis a vigaristas duvidosos; e não teria nenhuma razão para acreditar que a pesquisa de mercado era muito mais lucrativa do que a consultadoria (mas é).

QUÃO LOUCO É TENTAR SER UMA CELEBRIDADE?

Fiquei chocado por ver que «artistas, escritores e intérpretes independentes» faziam parte da lista. Pensamos frequentemente que os artistas são uns tesos. (Pense no cliché do artista que passa fome.) Da mesma maneira, os dados dizem-nos que os negócios mais *sexy*, como lojas de discos, vão rapidamente à falência. Então, o que devemos pensar do facto de 12,5% das empresas de «artistas, escritores e intérpretes independentes» terem proprietários ricos?

Isto deve-se, em grande parte, a algo chamado preconceito de seleção, um preconceito importante que deve ser considerado sempre que se analisam dados. A maioria dos artistas, escritores e intérpretes independentes não têm sucesso suficiente para justificar um negócio com fins fiscais. Estes criativos em dificuldades, que nunca obtêm nenhum lucro real, não estão incluídos nos dados. Se adicionasse todos estes criativos, as probabilidades de alcançar um grande sucesso como criativo diminuiriam muito. (Este preconceito é muito menos importante para outros sectores, em que uma percentagem muito mais elevada de pessoas que iniciam a sua própria empresa no ramo irão incorporá-la como um negócio.)

Dito isto, mesmo que o preconceito de seleção aumente de forma artificial as probabilidades de sucesso dos criativos independentes, as verdadeiras probabilidades de se ter um enorme sucesso neste ramo podem ser mais altas do que eu suspeitava. É claro, tornar-se um criativo rico é uma probabilidade remota, mas eu poderia ter adivinhado que era de 1 em 100 mil e as probabilidades podem ser menos remotas do que isso.

Os dados dos Investigadores dos Dados Fiscais sugerem que há pelo menos 10 mil criativos independentes que ganham o suficiente para constarem do 1% do topo dos que mais lucram. Quantas pessoas tentam ser criativos independentes?

Aqui temos informações contraditórias. De acordo com o Gabinete de Estatísticas Laborais, há 51 880 «artistas, escritores e intérpretes independentes», nem todos com o seu próprio negócio. No entanto, há também outras pessoas que têm um trabalho extra no sector criativo, mas não o consideram a sua profissão principal. Outros dados do estudo sugerem que 1,2 milhões de americanos ganham a vida primordialmente como artistas. Isto sugere que os 10 mil criativos independentes no 1% do topo comporiam cerca de 1% dos trabalhadores artistas. Se isto fosse verdade, as probabilidades de entrar no 1% do topo seria tão boa para um artista como para um americano médio. Disto isto, há cerca de dois milhões de licenciados em artes nos Estados Unidos. Se todos tentarem singrar como criativos independentes e alguns desistirem, talvez 1 em 200 que tenta uma carreira criativa consiga atingir o sucesso.

Claramente, é necessário pesquisar mais, mas parte dos novos dados sobre impostos conjugados com outros dados podem sugerir que a arte dá uma hipótese de enorme sucesso na ordem de 1 em 200, a 1 em 100. Pode ser uma hipótese demasiado distante para muitas pessoas a considerarem válida. Mas o Capítulo 6 mostra que os artistas têm maneiras de aumentar drasticamente as suas hipóteses de sucesso. Por exemplo, expor a arte extensivamente foi considerado o suficiente para aumentar as hipóteses de sucesso em seis vezes. Se seguir as lições fundamentadas em dados sobre como melhorar as hipóteses de singrar como artista, pode aumentar substancialmente as probabilidades, talvez para 1 em 10. Talvez não tenha um sucesso estrondoso, mas pode não ser uma aposta terrível para enriquecer a trabalhar em algo que adora.

Digamos assim: antes de eu ver os dados, teria dito a alguém que sonha em ter sucesso enquanto criativo independente que era uma ideia disparatada, a menos que tivesse um fundo fiduciário para o sustentar.

Mas, depois de ver esta ideia, já não tenho tanta certeza. Diria que tentar tornar-se um artista é uma ideia disparatada, se não fizer as coisas que discuto no Capítulo 6 que maximizam as hipóteses de ter a sua oportunidade de sorte. Mas se agir desta maneira, tentar ser artista pode não ser uma aposta louca, sobretudo quando se é jovem. Outra forma de dizer isto: tentar alcançar o sucesso enquanto criativo independente, sem produzir imenso trabalho e sem se esforçar para encontrar a sua oportunidade, nunca vai resultar. Se é esse o seu plano, mais vale licenciar-se em contabilidade. Porém, tentar ter sucesso como criativo independente, produzir imenso trabalho e esforçar-se que nem um louco para encontrar a sua oportunidade pode dar-lhe uma hipótese surpreendentemente razoável de atingir o sucesso. Se é esse o seu plano, tem uma oportunidade, embora tenha de aceitar que tem muito mais probabilidades de falhar.

Os dados sugerem que as hipóteses de enriquecer enquanto criativo independente são mais altas do que noutros negócios. É particularmente impressionante considerando as constatações prévias de que muitos negócios *sexy*, como lojas de discos, se encontram entre os negócios menos bem-sucedidos. O que consegue sendo um criativo independente que abrir uma loja de discos não lhe traz e que pode levar a maiores probabilidades de obter grandes lucros?

Os criativos juntam-se aos outros membros dos Seis Grandes na indicação do que realmente constitui um ótimo ramo para começar um negócio: *ótimos ramos de negócio permitem a existência de muitos monopólios locais.*

A FUGA À COMPETIÇÃO DE PREÇOS

A maioria dos negócios não gera muitos proprietários milionários.

Por exemplo, há mais de 49 mil bombas de gasolina nos Estados Unidos; mais de 15 mil lavandarias de limpeza a seco; e mais de 8 mil agências funerárias. São todos negócios nada *sexy* que oferecem um serviço fundamental. Mas os dados dizem-nos que não são caminhos para a riqueza. Praticamente nenhum dos proprietários destes negócios se encontra entre quem mais lucra nos Estados Unidos.

Na verdade, os Investigadores dos Dados Fiscais dizem-nos que há muitos ramos em que dezenas de milhares de pessoas iniciam os seus negócios, mas poucos entram no 1% do topo, muito menos no 0,1% do topo de quem mais recebe.

Alguns negócios que nunca nos vão fazer ricos

» Empreitadas de equipamento de construção
» Construção de edifícios residenciais
» Reparação e manutenção automóvel
» Serviços em edifícios e habitações
» Arquitetura, engenharia e serviços relacionados
» Empreitadas de acabamento de edifícios
» Serviços de cuidados pessoais
» Bombas de gasolina

Porque é que os Seis Grandes se destacam entre os outros campos na criação de uma probabilidade tão elevada de os seus proprietários ficarem ricos?

É altura de uma lição num campo que é ainda mais aborrecido do que muitos dos campos que produzem muitos milionários. Está na hora de uma lição do tema do meu doutoramento: economia.

A economia básica diz-nos que o lucro de uma empresa é, por definição, a receita menos os custos. Se uma empresa pode cobrar muito mais pelo produto do que custa a produção, terá um lucro substancial. Mas, se uma empresa não puder cobrar mais pelo produto do que custa a produção, terá lucro zero.

E a economia básica diz-nos que é surpreendentemente difícil uma empresa ter lucro. Na verdade, a economia diz-nos que a maioria dos negócios na maioria das indústrias pode esperar não ter lucro, e é por isso que não é, de todo, surpreendente para os economistas que os Investigadores dos Dados Fiscais encontrem tantas indústrias em que tão poucos proprietários conseguem enriquecer.

Porque é que é tão difícil ter lucros?

Imagine uma pessoa, Sarah, que está a gerir um negócio que tem grandes lucros. Suponha que o custo de cada unidade do produto é de 100 dólares; todos os anos, consegue vender 10 mil unidades deste produto por 200 dólares cada, o que lhe confere 1 milhão de dólares por ano.

Nada mau, Sarah!

Mas Sarah poderia ter um problema.

Imagine que outra pessoa, Lara, tem um emprego sem perspetivas a ganhar 50 mil dólares por ano. Ela iria adorar ter os lucros de Sarah. Suponha que se despede e faz o produto de Sarah por 100 dólares, mas cobra 150 dólares. Ora, todos os clientes de Sarah mudam para Lara, graças ao preço inferior. E Lara passa a ganhar 500 mil dólares por ano. O novo salário de Sarah? Batatas.

Agora, é Lara que está a arrecadar, até que Clara decide juntar-se ao negócio para obter lucros. Cobra 125 dólares por produto, rouba todos os clientes, e ganha 250 mil dólares por ano. Ou seja, trama Sarah e Lara.

O que acontece a seguir? Neste exemplo fictício, o processo de novas pessoas a entrarem no negócio iria acabar abruptamente por não me lembrar de mais nomes que rimem. Queria mesmo muito que alguém novo entrasse para sabotar Clara, mas falhei completamente a tentar encontrar um quarto nome que termine em «ara». Portanto, neste exemplo fictício, Clara pode ficar com o seu lucro sólido. No mundo real, contudo, o processo iria continuar e Clara e todos os outros empresários não iriam ter nenhuma proteção da falta de rimas.

Este processo só terminaria quando ninguém tivesse lucro suficiente para incentivar novas pessoas a entrarem na indústria — ou qualquer uma das empresas que já pertencessem à indústria baixassem o preço. Na economia básica, chama-se *condição de lucro zero*. A concorrência do preço vai continuar até os lucros serem reduzidos a zero.

Ninguém que pensa em começar um negócio iria alguma vez subestimar o poder da condição de lucro zero. Muitas, muitas pessoas começam negócios na esperança de se tornarem ricas e acabam apenas por se verem presas à concorrência de preços impiedosa e a tentarem sobreviver. Veja-se o motorista de táxi que me apanhou na estação de comboios a norte de Nova Iorque, há uns dias, e me contou a história da sua carreira empresarial. Há uns 25 anos, entrou no negócio dos táxis na cidade onde cresceu. Esperava junto à estação de comboios e levava as pessoas que regressavam do trabalho de Nova Iorque. Durante um tempo, era um bom negócio, ganhava bem. Mas entraram muitos concorrentes, incluindo muitas pessoas mais pobres dispostas a cobrar muito menos que ele. Agora, quando o comboio vindo de Nova Iorque chega, os viajantes têm à sua volta um grande número de taxistas. Os clientes normalmente escolhem quem cobra menos.

Os lucros do taxista quase desapareceram. Para além disso, quando a pandemia da Covid-19 chegou, o seu negócio entrou em colapso, obrigando-o a mudar-se novamente para casa dos pais.

Para manter os lucros de forma consistente, um empresário tem, de alguma forma, de evitar que os concorrentes cobrem menos que ele até que os lucros desapareçam. Como se pode fazer isto?

Bem, os negócios dos Seis Grandes têm todos maneiras de o fazer. Todos os ramos que criam muitos milionários oferecem alguma forma aos proprietários de evitarem a concorrência de preços impiedosa que leva ao fim dos lucros.

Talvez a forma mais direta de se protegerem da concorrência de preços seja através da lei. A lei, na verdade, é o que explica a presença de um dos Seis Grandes negócios que inicialmente fazia pouco sentido para mim: os concessionários de automóveis.

Os concessionários de automóveis são altamente regulados pela indústria. Em muitos Estados, os carros não podem ser distribuídos pelas empresas que os fabricam, embora a Tesla esteja atualmente a contestar essa regra. Também há limites que impedem novas empresas de vender carros de uma empresa em particular.

Se isto é bom para os clientes é discutível. Mas não estou a escrever um tratado jurídico; estou a escrever um livro de autoajuda. E, claramente, se o seu objetivo é ser rico, ter proteção jurídica contra a concorrência é uma enorme ajuda. É por isso que os proprietários de concessionários de automóveis são tão prevalentes entre os ricos.

Voltando ao taxista que conheci nos arredores de Nova Iorque, que tinha imensos taxistas mesmo ao lado na estação dos comboios a oferecer exatamente o mesmo serviço e a concorrer no preço. Muitos donos de concessionários de automóveis estão juridicamente protegidos, caso alguém queira abrir um concessionário que venda o mesmo carro mesmo ao lado. Isto faz com que ter um concessionário seja muito melhor do que ter um táxi.

A lei é também um motivo muito importante para explicar porque é que a distribuição de cerveja é um ótimo negócio. Em todos os

Estados, exceto em Washington, os distribuidores de cerveja estão protegidos por um sistema de três níveis, estabelecido depois da Lei Seca que separa fabricantes, distribuidores e retalhistas. As cervejeiras estão legalmente proibidas de distribuir cerveja. Para além disso, em muitos Estados, apenas um distribuidor pode servir uma região.

As leis são uma forma segura de limitar a concorrência de preços. Mas também há outras formas de a limitar. Uma delas é através da escala. Passo a explicar como funciona.

Imagine que tem um produto que é mesmo, mesmo, mesmo difícil de produzir. No entanto, assim que o produz, consegue reproduzi-lo de forma muito barata. Ora, pode ser muito difícil para alguém entrar na sua indústria — e diminuir o seu preço.

O investimento e a pesquisa de mercado têm esta qualidade. Descobrir quais são os investimentos certos ou desenvolver uma compreensão aprofundada de uma indústria é algo complexo. Mas, depois de o ter feito, consegue facilmente escalar o seu produto, aumentando o valor do investimento ou vendendo a sua pesquisa a várias empresas de uma indústria.

Suponha que quer entrar no ramo da pesquisa de mercado, talvez o caminho mais ponderado para a riqueza descoberto nos dados.

Suponha também que construiu, ao longo da vida, uma competência única num mercado. Esta competência demorou anos a ser construída, uma vez que envolve numerosas relações próximas de longo prazo na indústria e dados confidenciais cuidadosamente recolhidos.

Escreve os relatórios e vende-os por 5 mil dólares por mês a muitas outras empresas da indústria. Um concorrente não consegue facilmente chegar e produzir os mesmos relatórios e depois vendê-los por um preço inferior. O concorrente teria dificuldade em construir os mesmos contactos e conjuntos de dados. Tem um fosso em torno do seu negócio.

Outro caminho para evitar a concorrência de preços é construir uma marca que as pessoas adoram. É isto que os criativos independentes conseguem fazer. Os artistas têm fãs dispostos a pagar um extra por trabalho produzido pelo seu artista favorito. Para os fãs de Bruce Springsteen, um concerto de Springsteen não é um concerto qualquer. Mesmo que outro artista cobrasse um preço inferior pelos bilhetes, os fãs escolheriam o concerto de Springsteen. E isto aplica-se também à maioria dos cerca de 10 mil criativos independentes ricos. Não fazem parte de negócios comoditizados, em que os clientes escolhem os que oferecerem os preços mais baixos. Têm fãs que pagam mais pelo trabalho deles.

A FUGA AOS GIGANTES GLOBAIS

As empresas dos Seis Grandes oferecem todas uma forma de as empresas terem alguma proteção contra a concorrência de preços, o que lhes permite protegerem os seus lucros. No entanto, nem todas as indústrias que permitem às empresas ter alguma forma de evitar a concorrência de preços fazem parte dos Seis Grandes.

Alguns negócios que dão às empresas uma forma de escapar à concorrência de preços são dominados por uma ou duas empresas enormes, dificultando que mais alguém compita. Considere, digamos, a indústria dos ténis. Uma empresa de ténis pode ser protegida contra a concorrência de preços tendo uma marca que as pessoas valorizam. Muitas pessoas pagam mais por uns ténis *Nike* do que por uns ténis idênticos que não sejam feitos pela Nike.

No entanto, a indústria dos ténis não entra nos Seis Grandes. E os dados dos Investigadores dos Dados Fiscais mostram que muito poucas empresas de ténis têm proprietários ricos. O motivo para as empresas de ténis produzirem poucos proprietários ricos é que, embora facultem uma forma de evitar concorrência de preços através de marcas poderosas, esta vantagem é captada por um número reduzido de firmas gigantes. A Nike, a Reebok e um pequeno número de outras empresas podem pagar aos melhores atletas para publicitar os seus produtos e criar a maior vantagem de marca. A indústria tecnológica, similarmente, oferece maneiras de as empresas evitarem a concorrência de preços, mas tende a ser dominada por um pequeno número de empresas gigantes. Operar sistemas e *software* extremamente complexos de criar, mas que depois podem ser reproduzidos de forma barata, cria um fosso natural. Porém, há uma tendência para os gigantes globais, como a Microsoft, contratarem as melhores pessoas, desenharem o melhor *software* e serem quem mais paga por publicidade. É difícil para uma empresa pequena qualquer competir com gigantes tecnológicos.

Quando penso nos negócios dos Seis Grandes, percebo que todos têm alguns fatores naturais para evitar o domínio de algumas empresas gigantes.

Pense no seguinte: os mercados imobiliários são localizados. Seria impossível um gigante global do imobiliário saber tudo sobre todos os mercados locais — e ainda ter contactos com todos os políticos locais.

A indústria do investimento e de pesquisa de mercado é naturalmente fragmentada. Empresas de investimento têm estratégias de investimento particulares em que se especializaram. As empresas de pesquisa de mercado sabem imenso sobre um determinado mercado. Um gigante global seria incapaz de competir com o conhecimento especializado destas empresas.

Os concessionários de automóveis têm proteção jurídica contra os gigantes globais. Tal como os distribuidores grossistas de cerveja. Os intermediários frequentemente têm relações pessoais com retalhistas locais que evitam que uma empresa enorme compita no seu mercado local. Quanto à arte, os fãs de um determinado artista preferem o trabalho desse artista ao trabalho dos artistas mais populares do mundo.

ATÉ ONDE CHEGAM OS MONOPÓLIOS

A lado nenhum	A um mercado local	A um mercado global
Ficará preso à concorrência impiedosa.	Terá uma hipótese decente de se tornar rico.	Será quase de certeza derrotado por um gigante global.

ASSIM SENDO, PODE USAR ESTES DADOS PARA SE TORNAR RICO? Há algumas lições aparentemente baseadas em dados que podem ser impossíveis de transpor para a realidade. Por exemplo, pode ver estes dados e decidir que o melhor caminho para enriquecer é ter um concessionário de automóveis. Mas depois pode perceber que as pessoas que atualmente têm concessionários não têm nenhum interesse em vender-lhe o concessionário.

Posto isto, penso que pode usar o espírito dos dados para entender quais as perguntas que tem de fazer sobre a sua carreira, se quer enriquecer. Diria que há três questões principais e relevantes neste caso.

A lista de verificação do enriquecimento

1. Sou proprietário de um negócio?
2. O negócio tem forma de evitar uma concorrência de preços impiedosa?
3. O negócio pode evitar ser dominado por um gigante global?

Se a resposta a qualquer uma destas perguntas for não, é pouco provável que enriqueça.

Evidentemente, chegar a uma situação em que as três respostas são afirmativas não é fácil, o que não é surpreendente, porque imensas pessoas querem enriquecer. Felizmente, o Capítulo 9 irá mostrar-lhe que o dinheiro está longe de ser necessário para sermos felizes. Na verdade, as coisas que costumam fazer as pessoas felizes — como jardinagem e passear com os amigos junto a um lago — são surpreendentemente baratas e fáceis. Uma forma totó de dizer isto: a lista de verificação da felicidade é muito mais fácil do que a lista de verificação do enriquecimento.

E, verdade seja dita, o que lhe mostrei é apenas o começo da lista de verificação do enriquecimento. Há mais coisas envolvidas na obtenção de sucesso num negócio; as qualidades do empreendedor podem alterar drasticamente as hipóteses de sucesso. Os dados também revelaram isso.

A SEGUIR

O ramo a que um empreendedor se dedica é um grande fator no sucesso que obtém, mas não é o único. Mesmo nos melhores ramos, alguns são bem-sucedidos e outros não. O que determina, dentro de um ramo, quem é bem-sucedido? Cientistas de dados analisaram conjuntos de dados recolhidos recentemente de todo o universo dos empreendedores — e encontraram alguns indicadores de sucesso surpreendentes.

CAPÍTULO 5

O LONGO E ABORRECIDO PERCURSO PARA O SUCESSO

Todos os aspirantes a empreendedores deviam pendurar um *poster* de Tony Fadell na parede.

Um dia, há pouco tempo, Fadell sentia-se frustrado com os termóstatos toscos disponíveis em sua casa. Então, como tantos empreendedores antes dele, Fadell aproveitou a nova tecnologia para resolver um problema que o frustrava (e a milhões de outros).

Criou uma empresa (Nest Labs) para desenvolver um novo termóstato programável. O termóstato era à base de um sensor, tinha ligação Wi-Fi e a uma *app* e foi muito popular.

Em pouco tempo, a empresa tornou Fadell, como muitos outros empreendedores tecnológicos, extremamente rico. Apenas quatro anos após ter fundado a sua empresa, Fadell vendeu-a à Google por 3,2 mil milhões de dólares.

Há alguns aspectos importantes na história de Fadell que a tornam muito valiosa para os empreendedores — e motivaram a minha campanha «Pendure um *poster* de Tony Fadell na parede». Os dados dizem-nos que muitos aspectos da história de Fadell são comuns entre os empreendedores de sucesso, mesmo que possam contrariar a sabedoria convencional.

Em primeiro lugar, a idade. Quando Fadell fundou a Nest, não era um miúdo génio, não fundou a Nest no dormitório. Pelo contrário, fundou a empresa quando tinha pouco mais de 40 anos. Outro ponto importante: já se tinha estabelecido como funcionário bem reputado, antes de criar o seu negócio de sucesso. Fadell não era um empreendedor em série, uma pessoa nascida para arriscar, incapaz de ter um patrão; nem era um fracassado a apostar os últimos trunfos numa carreira de sucesso. Quando fundou a Nest, já tinha trabalhado como engenheiro de diagnóstico na General Magic, já tinha sido diretor do departamento de engenharia na Philips Electronics e vice-presidente sénior da Apple. Ou seja, quando fundou a Nest, o seu CV estava entre o dos melhores funcionários de Silicon Valley.

Outro ponto crucial: mais de uma década de experiência enquanto funcionário de empresas reconhecidas deu a Fadell competências profundamente relevantes e específicas relacionadas com o negócio que criou sozinho. Quando teve a sua epifania «o mundo precisa de um termóstato menos tosco», teve experiências que o prepararam diretamente para concretizar a sua ideia.

Fadell aproveitou as lições de conceção de produtos que tinha aprendido na General Magic; as aprendizagens de gestão de equipas e financiamento que tinha aprendido na Philips Electronics; e as aprendizagens de melhoramento de toda a experiência do cliente que tinha adquirido na Apple. Recrutou uma equipa da rede de contactos que construíra e investiu com capital que tinha recebido enquanto funcionário nas três empresas.

Também aprendeu com os inúmeros erros que tinha cometido quando tinha 20 e 30 anos. Numa entrevista no *The Tim Ferriss Show*, disse: «Queria parecer o mais horrível que conseguisse aos 20 anos, para, à medida que fosse envelhecendo, conseguir apenas melhorar». Referiu que quando foi incumbido de gerir pessoas na Philips, deve ter sido «talvez o pior gestor do mundo». Por exemplo, costumava ser arrogante e dar sermões aos subalternos. Mas, ao ouvir o *feedback*, percebeu a importância da empatia na liderança; ao ver as situações do ponto de vista das outras pessoas, percebeu que conseguia convencê-las mais facilmente a seguirem a melhor estratégia. As lições estavam aprendidas — e Fadell dominava as competências de gestão — quando chegou a altura de liderar a sua equipa na Nest.

No capítulo anterior, discuti as revelações dos registos fiscais que mostram que o empreendedorismo é o melhor caminho para a riqueza e clarifiquei quais os ramos mais proveitosos para um empreendedor. Mas conjuntos de dados novos e abrangentes também nos dizem que, seja qual for o seu ramo profissional, certas decisões de carreira fazem com que tenha maiores probabilidades de constar entre os sucessos de empreendedorismo nesse ramo. Há uma fórmula clara para aumentar a probabilidade de sucesso empresarial. É seguir um percurso semelhante ao de Fadell: passar muitos anos a construir competência e uma rede de conhecimentos, enquanto prova o seu sucesso num ramo, antes de se lançar sozinho na meia-idade. Na verdade, os novos dados destroem alguns mitos sobre os empreendedores.

MITO: A VANTAGEM DA JUVENTUDE

Pense num fundador de um negócio de sucesso. Quem é a primeira pessoa em quem pensa?

A menos que tenha passado os últimos minutos a pesquisar no Google como criar um *poster* de Tony Fadell, é provavelmente alguém como Steve Jobs. Ou Bill Gates. Ou Mark Zuckerberg. Uma característica que estes fundadores mundialmente famosos têm em comum é a fase da vida em que fundaram os seus impérios empresariais. Eram todos jovens. Jobs fundou a Apple aos 21 anos. Gates começou a Microsoft aos 19 anos. Zuckerberg criou o Facebook com 19 anos.

Não é por acaso que nos lembramos de tantos jovens quando pensamos em empreenderes de sucesso. A comunicação social, quando escreve sobre empreendedores, costuma focar-se em jovens promissores. Um estudo recente analisou todos os empreendedores que apareceram na secção «Entrepreneurs to Watch» de duas revistas de negócios proeminentes. A idade média destes fundadores era de 27 anos — um pouco mais velhos que Jobs, Gates e Zuckerberg, mas mesmo assim muito longe da meia-idade.

Investidores de capital de risco acreditaram na narrativa da comunicação social de que os mais jovens têm maior probabilidade de criar grandes empresas. Vinod Khosla, cofundador da Sun Microsystems e investidor de risco, disse: «As pessoas com menos de 35 anos são aquelas que fazem a mudança acontecer... as pessoas com mais de 45 anos basicamente estão mortas para novas ideias». Paul Graham, fundador da Y Combinator, a famosa aceleradora de *start-ups*, disse que, quando um fundador tem mais de 32 anos, os investidores «começam a mostrar algum ceticismo». O próprio Zuckerberg disse, com a sua característica falta de tato: «Os jovens são simplesmente mais inteligentes».

Porém, ao que parece, no que respeita a idade, os empreendedores de que ouvimos falar na comunicação social não são representativos. Num estudo pioneiro, uma equipa de economistas — Pierre Azoulay, Benjamin F. Jones, J. Daniel Kim e Javier Miranda (a partir de agora referidos como AJKM) — analisou a idade dos fundadores de todos os negócios criados nos Estados Unidos entre 2007 e 2014. O estudo incluía cerca de 2,7 milhões de empreendedores, uma amostra bastante mais abrangente e representativa do que as dezenas referidas nas revistas de negócios.

Os investigadores constataram que a idade média de um fundador de uma empresa nos Estados Unidos é de 41,9 anos — ou seja, mais de uma década do que a idade média dos fundadores que aparecem na comunicação social. E as pessoas mais velhas não se limitam a começar um negócio com mais frequência do que nos apercebemos; também são bem-sucedidas a criar negócios altamente rentáveis mais frequentemente do que os seus pares mais jovens. AJKM usaram várias métricas de sucesso num negócio, incluindo manterem-se ativos mais tempo e serem classificados entre as firmas de topo, em termos de receita e funcionários. Descobriram que os fundadores mais velhos tinham consistentemente probabilidades mais altas de sucesso, pelo menos até aos 60 anos.

2B: probabilidade de estar no 0,1% do topo de emprego a 5 anos, por idade

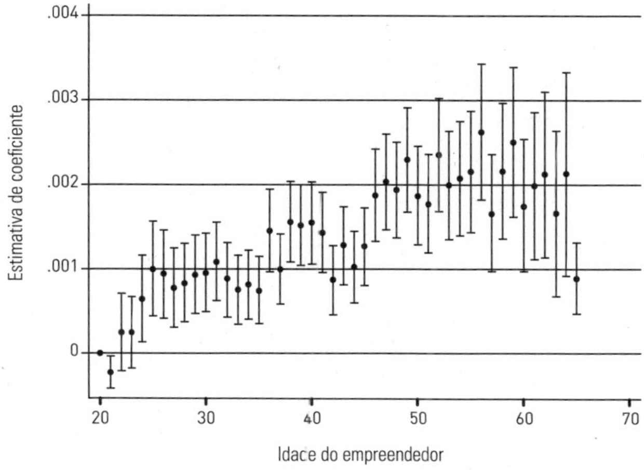

Fonte: Azoulay *et al.* (2020).

Um fundador de uma *start-up* com 60 anos tem cerca de três vezes mais probabilidades de criar um negócio de valor do que um fundador de uma *start-up* com 30 anos.

Mais, o sucesso surpreendente — e bastante oculto — dos fundadores mais velhos verifica-se em todas as áreas que AJKM estudaram, mesmo na tecnológica, talvez o ramo que as pessoas mais associem a jovens fundadores. A idade média de um fundador de uma empresa tecnológica altamente rentável, segundo constataram os investigadores, é de 42,3 anos. Os dados revelam, por outras palavras, que a ideia incutida pela comunicação social de que os fundadores de sucesso tendem a ser jovens é simplesmente falsa.

A ideia de que os jovens têm mais probabilidades de serem bem-sucedidos nos negócios não é um mito apenas criado pela comunicação social. É um mito perigoso gerado pela comunicação social. Em 2010, *A Rede*, escrito por Aaron Sorkin, tornou famosa a história de um dos empreendedores de sucesso jovens, não representativos: Zuckerberg. O filme, que contava a história de como Zuckerberg criou o Facebook a partir do dormitório, ganhou legiões de fãs, arrecadando mais de 200 milhões de dólares.

Alguns dos fãs sentiram-se encorajados a copiar o herói do filme. Um estudo constatou que, nos anos que se seguiram ao lançamento do filme, o empreendedorismo adolescente aumentou oito vezes. Isto apesar de o empreendedorismo adolescente, independentemente do que *A Rede* insinua, sempre ter sido uma aposta péssima. Ou, como gosto de dizer, o plural de *A Rede* não é «dados».

Assim sendo, porque é que os empreendedores de sucesso muito frequentemente estão na segunda metade das suas vidas? Bem, normalmente passaram muitos anos a aprender um negócio. Isto está relacionado com o próximo mito sobre empreendedores de sucesso.

MITO: A VANTAGEM DO FORASTEIRO

Suzy Batiz está entre as mulheres empreendedoras mais ricas dos EUA. O seu caminho para o sucesso envolveu óleos essenciais, tentativa e erro e fezes. Em 2007, inventou o *Poo-Pourri*, um produto que, quando borrifado na sanita, torna as fezes menos malcheirosas.

Batiz teve a sua epifania durante uma conversa num jantar sobre odores da casa de banho. (Pode dizer-se: *tal como a maçã caiu na cabeça de Newton e o motivou a inventar a lei da gravidade, o odor a fezes atingiu o nariz de Batiz, motivando-a a inventar o* Poo-Pourri.) Pouco tempo depois de ter a ideia, Batiz pôs mãos à obra. Experimentou vários óleos essenciais até que encontrou uma mistura que ficava perfeitamente suspensa à superfície da água da sanita. Acompanhou os familiares enquanto experimentavam o produto, cheirou os resultados e concluiu que tinha um produto vencedor.

E tinha. Apoiada por um anúncio viral que mostrava uma ruiva bonita a contar piadas escatológicas e uma excelsa crítica no *Today Show*, o produto foi um sucesso. O valor patrimonial líquido de Batiz está calculado em mais de 200 milhões de dólares. (Pode dizer-se: *Batiz passou de uma «conversa de merda» a «cagar dinheiro» em menos de uma década.*)

O que se destaca no percurso para a riqueza de Batiz não é só o ramo: redução do cheiro das fezes. O que também é impressionante é a pouca experiência relevante que tinha. Na altura em que começou a testar os seus óleos essenciais, Batiz não tinha formação em farmácia nem experiência em bens de consumo. Também não tinha uma carreira de sucesso. Tinha declarado falência da loja de noivas que tinha comprado com o marido. Também tinha tentado uma linha de vestuário que tinha dado para o torto; um negócio de reparação de *jacuzzis* que tinha ido por água abaixo; e um solário que também tinha corrido mal.

Poderia Batiz ser um padrão comum de sucesso?

David Epstein, no seu livro *Range*, que foi um êxito de vendas, tinha um capítulo chamado «A vantagem do forasteiro», em que faz uma alegação aparentemente contraditória: os forasteiros frequentemente têm uma vantagem na resolução de problemas difíceis. Epstein refere que muitos problemas difíceis que travam um sector inteiro acabam por ser resolvidos por alguém externo a esse sector. Por exemplo, no início do século XVIII, um dos problemas em aberto mais importantes na química era a descoberta de uma substância capaz de preservar alimentos de forma fiável. Muitas das grandes mentes do mundo, incluindo Robert Boyle, o «pai da química moderna», tinham fracassado. A solução finalmente chegou vinda do pasteleiro Nicolas Appert: aquecer garrafas de champanhe em água a ferver. Appert fundou um negócio de sucesso baseado na sua invenção.

Epstein refere que as pessoas que trabalham numa área frequentemente só sabem como experimentar métodos que já resultaram anteriormente, mas a inovação muitas vezes requer novos métodos, métodos que os forasteiros têm maior probabilidade de se lembrarem e experimentar. Segundo diz, «Às vezes, o âmbito familiar pode ser tão limitado que um curioso que esteja de fora é verdadeiramente o único que consegue ver a solução».

Poderá esta teoria extraordinária e provocadora ser verdadeira? No empreendedorismo, os forasteiros podem ter uma vantagem? Histórias semelhantes à de Suzy Batiz são comuns? Se quiser criar um negócio, deve recorrer a campos externos à sua área de competências, onde a sua falta de experiência lhe pode dar uma vantagem em relação aos que estão por dentro e são «limitados» pelo seu «âmbito familiar»?

Não. Mais uma vez, os Grandes Dados rejeitam perentoriamente esta ideia.

AJKM, além de terem estudado a idade dos empreendedores, estudaram o historial de emprego dos empreendedores. Em particular, transversal a toda a amostra de fundadores, analisaram se os fundadores tinham experiência prévia de emprego na mesma indústria em que trabalhavam. Por exemplo, uma pessoa que começava um negócio de fabrico de sabonetes tinha trabalhado anteriormente numa empresa dedicada a fabricar sabonetes? Os investigadores também viram quão bem-sucedido o negócio era: por exemplo, estava entre o *top* 1 em mil negócios nesse ramo em termos de receitas?

Os investigadores constataram que há uma enorme «vantagem dos conhecedores do ramo» no empreendedorismo. Os empreendedores têm aproximadamente o dobro da probabilidade de construir uma empresa extremamente bem-sucedida se tiverem trabalhado antes no ramo em que começaram a empresa. A vantagem aumenta dependendo de quão diretamente a experiência anterior estiver relacionada com o negócio. Alguém que já tiver trabalhado num campo restrito — como produção de sabonetes — tem mais probabilidades de sucesso num negócio de produção de sabonetes do que alguém que trabalhou num ramo parecido, como produção de alimentos.

Nos negócios, um profundo conhecimento da área não é uma maldição que impede os empreendedores de reconhecer oportunidades inovadoras.

A VANTAGEM DO CONHECEDOR NO EMPREENDEDORISMO

Experiência de trabalho do fundador	Probabilidade de o negócio ser um sucesso de 1 em 1000
Nenhuma experiência no ramo	0,11%
Experiência no mesmo ramo vasto — mas não restrito	0,22%
Experiência no mesmo ramo restrito	0,26%

Fonte: Azoulay *et al.* (2020).

Nos negócios, ser um conhecedor máximo do ramo confere, em média, uma grande vantagem.

MITO: O PODER DO MARGINAL

Suzy Batiz não era apenas uma forasteira no ramo da química de combate às fezes quando começou o seu negócio. Também era, de acordo com todas as métricas convencionais, um fracasso. Lembre-se de que tinha declarado falência em várias tentativas de negócio. Estava à margem dos bem-sucedidos.

Pode a falta de sucesso de Batiz, na verdade, por mais estranho que pareça, ter sido uma vantagem?

Paul Graham, o magnífico ensaísta e fundador da Y Combinator, uma aceleradora de *start-ups*, escreveu um ensaio fascinante e provocador que defendia que as pessoas que tinham falhado muito conseguem de facto ter uma vantagem no mundo empresarial. No ensaio «The Power of the Marginal», Graham refere que «novidades excelentes vêm muitas vezes das margens».

Graham aponta para os exemplos dos fundadores da Apple, Steve Jobs e Steve Wozniak. Jobs e Wozniak, segundo Graham, «não podiam parecer bons em teoria» quando começaram a empresa deles, agora icónica. Na altura, eram «uma dupla de desistentes da faculdade» e uns «hippies», a única experiência empresarial deles consistia em criar *blue boxes* para piratear sistemas telefónicos.

Graham suspeita que histórias como a de Jobs e Wozniak — fundadores de sucesso que não podiam parecer bons em teoria — podem não ser apenas casos anormais, e que as pessoas marginais podem ter uma vantagem surpreendente nos negócios. Ele tem teorias muito perspicazes para o facto de uma pessoa com menos sucesso poder, na verdade, vir a ser uma vantagem. Por exemplo, Graham refere que pessoas dentro dos ramos podem ser «oprimidas pela sua eminência», levando-as a evitar quaisquer riscos. Os que estão à margem, pelo contrário, não têm nada a perder e podem arriscar tudo.

Assim sendo, será esta teoria provocadora e aparentemente contraditória de sucesso empresarial verdadeira?

Não. «O poder do marginal», como o poder da juventude e do estatuto do forasteiro, é um mito.

Os Investigadores dos Dados Fiscais analisaram historiais anteriores de salários de todos os fundadores de *start-ups* nos Estados Unidos — e cruzaram-nos com dados sobre a rentabilidade das empresas.

Conseguiram analisar se, como a teoria de Graham sugere, as pessoas que tiveram mais sucesso antes de fundarem os seus próprios negócios iriam ter dificuldades como empreendedoras. Os autores constataram que não era o caso. Ao contrário da ideia de Graham, os bem-sucedidos convencionais superam, em grande medida, outros funcionários enquanto empreendedores.

As hipóteses de sucesso de uma iniciativa empresarial eram mais altas quando o vencimento do seu fundador se situava no *top* 0,1% dos salários no seu ramo, antes de começar o negócio: quase nunca pessoas marginais; ou pessoas que não tinham nenhuma eminência para proteger.

A IDEIA CONTRA CONTRAINTUITIVA

Sejamos sinceros: quando pensamos em retrospetiva sobre as conclusões dos dados neste capítulo, elas não são assim muito surpreendentes.

Os cientistas de dados extraíram grandes e novos conjuntos de dados para concluir que os empresários têm maiores probabilidades de sucesso depois de terem passado muitos anos a subir ao topo do seu ramo. Não será isso intuitivo? Subir ao topo de um ramo não deveria estar positivamente associado ao sucesso empresarial nesse ramo?

No entanto, alguns destes resultados, por mais intuitivos que possam parecer, contrariam as narrativas que captaram a imaginação do público. Muitas pessoas ficaram presas aos três mitos desmascarados pelos dados: a vantagem da juventude, a vantagem do forasteiro e o poder do marginal. Acontece que as conclusões deste capítulo recaem no meu balde de ideias favorito: ideias contra contraintuitivas. Eis como funcionam:

Começa por haver uma ideia de senso comum — digamos, que ser um pouco mais velho e sábio iria ser vantajoso para começar um negócio. Mas depois há pessoas cuja história de vida vai ao encontro desta ideia de senso comum. Algumas pessoas extremamente jovens atingem um enorme sucesso empresarial — por exemplo, Mark Zuckerberg. Como as histórias destas pessoas contrariam o senso comum, dão ótimas histórias — «Quem pensaria que um miúdo de 19 anos conseguia criar um negócio multimilionário?».

Trabalhadores com sucesso encontram empresas de sucesso.

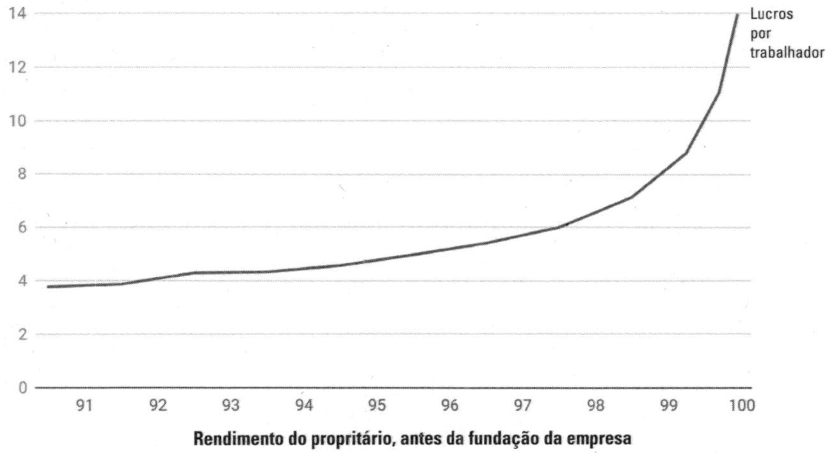

Fonte: Smith et. al. (2019)

As pessoas adoram contar histórias surpreendentes — ou fazer filmes sobre elas. Aaron Sorkin escreveu *A Rede* sobre Mark Zuckerberg com 19 anos e não *O Termóstato* sobre Tony Fadell com 41.

Imensas pessoas ouvem imensas histórias inicialmente surpreendentes. E as histórias, que começaram por ter adesão, em parte por serem surpreendentes, começam agora a parecer naturais e as pessoas pensam que a juventude pode ser vantajosa no mundo empresarial. «Vejam a *Rede*», pensam. A ideia inicialmente surpreendente, por ser tão impressionante e ser contada com tanta frequência, passa a ser considerada sabedoria convencional.

Conjuntos de dados extensos e representativos não têm inclinações a favor de exemplos que dão histórias interessantes e por vezes dizem-nos que as ideias contraintuitivas que passaram a ser sabedoria convencional estão incorretas. Quando analisamos o universo global dos empreendedores — não apenas o universo dos empreendedores cujas histórias são contadas com maior frequência —, vemos que a idade e a sabedoria são vantagens na criação de uma *start-up* de sucesso.

Pode estar a questionar-se quais são as minhas outras ideias contra contraintuitivas favoritas — ou se calhar não. Mesmo assim, seguem-se os meus exemplos favoritos dos Grandes Conjuntos de Dados que contestam uma ideia popular contraintuitiva e retomam a ideia intuitiva:

» **É mais provável que os jogadores da NBA venham de famílias de classe média, biparentais.** Alguns jogadores da NBA vêm de famílias de rendimentos baixos. Precisamente por ser tão impressionante ver alguém que nasceu pobre ter sucesso, estas histórias são mais contadas e isso encoraja algumas pessoas a acreditarem que vir de origens difíceis deu aos jogadores de basquetebol mais motivação para se esforçarem imenso e chegar à NBA (a ideia contraintuitiva). Por exemplo, no livro *The Last Shot*, um treinador de faculdade questiona se um atleta suburbano tem «fome suficiente» para ser bem-sucedido.
No entanto, a investigação levada a cabo por Joshua Kjerulf Dubrow e Jimi Adams — assim como a minha própria investigação — concluiu que os jogadores da NBA vêm desmesuradamente de famílias da classe média.

» **É mais provável as pessoas procurarem piadas quando estão contentes do que quando estão tristes.** É muito impressionante quando alguém diz piadas durante uma tragédia. Como o contraste entre tempos sombrios e as piadas é tão curioso, reparamos mais nas piadas ditas durante tempos sombrios. Isto levou algumas pessoas a pensarem que a dor pode ser mais motivadora para o riso do que o prazer (a ideia contraintuitiva). Como Charlie Chaplin disse, «O riso é o tónico, o alívio, o adiamento da dor». Mas eu estudei as pesquisas de piadas no Google. As pesquisas de piadas são menores à segunda-feira (o dia mais infeliz da semana), mais reduzidas em dias frios, e diminuem imenso após tragédias grandes, como o bombardeamento da Maratona de Boston. Os dados dizem-nos que as pessoas riem mais quando a vida lhes corre bem (a ideia contra contraintuitiva).

» **Cada vez mais inteligência é uma vantagem na vida.** Muitas pessoas dão cabo das suas vidas, mas é impressionante quando uma pessoa extremamente inteligente faz asneira. A relevância destes exemplos levou a teorias de que as pessoas podem ser «demasiado inteligentes para o seu próprio bem». Livros populares como *The Intelligence Trap* e *The Intelligence Paradox* defendem que demasiada inteligência se torna uma desvantagem (uma ideia contraintuitiva). Mas um estudo recente a dezenas de milhares de pessoas constatou que o QI é uma vantagem em praticamente todas as áreas da vida, e não há nenhum ponto na distribuição de QI em que o QI deixe de ser uma vantagem. Os dados dizem-nos que mais inteligência é sempre uma vantagem (a ideia contra contraintuitiva).

CONFIE NOS DADOS: O CAMINHO PACIENTE PARA O SUCESSO

Os dados limpam o ruído causado por exemplos não representativos da comunicação social e permitem a compreensão do sucesso empresarial.

Quando nos livramos de todo o ruído — histórias que ouvimos na comunicação social ou de amigos e conhecidos — e analisamos os dados verdadeiros sobre sucesso empresarial, temos uma fórmula para maximizar as hipóteses de gerir um negócio de sucesso. A fórmula é esta: passe muitos anos a aprender os meandros de um sector, prove o seu valor nesse sector, contando dos funcionários mais bem pagos, e depois siga sozinho para ganhar a sua fortuna a sério.

Esta fórmula de sucesso não é necessariamente a mais emocionante. Pode ser mais emocionante achar que está preparado, no início dos seus 20 anos, quando já domina algumas competências, para criar o seu império empresarial. Pode ser mais emocionante pensar que o melhor percurso para o sucesso é misturar uns quantos óleos essenciais que conhece mal e tornar-se rico pouco tempo depois. Pode ser emocionante pensar que está pronto para se lançar sozinho, mesmo que ainda não tenha obtido sucesso no seu ramo. Pode ser mais emocionante pensar que não precisa de saber muito sobre o ramo, que vai aprender tudo o que é necessário à medida que cria o seu negócio. Mas estas ideias estimulantes são falsas, são os mitos do sucesso, não a ciência de dados do sucesso.

A fórmula do sucesso também não é necessariamente fácil, requer uma disciplina tremenda. Se seguir a fórmula do sucesso empresarial guiada pelos dados — dedicar-se durante os seus 20 e 30 anos a dominar as competências e a provar o seu valor num campo restrito —, irá, sem dúvida, durante o período em que está a alcançar a mestria, ficar a saber que outros da sua idade tiveram enormes sucessos empresariais. Vai certamente saber de alguns sucessos repentinos.

Embora a maioria dos sucessos empresariais cheguem na meia--idade, alguns casos extremos famosos alcançam um sucesso desmedido antes disso. Embora a maioria das empresas bem-sucedidas exijam o domínio de um ramo, há uns poucos que acertam em cheio num ramo que conhecem mal. Embora a maioria dos negócios bem-sucedidos exija décadas de trabalho árduo e domínio num campo, um pequeno número de empreendedores simplesmente tem sorte. Estas histórias excecionais não são representativas do sucesso. Vão, na verdade, ser profundamente enganadoras sobre qual é o melhor caminho para o sucesso. Mas vão, sem dúvida, dificultar que continue a tentar.

Quando ouvir estas histórias, é melhor que volte a ver os gráficos apresentados neste capítulo. Bolas, se for um verdadeiro cromo, até os pode imprimir e pendurar na parede, ao lado do seu *poster* de Tony Fadell. Olhe para os gráficos; olhe para o poster de Fadell. Depois volte ao trabalho.

Confie nos dados!

A SEGUIR

A pessoa tem mais hipóteses de ser bem-sucedida se consolidar pacientemente competências num campo restrito — e depois atacar por si mesma. Mas sejamos honestos, a sorte desempenha um papel importante no sucesso. Os Grandes Dados, incluindo grandes investigações de centenas de milhares de artistas, podem dizer-nos como a sorte funciona. E pode usar perspetivas fundamentadas em dados para ter mais sorte.

CAPÍTULO 6

PIRATEAR A SORTE EM SEU FAVOR

Em outubro de 2007, Brian Chesky e Joe Gebbia, dois colegas de casa que viviam em São Francisco, que se tinham conhecido numa escola de artes e estavam desempregados, tiveram uma ideia para os ajudar a pagar as contas. Ia haver uma conferência de design importante em São Francisco, e, como era pouco provável que os hotéis lotassem, Chesky e Gebbia decidiram alugar o colchão de ar que tinham no apartamento e servir o pequeno-almoço aos hóspedes que não conseguissem encontrar um sítio para ficar. De facto, alguns conferencistas alugaram o colchão de ar e Chesky e Gebbia, dois homens sempre cheios de confiança e um longo historial de ambição empreendedora, acharam que tinham tropeçado numa grande ideia. Talvez as pessoas do mundo inteiro também pudessem ganhar dinheiro alugando o colchão extra e servindo o pequeno-almoço. Chesky e Gebbia chamaram um amigo em comum e génio informático, Nathan Blecharczyk, e fizeram um website para a ideia: airbedandbreakfast.com.

Nas semanas e meses seguintes, a ideia de Chesky e Gebbia não resultou em absolutamente nada. Algumas pessoas quiseram alugar o colchão de ar extra deles. Outras, não muitas, ansiavam por um colchão de ar onde dormir. Mas os números não eram suficientes para fazer um negócio a sério. Rapidamente Chesky e Gebbia acumularam entre si mais de 20 mil dólares de dívida no cartão de crédito, e Blecharczyk, o único elemento da operação capaz de programar, desistiu do projeto e mudou-se para Boston.

Chesky e Gebbia, sempre com garra de sobra, fizeram algumas viagens na esperança de salvar o negócio. Foram à conferência South by Southwest em Austin, pensando que o enorme número de hóspedes na cidade pudesse dar um grande impulso ao seu negócio. Isso não aconteceu. Porém, conheceram e ficaram amigos de um homem bem relacionado em Silicon Valley chamado Michael Seibel.

Chesky e Gebbia foram a Denver para a Convenção dos Democratas de 2008, na esperança de que o enorme número de hóspedes na cidade pudesse dar um grande impulso ao seu negócio. Isso não aconteceu. No entanto, os dois jovens desenharam e venderam cereais inspirados nos candidatos presidenciais — Obama O's («O pequeno-almoço da mudança») e Cap'n McCain's («Uma aventura a cada trinca»). Foi impressionante, venderam o suficiente para pagar a dívida.

Fosse como fosse, o negócio estava basicamente morto quando, certa noite, Chesky e Gebbia se encontraram com Seibel, o homem que tinha gostado deles em Austin. Seibel, ainda impressionado com os dois jovens, sugeriu-lhes que se candidatassem à Y Combinator, uma aceleradora de *start-ups*, gerida pelo seu amigo Paul Graham em Silicon Valley. O prazo já tinha passado, mas Seibel tinha influência suficiente para convencer Graham a ver a candidatura. Esta foi a primeira grande oportunidade deles.

Graham não gostou da ideia de negócio de Chesky e Gebbia, mas, quando lhe contaram a história dos cereais, ficou impressionado com a determinação deles. Deu-lhes 20 mil dólares em capital semente, que foi o suficiente para convencerem o cofundador técnico Blecharczyk a voltar e permitiu à equipa sobreviver mais uns meses.

Pouco depois, os fundadores iriam ter a próxima grande oportunidade. David Rozenblatt, baterista dos Barry Manilow, que estava prestes a ir em digressão e tinha ouvido falar do site de Chesky e de Gebbia, perguntou se podia arrendar o apartamento inteiro — camas e tudo. Os fundadores do airbedandbreakfast.com inicialmente recusaram, referindo que, se não ele estivesse lá, não poderia oferecer o pequeno-almoço.

Mas o pedido do baterista dos Manilow levou Chesky e Gebbia a ponderar e não tardaram a ter a epifania proverbial. Os dois empreendedores perceberam que havia um negócio muito mais vasto, primo da ideia inicial: as pessoas arrendarem os apartamentos quando estivessem fora.

Esqueçam o colchão de ar. Esqueçam o pequeno-almoço. E permitam que milhões de pessoas, do mundo inteiro, quando se ausentam de casa — para tocar bateria para os Barry Manilow ou por outra razão qualquer —, ganhem dinheiro extra arrendando a própria casa.

O airbedandbreakfast.com foi rebatizado Airbnb — e começou logo a ter aceitação. Claro, não havia muitas pessoas disponíveis para instalar um colchão de ar nos seus apartamentos e servir pequenos-almoços a visitantes de outras cidades, mas pelos vistos milhões de pessoas no mundo inteiro queriam arrendar as suas casas vazias.

Restava um problema: a equipa Airbnb precisava de dinheiro para continuar o negócio. Estavam a passar pela Grande Recessão; os investidores do mundo inteiro tinham apertado os cintos. Para além disso, muitos investidores disseram-lhes que o mercado hoteleiro não era suficientemente grande para perderem tempo com isso.

Pouco depois, Chesky e Gebbia iriam ter a grande hipótese decisiva. Certo dia, Greg McAdoo, parceiro da Sequoia Capital e velho amigo de Paul Graham, foi ao escritório da Y Combinator. McAdoo, ao contrário da maioria dos investidores, estava convencido de que era uma boa altura para investir em empresas — porque as pessoas estavam assustadas. Também defendia a teoria de que as pessoas desenrascadas eram as que teriam maiores probabilidades de criar uma empresa durante uma recessão económica. Surpreendentemente, tinha passado o último ano e meio a analisar o mercado de arrendamento de férias. Tinha determinado que o mercado valia 40 mil milhões de dólares, muito mais do que os outros pensavam. Conheceu a equipa Airbnb e imediatamente se disponibilizou a enviar um cheque no valor de 585 mil dólares. Agora, a Airbnb tinha um produto que as pessoas queriam e o capital para desenvolver a ideia. Estavam no caminho para uma valorização de muitos milhares de milhões de dólares.

Como Tad Friend escreveu na revista *New Yorker*, a ascensão da Airbnb «parece repleta de sorte». Houve o encontro fortuito de

Seibel em Austin. Houve o encontro fortuito com o investidor perfeito, McAdoo, na Y Combinator. E claro, houve o baterista dos Manilow. Se os Manilow não tivessem ido em digressão no momento certo, Chesky e Gebbia poderiam nunca ter descoberto o modelo de negócio certo antes de irem à falência. Poderia ter sido outro grupo de empreendedores a criar este negócio anos mais tarde.

A diferença entre ser um multimilionário e um empresário em dificuldades a vida inteira pode resumir-se a uma ideia do baterista dos Barry Manilow. Às vezes, mesmo quando estamos prestes a falir, os Barry Manilow têm uma digressão e colocam-nos no caminho para nos tornarmos multimilionários.

Sam Altman, que substituiu Paul Graham enquanto CEO da Y Combinator, assistiu ao sucesso e fracasso de milhares de *start-ups* — e construiu um modelo mental do que é necessário para vencer em Silicon Valley. Em 2014, numa palestra em Stanford, Altman resumiu a fórmula do sucesso empresarial da seguinte forma: «algo como: ideia x produto x execução x equipa x sorte, em que a sorte é um número aleatório entre 0 e 10 000».

Milhares de empresários desconhecidos ou atores podem ter tirado o 1000 ou o 500 ou o 0 como número da sorte. Pelos vistos, Chesky e Gebbia tiraram o 10 000.

É COMUM EM ALGUNS CÍRCULOS FALAR-SE SOBRE o papel desmedido que a sorte desempenha no sucesso. Muitas pessoas bem-sucedidas atribuem uma boa parte do seu sucesso à sorte. O vencedor do Prémio Nobel — economista de sucesso e colunista do *New York Times* — Paul Krugman diz, em relação ao seu sucesso: «Tive a sorte de estar no sítio certo à hora certa». John Travolta, o ator, explicou a razão para o seu sucesso: «Tive sorte». Também o ator Anthony Hopkins disse: «Acho que tive muita sorte».

Mas será possível estarmos a exagerar no papel que a sorte desempenha na nossa vida? Alguns dados interessantes sugerem que a sorte pode desempenhar um papel mais reduzido na nossa vida do que pensamos. Um leque alargado de estudos encontrou padrões de comportamento fascinantes que levam a aparente boa sorte de forma consistente.

Um dos estudos mais antigos e importantes, fundamentado em dados, sobre a sorte foi levado a cabo pelos investigadores empresariais Jim Collins e Morten T. Hansen. Embora o estudo se focasse em como a sorte influencia as empresas grandes, os resultados têm implicações na compreensão da sorte em todos os campos.

Primeiro, Collins e Hansen reuniram uma lista das empresas 10X, como lhes chamaram — algumas das empresas mais excecionais da História. Para integrar o clube das empresas 10X, um negócio tinha de ultrapassar os pares no mercado de valores por um fator pelo menos de 10, durante um período alargado. As empresas que se qualificaram incluíram a Amgen, de 1980 a 2002, a Intel, de 1968 a 2002, e a Progressive Insurance, de 1965 a 2002. Seguidamente, para cada empresa 10X, os investigadores encontraram uma empresa de comparação, que estivesse na mesma indústria e tivesse começado com uma dimensão similar, mas que nunca tinha ultrapassado os pares a nível de desempenho. A comparação da Amgen foi a Genentech; a comparação da Intel foi a AMD; e a comparação da Progressive foi a Safeco.

Depois, os investigadores pesquisaram todos os documentos que conseguiram encontrar sobre a história das empresas 10X e sobre as empresas de comparação para encontrarem os chamados «golpes de sorte». Queriam ver quantas mais situações de sorte as empresas 10X tiveram em relação às empresas de comparação.

Definiram um golpe de sorte como tendo três características:

1. «um aspecto significativo do acontecimento ocorre, em grande parte, de forma inteiramente isolada das ações dos intervenientes principais da empresa»
2. «o acontecimento tem uma consequência potencialmente significativa (boa ou má)», e
3. «o acontecimento tem alguma componente de imprevisibilidade».

De facto, os autores encontraram muitos golpes de sorte nas empresas 10X. Os investigadores concluíram que cada empresa 10X tinha uma média de sete acontecimentos inteiramente externos ao controlo da empresa que melhoram significativamente o negócio.

Por exemplo, quando estudaram a Amgen, constataram que uma parte enorme do sucesso da empresa se devia ao cientista de Taiwan chamado Fu-Kuen Lin, que por acaso tinha encontrado e respondido a um pequeno anúncio de emprego nos classificados da Amgen. Lin revelou ser um génio perseverante que trabalhou de forma incansável para descobrir o modelo genético da eritropoietina, uma proteína que ajuda a produzir glóbulos vermelhos nos rins. O trabalho de Lin levou à descoberta do *Epogen*, um dos medicamentos mais rentáveis na história da biotecnologia. Se Lin não tivesse visto aquele anúncio, era provável que a Amgen nunca tivesse descoberto o *Epogen*. É fácil imaginar uma história diferente para a Amgen; se Lin não tivesse visto aquele anúncio, o *Epogen* nunca seria descoberto e a Amgen não seria uma empresa 10X.

Aparentemente, a Amgen teve sorte. Seria fácil para a Amgen pensar que teve uma sorte invulgar. Seria fácil para os concorrentes da Amgen repararem na sorte que foi encontrar Lin e dizerem algo do género: «Bem, a Amgen descobriu Lin. Nós não tivemos essa sorte».

E se Collins e Hansen tivessem estudado apenas empresas 10X, poderiam ter concluído que todas as empresas bem-sucedidas tiveram muitas situações de extrema sorte. Mas os investigadores não analisaram só os percursos das empresas 10X, também analisaram os percursos das empresas de comparação.

Collins e Hansen constataram que mesmo que estas empresas nunca tenham tido um desempenho superior aos seus pares, também tiveram muitas oportunidades de sorte durante as suas histórias. Por exemplo, a Genentech ganhou por pouco a outras empresas na corrida para ser a primeira a usar *splicing* de genes para criar uma insulina humana aprovada pela Food and Drug Administration. Se o trabalho tivesse sido atrasado, mesmo que por pouco tempo, outra empresa teria certamente conquistado esse mercado rentável. Na verdade, Collins e Hansen constataram que a Amgen e a Genentech tiveram mais ou menos o mesmo número de grandes oportunidades.

Passo a apresentar o resultado impressionante de Collins e Hansen. Em todas as empresas de vários ramos, não houve uma diferença estatística significativa no número de oportunidades de sorte das empresas 10X e das empresas 1X. As empresas 10X tiveram, em média, sete oportunidades de sorte. As empresas 1X tiveram, em média, oito oportunidades de sorte.

Collins e Hansen concluíram que as empresas bem-sucedidas não tiveram mais sorte; tiveram maior capacidade de aproveitar a sorte, a sorte que qualquer empresa pode esperar ter.

Os autores salientaram algo extremamente importante. Praticamente todas as pessoas, ao longo da vida, podem esperar ter oportunidades de sorte. Imagine uma pessoa que nunca conheceu ninguém que a pudesse ajudar na vida, nunca se juntou a alguém invulgarmente talentoso e que nunca conheceu alguém que precisasse do seu conjunto de competências. Essa pessoa seria legitimamente a pessoa mais desafortunada de todos os tempos. Uma quantidade média de sorte na vida inclui muitas oportunidades aparentemente de sorte. As pessoas ou as organizações que têm mais sucesso reconhecem essas oportunidades de sorte e sabem aproveitá-las.

Voltemos à Airbnb, a história que supostamente mostra o quanto a sorte importa nos negócios. Claro, a Airbnb teve algumas oportunidades de sorte, mas também usou a sorte que lhe foi dada. Quantas empresas malsucedidas não venderam cereais para ganhar dinheiro quando estavam sem fundos? Quantas empresas malsucedidas não recorreram aos contactos para encontrarem relações para salvarem a empresa? Quantas empresas malsucedidas não se candidataram a uma aceleradora de *start-ups* quando sabiam que precisavam de um empurrão? Quantas empresas malsucedidas não mudaram para uma ideia nova quando perceberam que a atual não estava a funcionar?

A Airbnb não teve obrigatoriamente uma sorte invulgar. Aproveitou a sorte que qualquer um que trabalhe com afinco pode esperar ter. E, por mais afortunado que o historial da Airbnb tenha sido ou pareça ter sido, a empresa teve uma onda de má sorte quando uma pandemia global impediu as pessoas de viajar.

Pouco depois do início da pandemia, as reservas na Airbnb caíram 72%; a avaliação estimada caiu de 31 mil milhões de dólares para 18 mil milhões de dólares; e a empresa foi obrigada a colocar a Oferta Pública Inicial (OPI) em espera. Mas, como todas as empresas extremamente bem-sucedidas, a Airbnb era boa a contornar as situações de pouca sorte. Rapidamente cortou custos e mudou o foco para estadias de longa duração. Também fez acordos de rescisão invulgarmente generosos com os funcionários e reembolsou os hóspedes, o que gerou críticas positivas na imprensa. Em vez de se queixar com a injustiça de a pandemia ter acontecido mesmo antes do lançamento de uma OPI, a Airbnb trabalhou com afinco para contornar o problema. A empresa declarou lucros surpreendentes no final de 2020 e a OPI foi avaliada em mais de 100 mil milhões de dólares.

O estudo de Collins e Hansen sugere que, embora vejamos as oportunidades de sorte das empresas ou das pessoas bem-sucedidas, houve, na verdade, um processo de tomada de decisão bem feito subjacente a essa sorte. Isto aponta para que as pessoas ou empresas bem-sucedidas façam coisas que as levam a parecer mais afortunadas. Na verdade, novos estudos, muitos deles centrados no sucesso artístico, revelaram algumas destas estratégias de criação de sorte. Ou, em jeito de conclusão deste novo trabalho fascinante da ciência de dados: há padrões subjacentes à sorte.

O MUNDO DA ARTE ENQUANTO ESPAÇO PARA APRENDER COMO PIRATEAR A SORTE

No seu livro incrível *The Formula*, Albert-László Barabási, um físico da Universidade Northeastern que explorou os padrões matemáticos subjacentes ao sucesso, declara que os campos diferem quanto à dimensão possível de medir o desempenho. Em particular, Barabási aponta uma diferença clara entre o desporto e a arte.

No desporto, a qualidade de um jogador é razoavelmente fácil de estabelecer. Michael Jordan no seu auge era claramente o melhor jogador de basquetebol do mundo, marcou mais pontos e conquistou mais campeonatos para a equipa do que qualquer outro jogador. Michael Phelps no seu auge era claramente o nadador mais rápido. Usain Bolt corria claramente mais depressa que todos os outros.

Os cromos do desporto como eu podem optar por esquecer a socialização no secundário e dedicarem-se a desenvolver novas estatísticas que determinam se o jogador de basebol que a sabedoria convencional diz que está em 100.º lugar pode, quem sabe, ser o 86.º melhor jogador. Mas no geral todos concordamos em relação à diferença entre um jogador da Primeira Liga de Basebol e da Segunda Liga. Os melhores atletas do mundo são, em grande parte, descobertos e é-lhes dada uma oportunidade.

O mesmo não acontece com os artistas. Na arte, a qualidade é mais difícil de avaliar. Leigos e até críticos de arte por vezes têm dificuldade em avaliar a arte. O colunista do *Washington Post* Gene Weingarten convenceu o violinista de renome mundial Joshua Bell a tocar numa estação de metro em Washington. Apenas 7 das 1097 pessoas que passaram por ele pararam para ouvir. Outro jornalista empreendedor, Åke «Dacke» Axelsson, pôs um chimpanzé de 4 anos a pintar arte «moderna» e constatou que muitos críticos de arte louvaram o trabalho.

Estão a ver aquele tipo irritante e imaturo que olha para um quadro num museu, sobretudo de arte moderna, e diz «Não percebo... porque é que é tão especial?» Esse tipo irritante e imaturo sou eu, e esse tipo irritante e imaturo, segundo sugerem os estudos, muitas vezes, tem razão para ser assim.

Há dois efeitos que se destacam num mundo em que o desempenho é difícil de julgar.

O EFEITO MONA LISA: O QUADRO MAIS POPULAR TEVE SORTE

O primeiro é o que chamo o Efeito Mona Lisa, que, como provavelmente adivinhou, chamei assim graças ao quadro *Mona Lisa*. O Efeito Mona Lisa diz que acontecimentos imprevisíveis influenciam imenso o sucesso.*

Afinal foi um acontecimento imprevisível que tornou a *Mona Lisa* o quadro mais famoso do mundo. Pode pensar que a *Mona Lisa* é o quadro mais famoso do mundo graças às qualidades do trabalho: os olhos

* *Há outro Efeito Mona Lisa baseado na ideia de que o olhar da modelo nos segue independentemente de onde nos encontrarmos.*

da modelo (parecem estar a olhar para nós, independentemente de para onde estejamos a olhar); aquele meio sorriso misterioso; as feições da modelo (a testa alta e queixo pontiagudo, a mulher comum por quem parece tão fácil apaixonarmo-nos).

Mas a verdade é que, durante os primeiros 114 anos em que o quadro esteve exposto no Louvre, a *Mona Lisa* — com os mesmos olhos, sorriso e rosto — era apenas um de muitos quadros incríveis. Dia após dia, estava exposto nas paredes do Louvre e não se destacava entre outras obras de arte de renome do museu.

E chega a altura da primeira história policial verdadeira deste livro!

Numa terça-feira de manhã, no final do verão de 1911, um vigilante entrou no Louvre e reparou que a *Mona Lisa* tinha desaparecido. Restavam apenas os quatro ganchos que seguravam o quadro.

Ao fim da tarde, uma edição especial do *Le Temps*, o principal jornal matutino de França, publicou a história. No dia seguinte, a *Mona Lisa* desaparecida era a principal história nos jornais do mundo inteiro.

Se as pessoas não conhecessem a *Mona Lisa* antes disto, fingiam que conheciam. Se não sentiram o choque, fingiram que sentiram. «O que aconteceu à *Mona Lisa*?» tornou-se um fenómeno à escala mundial, com atenção da imprensa que rivalizava com notícias de guerras.

Desde o início, a polícia suspeitou que um jovem alemão poderia ter roubado a obra. O rapaz tinha visitado o museu várias vezes, e a polícia achava que tinha ficado de tal maneira obcecado com a mulher no quadro de Da Vinci, tão apaixonado, que roubou o quadro. Foi surpreendente a imensa onda de simpatia pelo rapaz, houve até líderes duros da época que sugeriram que um rapaz tão apaixonado merecia ficar com o quadro.

Durante um tempo, a investigação focou-se em J. P. Morgan, no magnata bancário americano. Muitas pessoas em França suspeitavam que havia apenas um americano suficientemente arrojado para decidir que era o único que merecia desfrutar da *Mona Lisa*. Depois de se ter descoberto que Morgan estava de férias em Itália na altura do roubo, a imprensa perseguiu-o.

Durante um tempo, a polícia centrou a investigação num grupo de artistas em que se incluía Pablo Picasso. Nessa altura, Picasso era líder de um grupo de jovens artistas modernistas. E, depois de uma informação ter apurado que esse grupo vivia com a máxima de que os artistas têm de «matar os seus pais», a polícia julgou que o grupo podia ter orquestrado o golpe como o homicídio final da arte renascentista.

Como na maioria das histórias policiais verdadeiras, a resposta era menos cativante do que as teorias desenvolvidas: afinal, um funcionário qualquer do Louvre tinha roubado a obra porque pensou que podia aumentar o valor das cópias que um amigo tinha do quadro. A polícia encontrou o criminoso desastrado passados dois anos, quando tentou vender o quadro a uma galeria italiana.

Pondo o anticlímax de lado, a *Mona Lisa* tinha recebido publicidade inaudita durante um período de dois anos. Quando o quadro foi restituído ao seu lugar devido no Louvre, acorreram multidões ao local. Todos queriam ver o quadro de que tanto tinham ouvido falar — o quadro tão impressionante que se pensou que J. P. Morgan o queria só para si ou que Picasso queria ver desaparecido do mundo. Agora, paravam multidões a admirar aqueles olhos, aquele nariz, aquele rosto.

Um acontecimento aparentemente aleatório — um roubo que ninguém poderia ter previsto —catapultou a *Mona Lisa* de um dos milhares de quadros bastante respeitados para o quadro mais famoso do mundo. Se esse roubo nunca tivesse acontecido, a *Mona Lisa* poderia ser apenas mais um quadro numa ala do Louvre que a maioria dos turistas observa antes de continuar com as suas férias em Paris.

Se esse roubo nunca tivesse acontecido, a *Mona Lisa* teria sido apenas mais um quadro que eu teria ignorado na minha viagem em família a Paris em 1996, quando fiz uma birra e me queixei que mais nenhum miúdo de Nova Jérsia tinha de ir a museus com os pais e que Garrett e Mike deviam estar num jogo dos Mets naquele preciso momento, enquanto eu tinha de estar na porcaria de um edifício, numa porcaria de cidade, na porcaria de um país, com porcarias penduradas na parede. Lá se foi o Efeito Mona Lisa.

O EFEITO DA VINCI: NÃO INTERESSA O QUE PRODUZ, MAS QUEM É

Em segundo lugar, quando a qualidade é difícil de julgar, há um Efeito Da Vinci, que foi cunhado numa publicação de um blogue de Jeff Alworth em 2017. O Efeito Da Vinci diz que o sucesso de um artista traz mais sucesso a esse artista. As pessoas estão dispostas a pagar mais pelo trabalho de um artista que já é famoso.

De facto, há muitos exemplos de obras de arte cujo valor se altera drasticamente quando os peritos mudaram de ideias em relação a quem as criou. Consideremos, por exemplo, o *Salvator Mundi*, uma representação de Jesus Cristo. Em 2005, foi vendida por menos de 10 mil dólares. Em 2017, apenas 12 anos depois, foi vendida por 450,3 milhões de dólares, o valor mais elevado de sempre para uma obra de arte. O que levou o preço a aumentar tanto, em tão pouco tempo? Nesse espaço de tempo, os peritos de arte convenceram-se de que o quadro tinha sido pintado por Leonardo da Vinci. Ou seja, o mesmo quadro vale 45 mil vezes mais só porque Da Vinci o pintou.

Como devem trabalhar os artistas que sonham com a grandeza num mundo impelido pelo Efeito Mona Lisa e pelo Efeito Da Vinci? A forma predominante com que as pessoas lidam com estes efeitos é queixando-se. *«A vida é tão injusta! Aquele trabalho não é melhor do que o meu.»*

Normalmente, sou a favor do queixume — e considero-o o meu mecanismo de aceitação predominante da vida adulta. Contudo, tenho de admitir que os dados excluem definitivamente a justificação do queixume. Os cientistas revelaram padrões de pessoas com tendência a terem sucesso enquanto artistas, aquelas que encontraram formas de fazer a arbitrariedade no sucesso artístico trabalhar a seu favor. Mais, ao contrário de técnicas particulares de desenho ou de canto, estas técnicas que os artistas usam para terem mais do que a parte de sorte que lhes está reservada podem ser usadas também por pessoas que não são artistas.

A REGRA DE SPRINGSTEEN: VIAJE MUITO PARA ENCONTRAR A SUA OPORTUNIDADE

Barabási, o físico que estuda a matemática do sucesso, e uma equipa de outros cientistas, chefiada por Samuel P. Fraiberger, estudaram o que prevê o sucesso no mundo artístico. Trabalharam com uma aplicação, a Magnus, que recolhe informação sobre as exposições e leilões de pintores, para criar um dos conjuntos de dados mais impressionantes das concretizações artísticas algumas vez recolhidas.

Obtiveram dados sobre os percursos de carreira de 496 354 pintores. Para cada pintor, os cientistas sabiam a maioria dos lugares onde tinham apresentado as suas obras e a maioria de peças vendidas.

Primeiro, os investigadores documentaram algo como um Efeito Da Vinci. Constataram que, depois de um pintor ter exposto numa galeria extremamente prestigiante, as probabilidades de sucesso na sua carreira aumentavam imenso. Os artistas que apresentavam as suas obras numa das galerias de arte de topo — como o museu Guggenheim em Nova Iorque ou o Art Institute of Chicago — tinham uma probabilidade de 39% de ainda exporem uma década depois. Mais de metade destes artistas continuaram a expor em galerias de grande prestígio durante o resto das carreiras. O preço mais alto, em média, de uma obra de arte que venderam era de 193 064 dólares. As perspetivas dos artistas que não tinham apresentado as suas obras em galerias prestigiantes eram muito menos auspiciosas. Oitenta e seis por cento destes artistas já não estavam a trabalhar uma década depois. Tinham uma probabilidade de 89,8% de terminar as carreiras excluídos das galerias de topo. O seu melhor trabalho, em média, rendia apenas 40 476 dólares.

Os cientistas constataram que, depois de um trabalho ter sido exposto numa galeria importante, passa a fazer parte do círculo e é consagrado. Os curadores de museus têm todo o gosto em expor o seu trabalho; as pessoas querem comprar o seu trabalho. Os dados deixam claras as vidas facilitadas desta elite reduzida de afortunados; cada vez atingem mais sucesso e recebem mais dinheiro.

Quando sabemos como é vantajoso um artista já consagrado ter sucesso, pode ser fácil sentirmos fúria e queixarmo-nos. «O meu trabalho é melhor do que o do outro tipo», pode dizer um artista fora do círculo. «As pessoas só compram porque ele tem a credencial certa.» Mas este queixume ignora um facto crucial: a maioria das pessoas que pertencem ao círculo começaram as suas vidas fora dele. Tiveram de fazer algo para se tornarem artistas consagrados com uma carreira em piloto automático.

É aqui que o estudo de Fraiberger e da sua equipa sobre as carreiras dos pintores se torna interessante. Verificaram que havia uma estratégia notável que caracterizava os artistas que conseguiram passar com sucesso de artistas fora do círculo para artistas aceites: «uma busca atempada, incansável e persistente».

Os investigadores constataram que se podiam dividir os artistas de fora do círculo em duas categorias. Os artistas da Categoria 1 apresentaram o trabalho na mesma galeria várias vezes. Os artistas da Categoria 2 apresentaram o trabalho em diferentes galerias do mundo inteiro. Não, o Guggenheim não os aceitou. (Ainda não estavam dentro no círculo.) Mas estes caçadores de oportunidades encontraram outras galerias que os aceitaram.

Para ver a diferença entre as duas categorias, seguem-se exemplos de calendários de exposições de um artista de cada categoria. A primeira apresenta o calendário de exposições dos artistas da Categoria 1, um artista exterior ao círculo que nunca conseguiu obter verdadeiro sucesso.

CALENDÁRIO DE UM ARTISTA DE CATEGORIA 1 ENQUANTO JOVEM

Data da exposição	Cidade	País	Instituição
2004-02-13	Waitakere City	Nova Zelândia	Corban Estate Arts Centre (CEAC)
2005-02-15	Herne Bay	Nova Zelândia	Melanie Roger Gallery
2006-03-14	Herne Bay	Nova Zelândia	Melanie Roger Gallery
2007-04-17	Herne Bay	Nova Zelândia	Melanie Roger Gallery
2007-10-02	Herne Bay	Nova Zelândia	Melanie Roger Gallery
2008-04-15	Herne Bay	Nova Zelândia	Melanie Roger Gallery
2008-07-05	Lower Hutt	Nova Zelândia	The Dowse Art Museum
2008-09-09	Herne Bay	Nova Zelândia	Melanie Roger Gallery
2009-02-11	Herne Bay	Nova Zelândia	Melanie Roger Gallery

2009-08-29	Christchurch	Nova Zelândia	Christchurch Art Gallery Te Puna o Waiwhetu
2009-10-21	Herne Bay	Nova Zelândia	Melanie Roger Gallery
2010-11-24	Herne Bay	Nova Zelândia	Melanie Roger Gallery
2010-11-30	Wellington	Nova Zelândia	Bartley and Company Art
2011-01-26	Herne Bay	Nova Zelândia	Melanie Roger Gallery
2011-10-04	Wellington	Nova Zelândia	Bartley and Company Art

Note-se que o artista de Categoria 1 apresentou a sua arte repetidamente nos mesmos locais no seu país de origem.

Seguidamente, temos o calendário de exposições de um artista de Categoria 2, o artista alemão David Ostrowski, que conseguiu ter sucesso.

CALENDÁRIO DE UM ARTISTA DE CATEGORIA 2 ENQUANTO JOVEM

Data da exposição	Cidade	País	Instituição
2005-10-19	Colónia	Alemanha	Raum für Kunst und Musik e.V.
2005-11-13	Eupen	Bélgica	IKOB — Museum für Zeitgenössische Kunst Eupen
2006-10-20	Culver City	Estados Unidos	Fette's Gallery
2006-10-25	Colónia	Alemanha	Raum für Kunst und Musik e.V.
2007-09-03	Düsseldorf	Alemanha	ARTLEIB
2007-12-07	Colónia	Alemanha	Raum für Kunst und Musik e.V.
2008-09-07	Düsseldorf	Alemanha	First Floor Contemporary
2008-10-11	Taipei	Taiwan	Aki Gallery
2010-06-26	Düsseldorf	Alemanha	PARKHAUS im Malkastenpark
2010-07-03	Helsingør	Dinamarca	Kulturhuset Toldkammeret
2010-11-13	Vancouver	Canadá	304 days Gallery
2011-02-25	Munique	Alemanha	Tanzschule Projects
2011-03-06	Haia	Países Baixos	Nest
2011-06-23	Colónia	Alemanha	Philipp von Rosen Galerie
2011-07-01	Berlim	Alemanha	Autocenter
2011-11-18	Hamburgo	Alemanha	salondergegenwart
2011-12-02	Colónia	Alemanha	Mike Potter Projects
2011-12-03	Amsterdão	Países Baixos	Arti et Amicitiae
2012-01-28	Colónia	Alemanha	Berthold Pott
2012-02-25	Zurique	Suíça	BolteLang
2012-03-02	Colónia	Alemanha	Philipp von Rosen Galerie
2012-03-03	Amsterdão	Países Baixos	Amstel41
2012-03-09	Colónia	Alemanha	Koelnberg Kunstverein e.V.

2012-03-22	Londres	Reino Unido	Rod Barton
2012-03-24	Colónia	Alemanha	Jagla Ausstellungsraum
2012-04-16	Colónia	Alemanha	Kunstgruppe
2012-04-19	Colónia	Alemanha	Philipp von Rosen Galerie
2012-04-26	Berlim	Alemanha	September
2012-04-28	Leipzig	Alemanha	Spinnerei
2012-07-10	Nova Iorque	Estados Unidos	Shoot the Lobster
2012-07-10	Nova Iorque	Estados Unidos	Shoot the Lobster
2012-07-21	Düsseldorf	Alemanha	Philara-Sammlung zeitgenössischer Kunst
2012-10-18	Los Angeles	Estados Unidos	Ltd los angeles
2012-11-03	Zurique	Suíça	BolteLang
2013-01-15	Milão	Itália	Brand New Gallery
2013-03-01	Berlim	Alemanha	Peres Projects
2013-03-07	Colónia	Alemanha	Kölnisches Stadtmuseum
2013-04-01	Bruxelas	Bélgica	Middlemarch
2013-04-03	São Paulo	Brasil	White Cube

Note que Ostrowski, ao contrário do artista da Categoria 1, apresentou a sua arte em muitas galerias diferentes, em muitos países diferentes. Fez uma «busca atempada incansável e persistente», aceitou todas as oportunidades que lhe apareceram, independentemente da distância que teve de viajar.

Fraiberger e a sua equipa constataram que os artistas da Categoria 2 — aqueles que, como Ostrowski, apresentaram num vasto leque de galerias — tiveram seis vezes mais probabilidades de ter carreiras longas e bem-sucedidas.

Porque é que apresentar num vasto leque de galerias, em vez de nos mesmos locais repetidamente, foi um indicador desse sucesso?

Os investigadores verificaram nos dados que havia algumas galerias surpreendentes que tendiam a impulsionar os artistas de forma consistente. Estes locais, como o Museu Hammer, a Dickinson e a White Cube, não estavam entre as galerias mais famosas e, na altura, era impossível de prever quais destas galerias menos conhecidas lhes poderiam trazer uma oportunidade de sucesso. Mas os pintores que viajaram para mais sítios tiveram hipótese de chegar a uma dessas galerias para terem a sua oportunidade. Os artistas fora do círculo que não viajaram muito não conseguiram nenhuma exposição que lhes trouxesse uma oportunidade.

Enquanto analisava os estudos de artistas com Grandes Dados de Fraiberger e da sua equipa, estava a ver o programa *Springsteen on Broadway*, de Bruce Springsteen. Springsteen falava da sua experiência aos 21 anos, quando já dominava a sua arte no *rock and roll* há muitos anos, a tocar em bares na sua cidade natal na Jersey Shore. Com esta tenra idade, Springsteen descobriu intuitivamente a lição que Fraiberger e a equipa verificaram nos Grandes Dados: que o talento não era suficiente e que teria de se esforçar para ser descoberto. Eis como Springsteen diagnosticou o seu problema:

> *Ouço rádio e penso:* Sou tão bom como este tipo. Sou melhor que este tipo. Então, porque não sou eu que ali estou?
>
> *Resposta: «porque vivo no meio dos arrabaldes... Não há cá ninguém e ninguém vem para cá. É um túmulo... Quem viria a Jersey Shore descobrir a última tendência em 1971?... Obviamente, ninguém.*

Springsteen arriscava-se a ser um artista de Categoria 1, alguém que mostra a sua arte repetidamente no mesmo sítio, na esperança de ser descoberto. Em vez disso, reconheceu o problema e sabia que a solução era garantir que passava à segunda categoria, a dos artistas que se esforçam pelo mundo inteiro a tentar encontrar uma oportunidade.

No programa, Springsteen descreve uma reunião que teve com a banda quando tinha 21 anos: «Reuni os rapazes e disse-lhes, "Vamos ter de sair dos limites de Jersey Shore e aventurar-nos para partes desconhecidas se queremos ser vistos e ouvidos por alguém ou sermos descobertos."»

Através de um amigo que tinha um contacto em São Francisco, foi convidado para um concerto na noite de fim de ano três dias depois, em Big Sur, na Califórnia. Ele e a banda atravessaram o país numa carrinha — só pararam para meter gasolina.

Nos anos seguintes, Springsteen viveu a vida do artista de Categoria 2: viajou pelo país, aceitou todos os concertos que lhe arranjassem e reuniões com músicos, ocasionalmente conseguia uma audição com um produtor musical que o rejeitara. Por fim, um amigo músico que tinha conhecido nas suas viagens conseguiu-lhe uma reunião com um agente musical seu conhecido, que lhe conseguiu uma audição na Columbia Records, em Nova Iorque. A reunião correu bem e conseguiu o primeiro contrato musical. E assim começava a rolar montanha abaixo a bola de neve que foi a sua carreira. Atualmente, as pessoas querem tocar as suas canções só porque ele é o Bruce Springsteen. Mas quando começou, ninguém as queria tocar porque não passava de um tipo da Jersey Shore.

Costumamos pensar que Bruce Springsteen é o Bruce Springsteen graças às suas letras poéticas e concertos enérgicos; pensamos que alguém tão poderoso tem de ser um artista mundialmente famoso. Esses ingredientes são necessários, mas não são suficientes. Bruce Springsteen também é o Bruce Springsteen porque, aos 21 anos, se dispôs a atravessar o país para dar um concerto de Ano Novo e mostrar o seu trabalho. Provavelmente há muitos músicos tão talentosos como Springsteen que, como os artistas da Categoria 1 descobertos nos dados da Magnus, continuam a atuar nos mesmos sítios, nas suas cidades natais, à espera de serem descobertos, e isso nunca acontece. Para ser um artista de sucesso, não precisa só de talento; tem de ser o tipo de pessoa disposta a atravessar o país, se isso significa ter melhores hipóteses de ser descoberto. Springsteen, como David Ostrowski e tantos outros artistas bem-sucedidos, construiu a sua sorte.

Mesmo que não seja artista, as lições dos artistas, como revelaram os Grandes Dados, aplicam-se em muitas outras arenas.

Se o seu ramo se basear completamente na meritocracia, viajar bastante para encontrar a sua oportunidade pode ser desnecessário. Os potenciais futebolistas de topo do mundo podem jogar no Pro Day das suas universidades e têm todos os olheiros a assistir.

Mas há muitas áreas que têm mais em comum com a arte do que o desporto. Quanto mais difícil for medir a qualidade, mais o que resulta para os pintores vai resultar para si.

Se ainda não conseguiu aquela oportunidade básica, que vai mudar a sua vida, não deve agir como os artistas sem sucesso revelados pelos Grandes Dados. Não deve ficar num trabalho com superiores desinteressados que não reconhecem o seu talento. Deve evitar sítios onde pessoas talentosas estagnam durante décadas. Se lhe parece que o seu emprego não é um Museu Hammer, uma Dickinson ou uma White Cube, deve saltar de lá. Se a sua oportunidade ainda não o encontrou onde está, é pouco provável que vá encontrá-lo aí no futuro.

Viaje para encontrar a sua oportunidade de sorte!

REGRA DE PICASSO: INVISTA MAIS DINHEIRO PARA DEIXAR A SORTE ENCONTRÁ-LO

Num estudo agora lendário, Dean Simonton, professor consagrado de psicologia da Universidade Davis, da Califórnia, encontrou uma ligação fascinante. Os artistas que produzem mais trabalho tendem a ter mais êxitos. Simonton constatou que a relação entre quantidade de arte produzida e a grandeza, calculada de várias maneiras, existe numa variedade de campos.

Muitos dos artistas mais famosos de sempre, aqueles com mais peças consideradas obras-primas, criaram uma quantidade impressionante de trabalho para conseguirem os seus êxitos.

Como Adam Grant referiu no seu livro magnífico *Originals*, Shakespeare escreveu 37 peças num período de duas décadas, Beethoven escreveu mais de 600 peças e Bob Dylan escreveu mais de 500 canções. Mas talvez não tenha havido um artista mais prolífico do que Pablo Picasso. Picasso fez mais de 1800 quadros e 12 mil desenhos, mas apenas um número reduzido destes é bastante conhecido. Porque é que a produção prolífera é um indicador tão notório de sucesso artístico?

Provavelmente, há muitas razões para esta correlação. Uma delas: artistas extremamente talentosos podem considerar ter mais facilidade tanto a produzir muito trabalho como a produzir obras incríveis.

No seu auge, Dylan conseguia escrever tantos êxitos que às vezes se esquecia de quais tinha escrito.

Certo dia, Dylan e a grande amiga Joan Baez iam de carro quando passou uma música no rádio cantada por Baez. Dylan não reconheceu a canção, «Love Is Just a 4 Letter Word», mas gostou do que ouviu.

«Grande canção», comentou Dylan.

«Tu é que a escreveste», respondeu-lhe Baez.

Outro motivo para a relação entre quantidade e reputação artística: os artistas que têm sucesso cedo podem ter mais ajuda a produzir mais trabalho.

Mas há um motivo adicional importante para a ligação entre ser prolífico e ter sucesso: os artistas que produzem muito têm mais possibilidade de ter sorte.

Pensemos da seguinte forma: o sucesso de uma obra de arte em particular pode ser equiparado a uma cautela de lotaria, em que eventos imprevisíveis por vezes levam a um sucesso desmedido. Se tiver mais cautelas de lotaria do que outros artistas, tem mais oportunidades de lucrar com esses golpes de sorte.

Expor muitos trabalhos enquanto artista pode ser particularmente importante, uma vez que os artistas por vezes são incapazes de prever quando produziram uma obra de arte. Um estudo que analisou ao pormenor cartas escritas por Beethoven documentou pelo menos oito vezes em que Beethoven não gostou de uma peça que tinha criado, mas que o mundo considerou uma obra de arte.

Quando Woody Allen terminou de editar o seu filme *Manhattan*, ficou tão insatisfeito com o que viu que pediu à United Artists para não lançar o filme. Até se ofereceu para fazer um filme diferente à borla para evitar a vergonha de mostrar *Manhattan* ao mundo. A United Artists não aceitou o veredicto de Allen e exibiu o filme no mundo inteiro, que o julgou imediatamente uma obra-prima.

Quanto terminou o seu terceiro álbum, *Born to Run*, Bruce Springsteen detestou-o.

«Achei que era o pior lixo que já tinha ouvido», relembra. Springsteen considerou não lançar o álbum e teve de ser o seu produtor, Jon Landau, a convencê-lo a lançá-lo.

O álbum — que incluía faixas como «Thunder Road», «Jungleland» e «Tenth Avenue Freeze-Out» — foi um êxito. Levou Springsteen para as capas da *Time* e da *Newsweek*, a *Rolling Stone* considerou-o «magnífico», e acabou por ser classificado um dos melhores álbuns de *rock and roll* de sempre.

Felizmente, Beethoven, Allen e Springsteen mostraram o seu trabalho ao mundo, apesar das reservas. Mas muitos artistas que nunca atingiram o mesmo nível de reconhecimento não fazem o mesmo. Eles próprios se rejeitam antecipadamente.

Evidentemente, se os artistas pudessem aferir na perfeição qual dos seus trabalhos iria ser bem recebido, não haveria nenhum problema se fossem extremamente seletivos naquilo que publicam. Mas os artistas não conseguem fazer isso. Portanto, têm de evitar a tentação de limitar as vezes que expõem o mundo à sua arte. Ao expor mais trabalho, podem deixar que o mundo os surpreenda, dando-lhes um êxito.

O valor da quantidade estende-se para além da arte?

De facto, Simonton verificou uma relação similar na ciência — os cientistas que publicam mais artigos têm maiores probabilidades de ganhar prémios importantes. Os académicos encontraram uma relação entre quantidade e bons resultados também noutros domínios.

A DINÂMICA DE PICASSO NO NAMORO

No Capítulo 1, discutimos as provas contundentes de que certas pessoas são mais desejadas para namorar.

Pode lembrar-se de uma das constatações «evidentes» desse capítulo: as pessoas bonitas têm maiores probabilidades de obter respostas às mensagens; e as pessoas têm menores probabilidades de obter respostas quando enviam mensagens a pessoas bonitas.

Segue-se o gráfico — os dados sobre a superficialidade — para lhe refrescar a memória.

Mais uma vez, não há grandes surpresas. A beleza é importante nos encontros, de acordo com os dados.

Mas nesse capítulo não nos focámos muito nas taxas de respostas propriamente ditas. Vamos analisar esses números ao pormenor.

Probabilidade de um homem atraente responder a mensagens de mulheres com diferentes níveis de atratividade

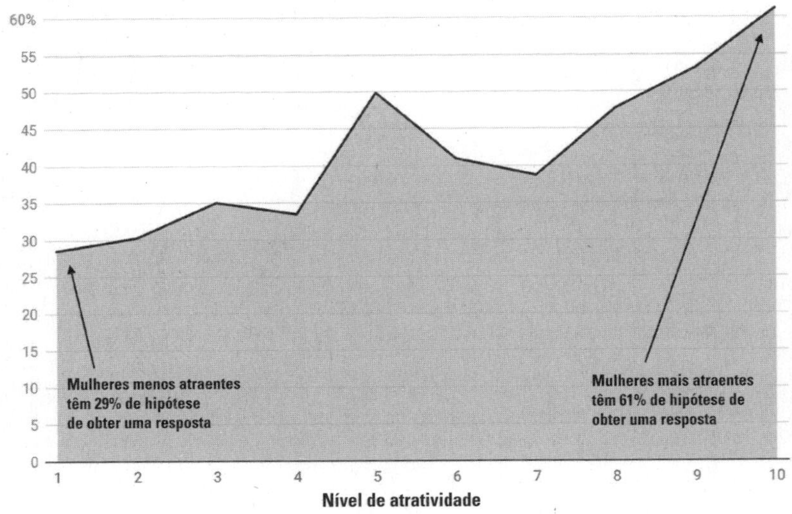

Fonte: Hitsch, Hortaçsu e Ariely (2010).

Probabilidade de uma mulher atraente responder a mensagens de homens com diferentes níveis de atratividade

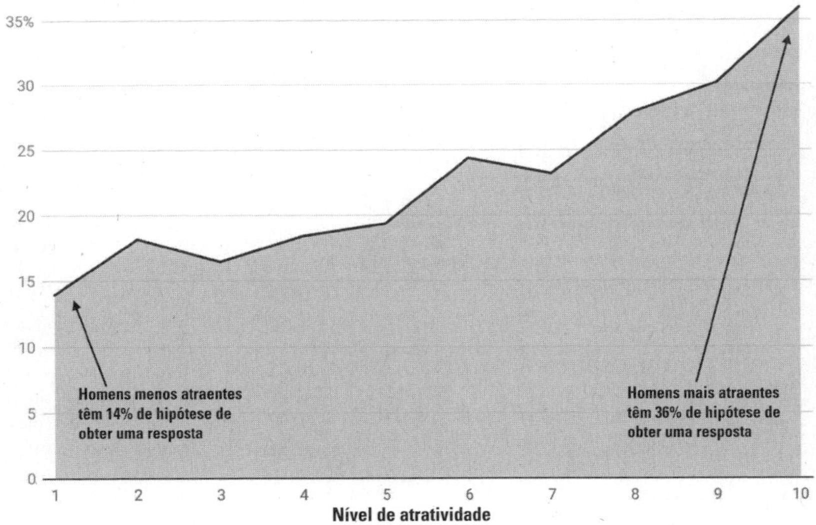

Fonte: Hitsch, Hortaçsu e Ariely (2010).

Repare no que acontece quando um dos homens menos atraentes (alguém no 1º–10.º percentil de aparência) contacta uma das mulheres mais atraentes (alguém no 91º–100.º percentil de aparência).

Antes de ver estes dados, qual teria dito que seria a taxa de resposta que esses homens conseguiriam? Eu teria dito que seria muito baixa. Talvez 1%? Talvez 2%? Três por cento, na melhor das hipóteses? Afinal, estamos a falar de homens no último decil de aparência a convidar para sair mulheres no decil de topo de aparência. Estamos a falar de um 1 que convida um 10 para sair. Não podia estar mais fora daquele campeonato!

Na verdade, os homens nesta situação recebem uma resposta cerca de 15% das vezes. Para as mulheres que convidam homens muito mais convencionalmente atraentes para sair, os números são ainda melhores. Uma mulher no percentil 1.º–10.º de aparência tem cerca de 50% de hipóteses que um homem no percentil de beleza de 91.º–100.º lhe responda. Claro que nem todas as respostas resultam em encontros, mas algumas resultam.

E as probabilidades que surpreendentemente nem são assim tão más de pessoas que contactam alguém fora do seu campeonato são confirmadas noutros estudos. Elizabeth E. Bruch e M. E. J. Newman, com métodos diferentes e dados de outro site de encontros, constataram o seguinte: quando os homens menos atraentes do site enviaram mensagens às mulheres mais desejáveis, a taxa de resposta foi de aproximadamente 15%. Quando as mulheres menos desejáveis enviaram mensagens aos homens mais desejáveis, a taxa de resposta foi de cerca de 35%.

E estes números mais positivos do que se poderia pensar têm uma implicação profunda na estratégia ideal para os encontros: convide muitas pessoas para sair.

Pensemos desta forma: suponha que um homem é dos menos desejáveis, como classificado por Bruch e Newman, num site de encontros online. Sonha ter um encontro com uma das mulheres mais desejadas do site. Relembre que no Capítulo 1 discutimos que não é necessariamente uma boa ideia para atingir a felicidade no longo prazo numa relação, uma vez que qualidades altamente desejadas não costumam levar a relações de sucesso duradoras. Mas vamos ignorar esse facto por um momento.

Ele quer namorar com uma mulher extremamente bonita, mas sabe que não é convencionalmente atraente. De cada vez que convida uma mulher dessas para sair, os dados dizem-nos que tem mais hipóteses de ser recusado do que aceite.

Mas, sendo que a hipótese remota não é tão má como ele pudesse ter suspeitado, se convidar várias destas pessoas muito desejáveis para sair, as hipóteses de ouvir um «sim» aumentam imensa e surpreendentemente.

Utilizando a estimativa de Bruch e Newman de que os homens menos desejáveis têm uma hipótese de 15% de obter uma resposta das mulheres mais desejáveis, a matemática funciona assim: se um homem nesta situação convidasse uma mulher para sair, teria 15% de hipóteses de ter uma resposta. Se convidasse quatro dessas mulheres, teria uma hipótese de 48%. Se convidasse dez mulheres para sair, teria 80% de hipóteses. E se convidasse 30, teria — esperem — 99% de hipóteses de ter uma resposta pelo menos de uma delas.

Além disso, os números seriam bastante maiores para uma das mulheres menos desejáveis que fosse atrás dos homens mais pretendidos, uma vez que os dados dizem que têm ainda maiores probabilidades de obter respostas. Esta pode ser uma razão de outro estudo ter determinado que as mulheres heterossexuais aumentam significativamente as suas hipóteses de arranjarem um par mais desejável, se iniciarem mais contactos com homens.

Nos encontros, se apostar em muitas pessoas, pode ter hipóteses de ter sorte. Tal como Picasso, que, ao lançar muitos trabalhos para o mundo, permitiu ao mundo consagrar alguns dos quadros, alguém que quer namorar e que faz mais pedidos para encontros românticos tem mais hipóteses que potenciais parceiros aceitem.

E no namoro, tal como na arte, é importante não se rejeitar à partida. Há que lembrar as histórias que mostraram que muitos artistas são incapazes de avaliar a qualidade da sua própria arte. Beethoven pensava que muitas das suas melhores peças eram péssimas; Woody Allen achou que iria encher-se de vergonha ao lançar *Manhattan*; e Springsteen achou que *Born to Run* era «lixo». Os grandes artistas lançam trabalhos mesmo assim, apesar dos receios de não serem bem recebidos. Depois têm mais hipóteses de que o mundo os surpreenda com boas notícias.

Nos encontros, quantas pessoas ficam paralisadas mentalmente, a pensar que não têm hipótese com um homem ou com uma mulher com quem querem sair? Quantas pessoas deixam de convidar um rapaz ou uma rapariga para sair porque pensam que são demasiado boas para si? Quantas pessoas pensam que são «lixo» ou que correm o risco de se envergonharem se convidarem certas pessoas para sair?

A matemática diz-nos que deixarmos essas inseguranças motivarem-nos é claramente um erro. As hipóteses quando convidamos pessoas para sair que possam parecer, teoricamente, mais desejáveis que nós podem ser remotas — mas estão muito longe de ser impossíveis.

Aprendi esta lição dos dados na vida real. Na minha vida, até aos 35 anos, estava longe de ser um Pablo Picasso a convidar mulheres para sair. Na verdade, talvez pudesse contar pelos dedos de uma mão o número de vezes que convidei uma mulher para sair.

No secundário, havia uma miúda linda e maravilhosa por quem eu tinha uma paixoneta. Namoriscava com ela, mas não conseguia ter coragem para a convidar para sair. Parecia demasiado ridículo. Eu? Ela? Por favor!

Muitos anos mais tarde, descobri que ela queria que eu a convidasse para sair — e que teria aceitado sair comigo.

Felizmente, percebi, ao longo dos anos, que tinha de me expor mais se queria ter uma hipótese de encontrar uma ótima parceira. Quando conheci Julia, outra mulher linda e maravilhosa — que, mais importante, sente uma satisfação com a vida, tem uma mentalidade de crescimento, uma tremenda consciência e um estilo de apego seguro —, obriguei-me a convidar mulheres para sair, mesmo se pensasse que não tinha hipótese de ouvir um sim. Não me permiti rejeitar-me antecipadamente. Ouvi «não» muitas vezes. Mas também ouvi «sim» algumas vezes.

No meu primeiro encontro com Julia — uma bebida no terraço dela durante a pandemia de Covid-19 —, senti que ela não tinha gostado de mim. Algo na sua linguagem corporal me dizia que não se estava a divertir. E porque deveria? Mede mais 5 cm que eu, é convencionalmente mais atraente que eu, além de ser mais extrovertida e querida. Tinha o meu instinto bem aprimorado para me rejeitar antecipadamente. Senti-me tentado a ir embora e a nunca mais entrar em contacto com ela, convencido de que, se pedisse para continuarmos com o encontro, seria rejeitado. Em vez disso, ignorei esse instinto. Apesar de extremamente nervoso, perguntei-lhe se queria ir jantar. O jantar tornou-se num segundo encontro. E num terceiro. Até que fizemos um ano de namoro. A dada altura na nossa relação, fiquei a saber que ela se tinha sentido imediatamente atraída por mim naquele primeiro encontro, e, se me tivesse vindo embora e desaparecesse, ela teria ficado horrivelmente desiludida e teria trocado mensagens com as amigas todas para tentar perceber o que tinha feito de errado. Ora aqui tem a minha interpretação errada e insegura e desejo perigoso de me rejeitar à partida!

Chris McKinlay também percebeu o poder dos encontros para aumentar as hipóteses de outras pessoas nos escolherem e de nos fazerem sortudos a nível romântico. McKinlay, que a *Wired* descreve como um «génio matemático» que «pirateou o OkCupid para encontrar o amor verdadeiro», não aumentou as hipóteses de encontrar uma parceira convidando muitas pessoas para sair. Em vez disso, inventou um estratagema inteligente para o seu perfil aparecer primeiro do que o de muitas pessoas.

McKinlay reparou que as mulheres eram notificadas sempre que um homem visitava o perfil delas. Então, entre muitas inovações fundamentadas nos dados, McKinlay programou um *bot* que lhe permitia visitar os perfis de números enormes de potenciais correspondências —mais do que as que conseguiria visitar manualmente.

Bastou-lhe aumentar a quantidade de mulheres que viam o seu perfil para aumentar drasticamente o número de mulheres interessadas nele. Pouco depois de ter começado com essa estratégia, tinha 400 visitas e 20 mensagens por dia. Isto levou a inúmeros encontros, incluindo um encontro com Christine Tien Wang — o seu 88.º encontro. Pouco mais de um ano depois, estavam noivos.

Os encontros são um jogo de números, e McKinlay pirateou o sistema para aumentar os seus.

A DINÂMICA DE PICASSO NAS CANDIDATURAS DE EMPREGO

Basta ser prolífico no número de empregos a que se candidata para melhorar imenso a sua carreira. Um estudo recente analisou os pormenores da procura de emprego de centenas de cientistas: todos os lugares a que se candidataram, todas as entrevistas que conseguiram e todas as ofertas que receberam. Constataram que, para cada oferta que um cientista recebe, o cientista médio candidata-se a 15 escolas.

Mais, os estudiosos encontraram provas de que os cientistas da amostra podiam não se estar a candidatar a empregos suficientes. Ao que parecia, a quantos mais empregos um cientista se candidatasse, mais entrevistas tendia a conseguir. E os cientistas que recebiam propostas tendiam a ter enviado mais candidaturas.

Pensemos como isto é chocante. Os cientistas trabalham semanas de 60 horas para tentarem fazer tudo o que é possível para melhorar a sua candidatura e realizar o sonho de ter um emprego académico. Mas muitos destes mesmos cientistas não passam as dezenas de horas extra que seriam necessárias para alargarem o leque das universidades a que se candidatam, mesmo que as provas sugiram que isto poderia aumentar as hipóteses de conseguirem um emprego.

Até certo ponto, um emprego académico é uma lotaria. E o vencedor da lotaria é provavelmente a pessoa que passa algumas horas extra a acumular mais cautelas de lotaria. Mais candidaturas significam maiores hipóteses de obter um resultado qualitativo — um emprego.

DECISORES FUNDAMENTADOS NOS DADOS CONSEGUEM FAZER COISAS — COMO VIAJAR imenso e exporem-se mais —, algo que aumenta as probabilidades de serem escolhidos para terem sucesso. Ou, como gosto de dizer, a sorte favorece aqueles que tomam decisões baseadas nos dados.

Há mais uma maneira de tomar decisões baseadas nos dados que pode aumentar as probabilidades de constarem entre os afortunados escolhidos para terem grandes oportunidades: melhorar a aparência. Este tópico é tão importante que vou dedicar-lhe o próximo capítulo.

A SEGUIR

Há novas lições na aprendizagem automática e na recolha de dados pessoais para que as pessoas consigam ter a melhor aparência possível.

CAPÍTULO 7

TRANSFORMAÇÃO: EDIÇÃO CROMOS

«Detesto a minha aparência», disse à minha mãe quando tinha 6 anos. Quando era miúdo, gozavam comigo por causa da minha aparência. Os outros miúdos diziam-me que tinha as orelhas demasiado grandes. Tinha o nariz muito largo, a testa muito grande.

Dos 6 aos 38 anos, os meus sentimentos em relação ao meu rosto vacilaram entre uma ligeira desilusão e um profundo desalento. Na verdade, durante uma enorme depressão, pouco depois de ter terminado o meu primeiro livro, *Toda a Gente Mente*, fui a um novo terapeuta. A primeira coisa que lhe disse foi: «Sou feio e isso está a arruinar-me a vida».

Nas décadas da minha insegurança em relação à aparência, nunca fiz grande coisa para tentar melhorá-la. Na verdade, respondi à minha infelicidade com a aparência atribuindo-lhe menos energia. Não tratava da pele, vestia-me mal e deixava passar demasiado tempo até cortar o cabelo. Fazia várias piadas a gozar comigo próprio por ser feio.

No entanto, há alguns meses, finalmente convenci-me a agir e a tentar melhorar a minha aparência. Mais propriamente, levei a cabo uma análise de dados para perceber qual era a minha melhor aparência, na que pode ter sido a tentativa de transformação mais croma de toda a História. Pode ser que o leitor consiga aproveitar algumas dicas partindo do que fiz para melhorar a sua aparência.

O que motivou a minha ação? Um mergulho profundo no mundo da ciência facial.

A ciência facial descobriu duas coisas importantes sobre a aparência. Em primeiro lugar — e isto é profundamente deprimente —, a nossa aparência influencia imenso o quanto avançamos na vida. A nossa aparência tem provavelmente um impacto bastante maior do que muitos julgam. Em segundo lugar — e isto é encorajador —, podemos melhorá-la imenso. Na verdade, podemos melhorar a nossa aparência muito mais do que muitas pessoas julgam.

A SUA APARÊNCIA IMPORTA

Alexander Todorov, professor na Universidade de Chicago, é o maior perito em rostos. Todorov — que tem um nariz marcante, orelhas um pouco salientes e uma estrutura facial que parece amigável, acessível e intelectual — investigou o quanto a aparência facial de uma pessoa influencia o sucesso dessa pessoa numa variedade de domínios. (Dica: imenso.)*

Consideremos, por exemplo, o importantíssimo domínio da política. Gostamos de pensar que os vencedores de eleições políticas importantes possam ser, de alguma forma, os que mais mereciam vencer. Afinal de contas, determinam como se aplicam milhares de milhões de dólares. É natural que esperemos que os homens e mulheres que elegemos para tomarem essas decisões tenham o maior intelecto. Talvez os nossos líderes políticos sejam aqueles que mais trabalham ou que encontram as posições políticas mais sábias.

Alexander Todorov e outros provaram, porém, que é frequente os vencedores das principais eleições apenas impressionarem os eleitores pelos seus rostos.

Num dos estudos, Todorov e os colegas recolheram fotos dos rostos dos candidatos democratas e republicanos, numa amostra grande das candidaturas para o Senado e para a Câmara dos Representantes.

---

* *Todorov escreveu um livro fascinante chamado* Face Value, *que recomendo vivamente.*

Recrutaram um grupo de pessoas para dizerem apenas qual dos dois candidatos em cada eleição lhes parecia mais competente. (Não incluíram pessoas que podiam reconhecer os rostos.)

Se gosta de alinhar em estudos científicos ou de classificar os rostos das pessoas, pode responder a uma das perguntas feitas às pessoas que participaram no estudo.

Das duas pessoas que vê em baixo, qual lhe parece mais competente?

Tem a sua resposta?

Presumo que tenha escolhido o cavalheiro à direita como Senhor Competente.

Se de facto pensou que a pessoa à direita parece mais competente, está de acordo com a vasta maioria das pessoas a quem Todorov e os colegas mostraram estas fotos. Noventa por cento dos inquiridos disseram que o homem à direita parecia mais competente do que o da esquerda. Para além disso, não demoraram particularmente muito tempo a chegar a essa conclusão. Em média, a pessoa julgou o indivíduo à direita como mais competente em aproximadamente um segundo.

Ora, quem são estes dois homens?

São os dois candidatos às eleições do Senado dos Estados Unidos de 2002 no Montana. O homem à direita, o que parece mais competente, é Max Baucus, o candidato democrata nessas eleições. O homem à esquerda é Mike Taylor, o candidato republicano.

Baucus, o homem que 90% das pessoas pensou que parecia mais competente, ganhou as eleições com uma percentagem impressionante de 66% dos votos nos dois partidos. Ou seja, o candidato que as pessoas julgaram, depois de o verem apenas por um segundo, como mais competente foi o escolhido pelos eleitores.

Isto — o candidato que parece mais competente também ser o vencedor das eleições — é o início de um padrão.

Pronto para brincar mais um pouco com a experiência dos investigadores? Vejamos os dois pares de rostos em baixo. Para cada par, determine qual dos dois lhe parece mais competente. Mais uma vez, tenho um palpite para a sua resposta. Aposto que, entre os dois cavalheiros no topo, escolheu o da direita como tendo uma aparência mais competente. Entre a senhora e o cavalheiro em baixo, digo que escolheu o homem à esquerda como tendo uma aparência mais competente.

Se essas foram as suas escolhas, está de acordo com a maioria. Foram as escolhas de aproximadamente 90% das pessoas que viram estes pares de rostos.

Mais uma vez, os rostos que a maioria das pessoas disseram que lhes pareciam mais competentes venceram as eleições. O homem à direita em cima é o republicano Pat Roberts. Venceu as eleições de 2002 no Kansas com 82,5% dos votos, derrotou o da esquerda, o libertário Steven Rosile. O homem à esquerda em baixo é o republicano Judd Gregg; derrotou a mulher à direita em baixo, a democrata Doris Haddock, nas eleições para o Senado de 2004 por New Hampshire, ganhando com 66% dos votos.

Na verdade, transversal a todas as eleições que Todorov e os colegas estudaram, verificaram que uma pessoa cujo rosto foi julgado como mais competente pela maioria dos indivíduos venceu 71,6% das eleições para o Senado e 66,8% das eleições para a Câmara dos Representantes. A importância de parecer competente para vencer eleições foi preponderante, mesmo considerando outros fatores como etnia, idade e género.

O trabalho de Todorov e outros diz-nos que algumas pessoas têm um rosto que aponta imediatamente para a competência, outras, não. Os eleitores tendem a escolher o candidato com aparência para aquele papel. Ou como Todorov e os coautores resumiram nos resultados do estudo: «[Os eleitores são] mais superficiais do que gostaríamos de acreditar».

James Carville, o estratega de campanha de Bill Clinton em 1992, enquanto discutia o que mais importava aos eleitores, disse a célebre frase: «É a economia, estúpido». Mas, no que toca a conquistar eleitores em eleições importantes, os investigadores dizem-nos: é o rosto, seu parvo.

A POLÍTICA NÃO É A ÚNICA ARENA EM QUE O ROSTO DE UMA PESSOA PODE determinar até onde ela ascende. Nem a competência é o único julgamento que podemos fazer sobre as pessoas, a partir do seu rosto. Quando olhamos para uma pessoa, julgamos se é de confiança; se é inteligente; extrovertida; enérgica, e muito mais.

Todorov e outros constataram que, na política, é a aparência de competência de um rosto que mais peso tem. Mas, noutros domínios, outros aspectos do rosto de uma pessoa — e outros atributos que lhes atribuímos baseados neste aspecto — desempenham um papel mais importante.

Consideremos, por exemplo, a carreira militar.

Os investigadores estavam interessados em ver o que melhor previa quais os cadetes de West Point que teriam mais sucesso na carreira. Os investigadores criaram uma base de dados que incluía a classificação que cada cadete tinha alcançado, 20 anos após a graduação, com vários atributos dos cadetes que frequentavam a escola.

Recolheram dados sobre o nível de riqueza dos cadetes quando eram miúdos, o seu desempenho em vários testes académicos e o nível de desempenho em vários desafios desportivos. Finalmente, os investigadores recolheram o quadro de graduação de cada cadete e pediram às pessoas para avaliar a forma como se saíam.

Os investigadores verificaram que havia um facto preponderante para prever a ascensão na carreira de um cadete. Não era quão distinta a sua família era, quão inteligente era ou a que velocidade corria. Na verdade, todas estas características eram más indicadoras do desempenho na carreira.

O maior indicador de uma carreira de sucesso de um cadete era quão dominante o seu rosto parecia. Ter um rosto que as pessoas consideravam ter um ar dominante aumentava as probabilidades de um coronel se tornar brigadeiro-general, de um brigadeiro-general se tornar um major-general e de um major-general se tornar tenente-general.

Um rosto dominante

Um rosto pouco dominante

Por outras palavras, entre os homens suficientemente bons para entrar em West Point, os que têm um ar dominante tendem a ter permissão para dominar.

OS ESTUDOS — E HÁ IMENSOS — QUE MOSTRAM a relação entre o nosso rosto e a forma como somos tratados é, admito, deprimente. É triste que os seres humanos possam ser tão superficiais e que a nossa superficialidade possa ter consequências tão notórias.

Estes resultados também parecem irremediáveis para quem pode não ter sido abençoado com o melhor rosto. Se temos rostos que não fazem as pessoas pensar que somos competentes, estará uma carreira na política fora de discussão? Se temos rostos que aparentam ser menos dominantes, serão os nossos sonhos na carreira militar impossíveis?

Não é exatamente assim.

Há uma reviravolta interessante nesta investigação. E, como tantas outras reviravoltas na literatura científica, esta reviravolta da ciência foi mais bem resumida num episódio do *Seinfeld*.

AS «DUAS CARAS» EM TODOS NÓS

No 10.º episódio da 9.ª temporada do *Seinfeld*, Jerry tem uma namorada, Gwen, que tem «duas caras». Às vezes é muito atraente, outras, é muito pouco atraente. No caso de Gwen, a luz parece desempenhar um papel decisivo entre ela ser um oito ou um dois.

A meio do episódio, Jerry apresenta Gwen ao seu amigo Kramer, num momento em que ela está menos atraente. Mais adiante no episódio, Kramer encontra uma mulher na rua que não reconhece e que acha muito atraente. Essa mulher, que é na verdade Gwen com boa luz, diz a Kramer que anda com Jerry. Kramer explica-lhe que não pode ser verdade porque há pouco tempo conheceu a namorada de Jerry, que é muito menos atraente do que a mulher com quem ele está a conversar.

Gwen fica então convencida de que Jerry tem de ter outra namorada e está a traí-la com essa mulher menos atraente que Kramer descreveu.

Numa das cenas finais do episódio, Gwen, novamente atraente, confronta Jerry e diz-lhe que sabe que ele a está a trair com uma mulher menos atraente e sai da sala de rompante. Jerry vai atrás dela para lhe explicar que não a anda a trair, para fazerem as pazes. Contudo, quando chega ao pé de Gwen, num alpendre, ela está pouco atraente, e isso mata o desejo de Jerry de estar com ela. Então, Jerry dá meia-volta e vai embora.

«O alpendre estava mal iluminado», explica Jerry.

A ciência diz-nos que todos somos, até certo ponto, como Gwen, às vezes parecemos melhor, outras, pior.

EM TODOS OS ESTUDOS ANTERIORES QUE DISCUTI, TODOROV e outros investigadores do mundo da ciência facial pediram a pessoas para classificarem uma foto em particular de alguém. Uma foto de Judd Gregg foi comparada com uma foto de Doris Haddock. Determinaram, a partir de uma foto de cada um, se Gregg ou Haddock pareciam mais competentes. Analisaram uma foto de cada pessoa do Exército. Determinaram, a partir dessas fotos, quão dominante cada cadete parecia.

Era como se cada pessoa tivesse um conjunto de competências ou domínio ou atratividade — e não havia nada que pudessem fazer em relação a isso.

Mas num estudo fascinante com Jenny M. Porter, da Universidade Columbia, Todorov pediu para classificarem apenas uma foto de uma pessoa. Os investigadores pediram às pessoas para classificarem várias fotos da mesma pessoa em relação a vários domínios, incluindo competência, atratividade e credibilidade.

Usaram um conjunto de dados criado para ajudar no reconhecimento facial e incluíram 5 a 11 fotos de rosto da mesma pessoa. As fotos de cada indivíduo eram apenas ligeiramente diferentes. Aqui, por exemplo, estão duas fotos de um dos homens do conjunto de dados.

E aqui estão duas fotos de outro homem do conjunto de dados.

Apesar da semelhança das fotos dos dois homens, a foto em particular mostrada levou a uma grande variação na forma como as pessoas a percecionaram. E fotos diferentes conseguiam alterar as classificações dadas aos homens. A foto à esquerda do homem de cabelo grisalho foi classificada como mais fidedigna do que a foto à esquerda do homem de cabelo grisalho.

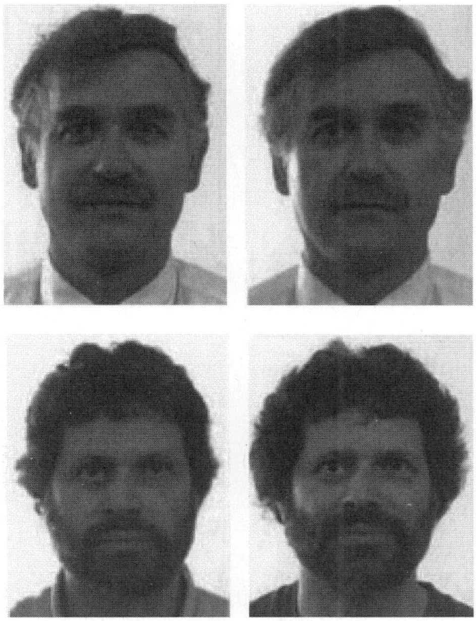

CREDIBILIDADE

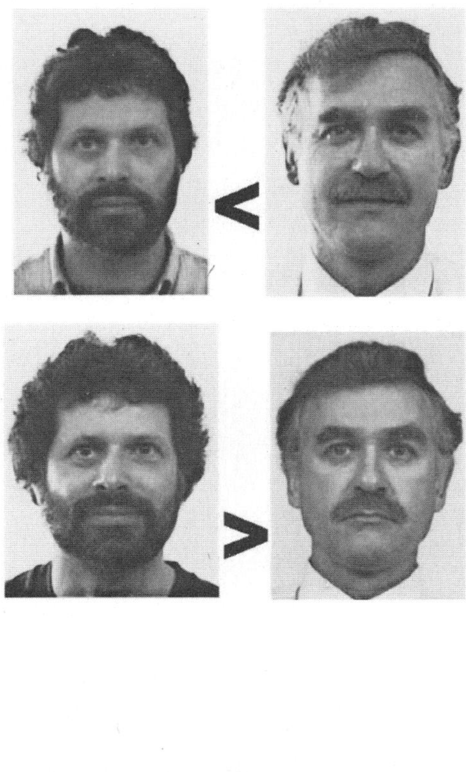

Este padrão repetiu-se. A forma como as pessoas eram percecionadas podia variar, de acordo com a foto que mostravam às pessoas.

Para atratividade, uma pessoa classificada com 5, em média, podia variar entre um 4 e um 6, dependendo da foto que era mostrada. Uma pessoa classificada com um 3, em média, podia variar entre um 2 e um 4, dependendo da foto que era mostrada. Para outras qualidades, as diferenças foram ainda mais pronunciadas. Alguém com uma média de 5,5 para credibilidade poderia classificar-se entre um 4 e um 7, dependendo de qual foto era mostrada.

A grande variação nas classificações foi ainda mais notória considerando a pequena variação das fotos. Se as pessoas podem oscilar entre um 2 e um 4 na classificação da sua atratividade apenas com ligeiras diferenças na luz e nos sorrisos, isto significa que pode haver ainda maior variação se existirem maiores mudanças: nos pelos faciais, cortes de cabelo, óculos e muito mais.

A TENTATIVA DE TRANSFORMAÇÃO MAIS CROMA DO MUNDO: MOTIVAÇÃO

Consigo usar dados para melhorar a minha aparência? Esse foi o meu primeiro pensamento quando li o estudo sobre ciência facial. Também, melhorar a minha aparência é, de alguma forma, um pensamento revolucionário para mim. Como referi, nunca me considerei atraente e assumi que se tratava de um traço fixo meu. Mas o trabalho de Todorov e de Porter mostra que diferentes versões de rostos podem ser percecionadas de formas muito diferentes. Será que eu conseguia encontrar a versão do meu rosto que fosse considerada a melhor pelo mundo?, questionei-me.

Mas como deveria encontrar esta versão do meu rosto?

Bem, não queria apenas confiar no meu instinto. Décadas de pesquisa na área da psicologia mostraram que as pessoas não são propriamente avaliadoras precisas da forma como transparecem aos outros. Há inúmeros preconceitos que interferem na forma clara como nos vemos. E se há alguém mau em avaliar a imagem que dá fisicamente, sou eu. Era óbvio que precisava de outras opiniões.

A solução que encontrei para tentar melhorar a minha aparência consistiu em três passos (muito modernos): inteligência artificial, rápida pesquisa de mercado e análise estatística. O que estou a tentar dizer é que, embora não tenha as orelhas direitas, um nariz pequeno nem uma testa normal, tenho, sem dúvida, a capacidade de fazer análise estatística para melhorar a minha aparência!

O PLANO DE TRÊS PASSOS PARA APRENDER O QUE NOS TORNA MAIS ATRAENTES SEM TERMOS DE DESLIGAR O COMPUTADOR

Passo 1 (Inteligência Artificial): descarreguei a FaceApp, uma aplicação que usa inteligência artificial para alterar uma foto. Se não conhece a FaceApp, passo a explicar como funciona. Carrega uma foto e depois pode mudar as definições para alterar a foto de formas impressionantemente realistas. Pode ajustar o penteado, a cor do cabelo, os pelos no rosto, óculos e o sorriso.

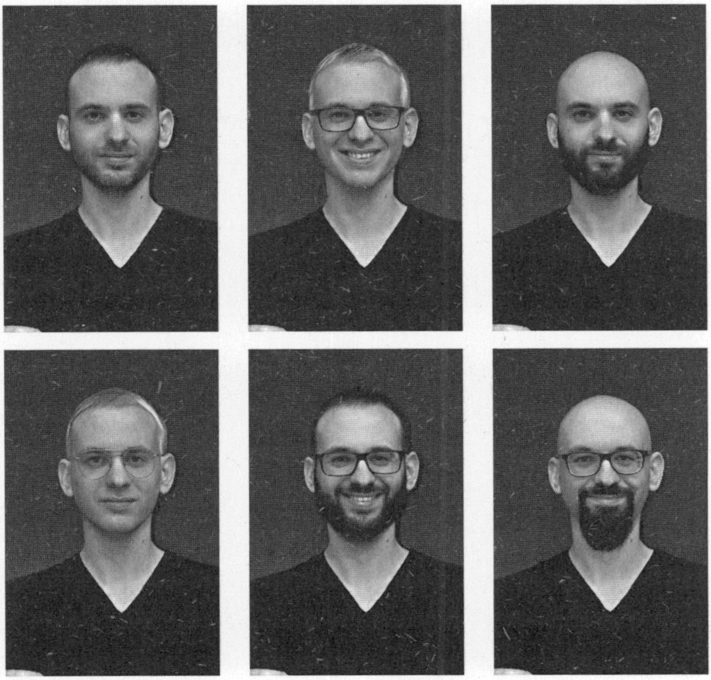

Versões diferentes (geradas por IA) de mim

Criei mais de 100 versões diferentes do meu rosto. Estes são alguns dos estilos com que fiquei.

Passo 2 (rápida pesquisa de mercado): levei a cabo uma rápida pesquisa de mercado para as diferentes versões do meu rosto. Para isto, usei o GuidedTrack e o Positly, dois programas criados pelo meu amigo Spencer Greenberg que permitem a qualquer pessoa executar pesquisa com inquéritos de forma rápida e barata. Para cada foto, pedi a pessoas que julgassem quão competente a pessoa da foto parecia numa escala de 1 a 10.

Concluí que havia enormes diferenças na classificação das pessoas nas diferentes fotos da FaceApp. Por exemplo, na foto em baixo, tive uma classificação de 5,8/10 na competência, dos resultados mais baixos dos que testei.

Na foto em baixo, tive uma classificação de 7,8/10 em competência, o resultado mais alto que recebi.

Tal como Todorov e Porter tinham discutido e tal como Seinfeld salientou, posso ser percecionado de formas muito diferentes.

Passo 3 (análise estatística): usei a R, uma linguagem de programação estatística, para reconhecer padrões na forma como diferentes decisões afetam a forma como sou percecionado. Isto permitiu-me perceber quais as características com maior impacto na forma como sou percecionado.

Então, o que fiquei a saber?

O maior reforço que recebi quanto à competência percecionada foi quando estou de óculos. Ganhei, em média, 0,8 pontos, numa escala de 10 pontos, quando estou de óculos. Isto surpreendeu-me, porque tinha concluído que ficava terrível de óculos e costumava usar lentes de contacto o máximo possível. Os dados, por outras palavras, disseram-me que devia ignorar o meu instinto de evitar usar óculos.

A seguir, o maior reforço na competência que recebi foi de usar barba. Ganhei, em média, 0,35 pontos de competência percecionada quando estou de barba. Nunca tinha tido barba na vida, até aos 30 anos. Ao longo dos últimos cinco anos, tenho usado barba de forma intermitente. Mas os dados são claros: no meu caso, a barba é positiva.

Para além dos óculos e da barba, as outras mudanças não fizeram grande diferença. Ligeiras diferenças no corte e na cor do cabelo não tiveram um efeito estatisticamente significativo na forma como eu era percecionado. Talvez a única exceção óbvia tenha sido o cabelo cor-de-rosa, que me custou aproximadamente 0,37 pontos na competência percecionada.

Preocupava-me com o facto de que devia sorrir mais nas fotos ou arranjar um sorriso melhor. Mas não houve diferença estatisticamente significativa na minha confiança percecionada por sorrir. Achei isto reconfortante e vou preocupar-me menos em sorrir nas fotografias.

Quanto à forma como sou percecionado, os óculos e a barba fazem a diferença — e desde que não pinte o cabelo de cor-de-rosa, nada mais interessa muito.

Graças à IA e à rápida pesquisa de mercado, com a análise estatística, sinto que encontrei o meu estilo. Vou passar a usar óculos e barba. Essa minha versão pode não conseguir competir com Mitt Romney ou com Barack Obama, aos níveis mais altos da política americana, mas é certamente, como sugerem os dados, a de uma pessoa que consegue causar uma boa primeira impressão. E pensar que uma versão minha pode obter um 7,8/10 em qualquer escala de 10 pontos relacionada com a aparência teria sido inconcebível para mim aos 25 anos.

Então, o que pode aprender com a minha transformação de cromo?

Tenho noção de que levei este projeto a um nível de certa forma extremo — recorri a folhas de cálculo e a análise estatística. Mas acredito que qualquer pessoa pode beneficiar de uma versão menos extrema desta análise.

No mínimo, pode descarregar a FaceApp ou um programa similar e analisar muitas aparências suas diferentes. Mesmo que não use uma amostra aleatória de pessoas na Internet, pode pedir nas redes sociais ou aos seus amigos mais sinceros para escolherem que aparência lhe assenta melhor.

Estou convencido de que este tipo de análise é bastante melhor do que a abordagem (errónea, baseada no instinto) que a maioria de nós usa para saber mais sobre a aparência.

Muitas vezes, fixamo-nos em problemas que só existem na nossa cabeça — tais como a minha preocupação com o meu sorriso. Muita gente passa grandes partes da vida sem nunca pensar num estilo que pode melhorar drasticamente a sua aparência — como a década que andei sem barba. E a maioria não consegue percecionar-se com rigor — como eu, que andava convencido de que ficava horrível de óculos.

O que estou a tentar dizer é que os estudos indicam irrefutavelmente que a nossa aparência importa, que podemos melhorá-la e que somos maus a julgá-la. Por outras palavras, a IA, a rápida pesquisa de mercado e a análise estatística dominam os espelhos.

A SEGUIR

Os últimos quatro capítulos focaram-se em formas de ter mais sucesso na sua carreira. Se usar estes conselhos, pode ser que seja mais bem-sucedido. Mas também pode sentir-se, como tantas outras pessoas bem-sucedidas, absolutamente miserável. Felizmente, novos dados podem dar-lhe conselhos sobre como se sentir mais feliz.

CAPÍTULO 8

A MAGIA TRANSFORMADORA DE SAIR DO SOFÁ

O que faz os seres humanos felizes? Alguns dos maiores filósofos da História tentaram — e em grande parte não conseguiram — responder a esta pergunta. Será que a resposta pode finalmente estar... nos nossos *iPhones*?

Não, a resposta para a felicidade é não usar (demasiado) os *iPhones*, ação que sem qualquer sombra de dúvidas torna as pessoas infelizes (mais à frente falarei mais sobre isto). Pelo contrário, a resposta para a felicidade pode vir da pesquisa que foi possibilitada graças aos *iPhones* e a outros *smartphones*.

Investigadores como George MacKerron, que liderou o projeto Mappiness, que mencionei brevemente na Introdução, recrutaram dezenas de milhares de utilizadores de *smartphones* para os ajudarem na busca da compreensão da felicidade. O Mappiness contactava os utilizadores a horas aleatórias ao longo do dia para lhes fazer perguntas simples sobre o que estavam a fazer e como se sentiam.

Destas perguntas simples, os investigadores recolheram mais de três milhões de pontos de felicidade — ordens de magnitude maiores do que os conjuntos de dados anteriores sobre a felicidade.

Então, o que nos dizem mais de três milhões de pontos de felicidade sobre o que faz as pessoas felizes? Vou responder a essa pergunta daqui a pouco, mas primeiro vou discutir a pesquisa sobre o estado da felicidade anterior aos projetos baseados nos *smartphones*, como o Mappiness. Uma das principais lições dos estudos pequenos, baseados em questionários que eram a norma antes dos *smartphones*, é que nós, seres humanos, somos péssimos a compreender o que nos faz felizes — e estávamos desesperadamente a precisar do projeto Mappiness para nos dar alguns indicadores de felicidade.

FALSAS PERCEÇÕES DAQUILO QUE NOS FAZ FELIZES

Quão feliz pensa que iria ficar se tivesse o seu trabalho de sonho? Que reforço de felicidade sentiria se o seu candidato político preferido ganhasse uma eleição importante? Quão infeliz se sentiria se fosse despedido do seu emprego? E se o seu parceiro o deixasse?

Se for como uma pessoa comum, as suas respostas a estas perguntas são mais ou menos «muito feliz, se conseguisse o meu emprego de sonho»; «um grande reforço de felicidade com o resultado político preferido»; «muito infeliz por ser despedido»; e «ainda mais infeliz por acabarem comigo».

A sua resposta a cada uma destas perguntas provavelmente está errada. É o que relata um estudo pioneiro de Daniel Gilbert e colegas que investigou a felicidade.

O estudo consistiu de duas partes.

Na primeira parte, os investigadores fizeram perguntas como as que fiz no primeiro parágrafo a um grupo de pessoas. Por exemplo, numa experiência, os investigadores recrutaram um grupo de professores assistentes que estavam a esforçar-se imenso para conseguir o trabalho de sonho: uma agregação. Os investigadores perguntaram qual seria a parte da sua felicidade futura que dependia da decisão do contrato. Em particular, pediram-lhes que imaginassem que tinham passado cinco anos da decisão do contrato e que calculassem a felicidade de acordo com os dois percursos possíveis. Percurso de vida 1: tinham conseguido o contrato. Percurso de vida 2: tinham sido rejeitados.

Na qualidade de alguém que passou grande parte da vida adulta rodeado de professores assistentes que fazem pouco mais do que comer, dormir e tentar conseguir um contrato, não achei os resultados nada surpreendentes. Os professores assistentes estimaram que seriam substancialmente mais felizes se seguissem o percurso de vida 1 do que o percurso de vida 2. Conseguir um contrato iria levar a uma vida muito mais feliz, disseram os professores assistentes, do que se não conseguissem o contrato. Aí, não há dúvidas!

Na segunda parte do estudo, engenhosamente, os investigadores recrutaram um grupo diferente: pessoas do mesmo corpo docente que cinco anos antes tinham concorrido à agregação. Eram pessoas que tinham seguido percursos de vida diferentes daquele que o primeiro grupo de professores assistentes pretendiam. Algumas destas pessoas tinham conseguido o grande prémio (agregação), outras, não.

Os investigadores pediram a todas essas pessoas que relatassem o seu nível de felicidade. Os resultados? Não houve diferença na felicidade relatada entre as que conseguiram a agregação e as que foram rejeitada.

Por outras palavras, os dados dos indivíduos antes da agregação provaram que os académicos pensam que a agregação lhes traria felicidade eterna. Os dados dos indivíduos pós-agregação provaram que esta não lhes trouxe felicidade eterna.

Elliot Ferguson* viveu esta lição. Recentemente respondeu a uma questão no Quora que perguntava qual era a sensação de lhe ser rejeitada uma agregação. Disse ter ficado «devastado» em 1976, quando lhe negaram a agregação na área da psicologia na Universidade de Wisconsin-Madison. Tendo-se dedicado afincadamente a consegui-la, não se tinha preparado minimamente para esse resultado. Mas ele, como muitos seres humanos, provou ser resistente. Construiu uma carreira empresarial, como empresário e consultor. Gostou de trabalhar com «pessoas inteligentes, criativas e interessantes fora da academia» e gostou da capacidade das empresas de concretizar as coisas. Trinta e sete anos após a rejeição, eis o que tem a dizer: «Assim sendo, agradeço à Universidade do Wisconsin por me ter recusado a agregação. Foi a escolha acertada para a universidade e a melhor coisa que me podia ter acontecido».

---

* *O nome e alguns pormenores foram alterados.*

Os dados de Gilbert e coautores sugerem que a história de Ferguson é representativa. Os académicos superam o facto de não conseguirem agregações, mesmo que pensem que não conseguem.

Não são só os académicos que pretendem subir na carreira que falham na previsão de como vão responder aos acontecimentos da vida. Gilbert e os outros investigadores usaram o mesmo método para testar se as pessoas conseguiam prever quão felizes seriam no rescaldo de outros eventos importantes: desilusões amorosas, despedimentos, desenvolvimentos políticos.

As pessoas previram de forma consistente que esses acontecimentos levariam a alterações importantes de longo prazo na sua felicidade, mas as pessoas que experienciaram estes acontecimentos reportaram que não tinham feito uma grande diferença na felicidade de longo prazo. Ou seja, acontecimentos que nos parecerem horríveis e irrevogavelmente maus revelam de forma consistente não representar nada de especial.

Então, porque somos tão maus a prever o que nos faz felizes? Parte do problema é que já somos maus a lembrarmo-nos daquilo que nos fazia felizes — ou infelizes — no passado. Vendo bem, é difícil prever o que não conseguimos lembrar-nos. Como sabemos que somos maus a lembrarmo-nos dos nossos sentimentos passados? As provas estão num estudo importante que é, ao mesmo tempo, extremamente inteligente e perturbador.

INTERPRETAÇÕES ERRADAS SOBRE O QUE NOS FEZ FELIZES

Um questionário estranho. Duas pessoas — vamos chamar-lhes Paciente A e Paciente B — vão fazer uma colonoscopia. Durante a colonoscopia, pedem-lhes para registar, a cada 60 segundos, o nível de dor que sentem — numa escala de 1 a 10. (A isto se chama utilidade instantânea.) No minuto zero, perguntaram-lhes: de 1 a 10, quão mau é? No minuto um, perguntam-lhes o mesmo. E por aí em diante, até a colonoscopia terminar.

Quando a colonoscopia termina, temos um gráfico de ambos os pacientes, que nos permite ver o nível de dor que cada um sentiu durante todos os minutos da colonoscopia. Aqui estão.

Gráfico 1: Intensidade de dor reportada pelos dois pacientes

Paciente A

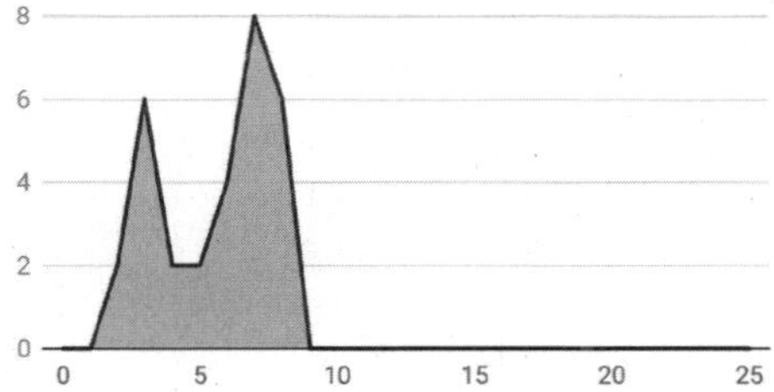

Paciente B

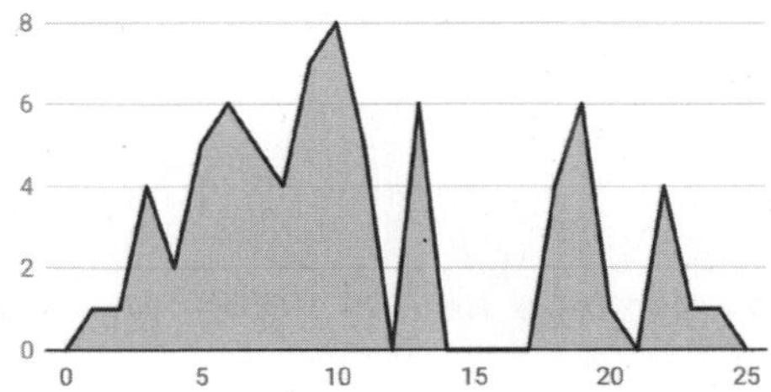

Fonte: Redelmeier e Kahneman (1996)

O Paciente A, como pode ver no gráfico, teve um nível de dor que flutuou entre 0 e 8 durante aproximadamente oito minutos. O Paciente B, como pode ver no gráfico, teve um nível de dor que flutuou entre 0 e 8 durante mais de 20 minutos.

Agora, a estranha pergunta do questionário: quem experienciou mais dor total durante a colonoscopia, o Paciente A ou o Paciente B?

Vê os gráficos? Tem as suas respostas?

Não é uma pergunta com rasteira. A resposta é óbvia: o Paciente B experienciou mais dor. O Paciente B teve mais ou menos tanta dor como o Paciente A durante os primeiros oito minutos e depois experienciou ainda 18 minutos de dor adicional. De acordo com qualquer métrica, o Paciente B teve a colonoscopia mais dolorosa. Se escolheu o Paciente B, teve a nota máxima neste estranho questionário. Bom trabalho!

Porque estou a fazer esta pergunta óbvia e fácil? Porque embora possa ser fácil para nós, enquanto observamos os dados com as informações que os pacientes deram durante as colonoscopias, dizermos quão má foi uma colonoscopia em particular, é muito difícil para o paciente propriamente dito, sem ter acesso aos dados, lembrar-se precisamente de quão má foi a dor. As pessoas tendem a esquecer quão dolorosa a colonoscopia foi.

As provas: um ensaio de Donald Redelmeier e Daniel Kahneman de onde estes gráficos foram retirados.

Os investigadores recrutaram vários pacientes de colonoscopia e pediram-lhes para registarem a dor a cada minuto do procedimento, para produzirem gráficos de utilidade instantânea como os que viu em cima.

Mas o que realmente tornou este ensaio especial foi outra questão feita pelos académicos. Perguntaram a todos os pacientes, muito depois de o procedimento ter acabado, quão má a experiência tinha sido. Pediram aos pacientes que classificassem a dor numa escala numérica e que a comparassem com outras más experiências nas suas vidas. A isto chama-se utilidade recordada.

Foi aqui que as coisas se tornaram interessantes.

Vejamos o Paciente A e o Paciente B. Relembremos que o gráfico de utilidade instantânea do Paciente B claramente mostrava que tinha experienciado mais dor do que o Paciente A. Mas depois do episódio, o Paciente B lembrava-se de ter experienciado menos dor do que o Paciente A. Ou seja, o paciente que experienciou mais dor, durante menos tempo, lembrava-se, incorretamente, de ter experienciado menos dor no geral.

Além disso, a desconexão entre a utilidade instantânea e a utilidade recordada não se limitou a estes dois pacientes. Redelmeier e Kahneman verificaram que havia apenas uma pequena relação entre quão horrível foi a colonoscopia no momento e quão horrível os pacientes se lembravam que a colonoscopia tinha sido. Simplesmente, muitas pessoas que tinham tido menos dor lembravam-se depois de terem experienciado mais dor (e vice-versa).

PRECONCEITOS COGNITIVOS QUE ALTERAM AS NOSSAS MEMÓRIAS DE PRAZER E DOR

Porque é que os seres humanos têm tendência a ser maus a lembrar-se de quão má (ou boa) uma experiência foi? Os cientistas descobriram muitos preconceitos cognitivos que nós, *Homo sapiens*, temos que interferem com a nossa capacidade de nos lembrarmos corretamente dos prazeres e dos sofrimentos do passado.

Um dos principais preconceitos mentais que interfere com a nossa lembrança de felicidade: negligência da duração. Este preconceito significa que, ao julgarmos a qualidade da experiência do passado, não conseguimos ter em consideração quanto tempo essa experiência durou. Claramente, em tempo real, as pessoas querem que as experiências prazerosas durem mais e que as experiências dolorosas acabem rapidamente. Claramente, em tempo real, uma pessoa iria querer que, digamos, uma colonoscopia dolorosa durasse o menor tempo possível. Mas, depois de ter acontecido, a negligência da duração diz-nos que as pessoas não costumam distinguir entre experiências dolorosas de diferentes durações. As pessoas só se lembram que a experiência foi má, mas não se lembram durante quanto tempo foi má. Em retrospetiva, cinco minutos de dor são difíceis de distinguir de 50 minutos de dor.

A negligência da duração explica, em parte, a razão para o Paciente B não se conseguir lembrar da natureza invulgarmente dolorosa da colonoscopia. Uma das razões de ter sido tão má foi porque demorou muito tempo.

Na verdade, no estudo de Redelmeier e Kahneman não havia quase relação entre quantos minutos a colonoscopia durou e o nível da dor que as pessoas se lembravam de ter sentido. Algumas pessoas fizeram colonoscopias de apenas quatro minutos; outras fizeram colonoscopias que duraram mais de uma hora. *A posteriori*, foram colonoscopias dolorosas para todos.

A negligência de duração, curiosamente, pode dificultar a testagem da eficácia das medicações. Se um medicamento em particular diminuir a duração, digamos, das enxaquecas de um doente de 20 para 5 minutos, teria um efeito enorme. Mas um doente pode não reparar — e pode não reportar um melhoramento ao médico. Graças à negligência de duração, muitos académicos da área da saúde recomendaram aos doentes que registassem cuidadosamente a duração dos seus sintomas antes e depois de uma intervenção, para verem se podiam estar a melhorar sem que se apercebessem disso.

Outro preconceito cognitivo que nos impede de perceber as nossas experiências do passado é a regra de final de pico. Temos tendência a avaliar as experiências passadas sem nos basearmos nos prazeres e nas dores globais, ao longo da experiência no seu todo. Em vez disso, damos um peso indevido aos picos da experiência (quão altos foram os pontos altos e quão baixos foram os pontos baixos) e aos finais da experiência (se acabou num ponto alto ou baixo).

Regressemos aos gráficos de utilidade instantânea dos Pacientes A e B. Podemos ver que, enquanto a colonoscopia do Paciente B causou mais dor ao longo de um período maior, a segunda metade da colonoscopia foi menos dolorosa do que a primeira. Isto induz o Paciente B incorretamente a subestimar quão horrível a colonoscopia foi.

Na verdade, Redelmeier e Kahneman constataram que um fator fundamental para prever o nível de dor que as pessoas se lembravam de ter sentido na colonoscopia foi o nível de dor que sentiram nos últimos três minutos da intervenção.

Uma vez que sofremos de negligência de duração, da regra de final de pico e de outros preconceitos cognitivos, não admira que os seres humanos não sejam muito bons a aprender com as suas próprias experiências para estudarem a sua própria felicidade.

Os mesmos problemas que impediram a tentativa de um indivíduo de perceber o que o faz feliz, historicamente, têm sido os que impedem as tentativas dos cientistas de compreender a felicidade. Normalmente, os cientistas só conseguem entrevistar um pequeno número de pessoas um número reduzido de vezes. Frequentemente, os cientistas tentam pedir às pessoas que reportem quão felizes foram a desempenhar várias tarefas. Mas, como referi, as pessoas podem lembrar-se erradamente de como foram felizes.

Redelmeier e Kahneman conseguiram perceber as experiências dos pacientes de colonoscopias pedindo a 154 pessoas que registassem a sua utilidade instantânea durante os minutos do dia em que foram submetidas à colonoscopia. O estudo ideal da felicidade seria, pelo contrário, pedir a um grande número de pessoas para registarem a sua utilidade instantânea durante muitos dias, quando estivessem envolvidas em muitas atividades diferentes.

Isso não foi possível em grande parte da História da Humanidade. Passou a ser possível assim que inventaram os *iPhones*.

O *IPHONE*: UMA FERRAMENTA REVOLUCIONÁRIA QUE PERMITIU ELABORAR UMA PESQUISA CONVINCENTE SOBRE COMO OS *IPHONES* FAZEM AS PESSOAS INFELIZES

Há alguns anos, George MacKerron, professor sénior de economia da Universidade de Sussex, e Susana Mourato, professora de economia ambiental na London School of Economics, tiveram uma ideia. Graças às pessoas que andam com *smartphones*, os investigadores podem ter a capacidade de aumentar drasticamente a disponibilidade de gráficos de utilidade instantânea. Em vez de recrutarem utilizadores para preencherem um questionário por escrito sobre como se estão a sentir, podiam simplesmente enviar-lhes um *ping* numa *app*.

Criaram uma *app*, o projeto Mappiness, recrutaram utilizadores, e enviaram um *ping* a esses utilizadores em momentos diferentes do dia para lhes fazerem algumas perguntas simples. As perguntas eram:

» O que está a fazer? (Os utilizadores podiam selecionar de entre 39 atividades, tudo, desde «Fazer compras/recados» a «Ler», «Fumar» a «Cozinhar/preparar comida».)
» Com quem está?
» Quão feliz se sente, numa escala de 1 a 100?

Então, este projeto conseguiu trazer a investigação sobre a felicidade para a era dos Grandes Dados?

Pode crer. Passados uns anos, a equipa do Mappiness tinha criado um conjunto de dados que continha mais de três milhões de medições de felicidade de mais de 60 mil pessoas. Era como os gráficos de utilidade instantânea que Kahneman, Redelmeier e outros tinham sido pioneiros a criar — mas com esteroides.

MacKerron, Mourato e coautores levaram a cabo inúmeros tipos de estudos fascinantes que só podem ser feitos com este tipo de dados abundantes; alguns dos estudos mais interessantes juntaram os dados do Mappiness com conjuntos de dados externos sobre coisas como o tempo ou o ambiente. Alguns destes estudos vão ser o foco do próximo capítulo.

Mas este capítulo vai focar-se no básico do Mappiness: um estudo sobre a felicidade na execução de 39 atividades. Relembremos que o Mappiness pergunta aos utilizadores tanto o que estão a fazer como o nível de felicidade que estão a sentir. Isto — em conjunto com o tamanho enorme da amostra — permitiu a MacKerron e ao coautor, Alex Bryson, calcular quanto é que cada uma das 39 atividades tende a contribuir para a felicidade. Produziram uma tabela a que chamei Tabela de Atividade e Felicidade, que acredito que deve ser frequentemente consultada por qualquer pessoa com queda para dados para decidir como deve passar o seu tempo.

Crucialmente — e isto é um pouco técnico —, Bryson e MacKerron não se limitaram a medir os níveis de felicidade de cada atividade entre todas as pessoas que faziam essas atividades. Em vez disso, usaram técnicas estatísticas que permitiam comparar a mesma pessoa, à mesma hora do dia, a fazer diferentes atividades. Isto tornou mais convincente a estimativa do papel causal que a atividade exerce na felicidade, não estava apenas documentar uma correlação.

Muito bem, é altura de revelar o que este estudo revolucionário sobre a felicidade de várias atividades revela! Vamos começar pela atividade que dá a maior felicidade às pessoas. Pronto para ficar a saber qual a atividade que dá maior felicidade às pessoas? A atividade que traz mais felicidade aos seres humanos é...

...

(rufar de tambores)

...

(pausa para criar *suspense*)

...

(ainda mais pausa para criar *suspense*)

...

Pronto, sim, é sexo.

As pessoas que comunicaram ao Mappiness que estavam a fazer amor estavam mais felizes que qualquer outro grupo de pessoas, e bateram facilmente as pessoas ocupadas com a atividade que ficou em segundo lugar, assistir a um espetáculo.

Ora, em princípio, o primeiro lugar do sexo na Tabela de Atividade e Felicidade não parece muito surpreendente. Claro, o sexo deixa as pessoas felizes. A seleção natural, afinal, fez o melhor que pôde para tornar o sexo o mais prazeroso possível. Mais, algures no meu subconsciente, ouço os miúdos fixes do meu liceu a dizerem: «Enquanto vocês, os cromos, passaram o tempo a candidatar-se a bolsas, a conceber questionários e a programar as vossas *apps* para descobrir que o sexo é extremamente prazeroso, nós estávamos ocupados, sabem, a fazê-lo». *Touché.*

Mas, se parar para pensar na metodologia do Mappiness, a popularidade do sexo no conjunto de dados é, na verdade, surpreendente. Há que lembrar que o Mappiness só recolhe dados sobre pessoas dispostas a responder ao questionário quando ouvem um *ping*. Há aqui aquilo a que os estatísticos chamam de preconceito de seleção: os únicos praticantes de sexo na amostra de dados do Mappiness foram os que estavam dispostos a parar para responder à pergunta.

Será seguro assumir que aquelas pessoas que estavam a praticar sexo emocionante, arrebatador, que abana a mobília, faz tremer o chão, leva a gritaria e acorda os vizinhos foram capazes de se abstrair do pequeno *ping* do Mappiness. A amostra dos praticantes de sexo do Mappiness, pelo contrário, consiste em pessoas que estavam a ter sexo tão pouco impressionante que estavam dispostas a parar a meio, pegar nos telemóveis e responder a uma série de perguntas num questionário. E mesmo essas pessoas — praticantes de sexo mais indiferentes — estavam mais felizes do que qualquer grupo de pessoas a fazer qualquer outra atividade. Mau sexo bate literalmente qualquer outra coisa que os seres humanos decidam fazer.

Assim sendo, a primeira lição da ciência de dados sobre a felicidade: *façam mais sexo, pessoas!* Mesmo que, ao que parece, estejam a olhar para o telemóvel ao mesmo tempo.

Depois de descobrir esta lição fundamentada nos dados, fiquei entusiasmado e disse à minha namorada que tínhamos de mostrar esta descoberta ao meu grande amigo. A namorada do meu amigo tem andado a queixar-se ultimamente que ele nunca quer ter sexo. Diz muitas vezes que está demasiado cansado ou que tem de trabalhar. Mas como eu disse à minha namorada, se fosse informado dos dados, talvez deixasse de arranjar desculpas e satisfizesse melhor a parceira. A minha namorada olhou-me nos olhos, com ar ameaçador, e disse: «Temos de te mostrar a ti estas conclusões». Isto é tudo o que vou dizer sobre a minha vida sexual neste livro — ou sobre a minha incapacidade de satisfazer uma mulher.

Pronto, pronto, está bem. Vou dizer um pouco mais sobre a minha incapacidade de satisfazer uma mulher. Nessa noite, a minha namorada relembrou-me da descoberta. Tivemos sexo. Durante uns minutos. Ela parou a meio para responder a um questionário do Mappiness.

Adiante, chega de sexo. O que mais nos diz o Mappiness?

A LISTA COMPLETA DAS ATIVIDADES QUE PRODUZEM FELICIDADE

Seguem-se os restantes dados sobre o nível de felicidade que as várias atividades trazem às pessoas — são exclusivamente dados do Mappiness. Seguidamente, vamos discutir o que significam.

Certo. Então, o que deve fazer com esta lista?

Bem, se for tão cromo como eu — e temo que ninguém seja tão cromo como eu —, pode querer tirar uma foto desta tabela, carregá-la em collage.com ou num serviço similar e encomendar uma capa de *iPhone* com a Tabela de Atividade e Felicidade impressa.

TABELA DE ATIVIDADE E FELICIDADE

Classificação da atividade	Atividade	Acréscimo de felicidade em relação a não fazer a atividade
1.	Intimidade/fazer amor	14,2
2.	Teatro/dança/concerto	9,29
3.	Exposição/museu/biblioteca	8,77
4.	Desporto/corrida/exercício	8,12
5.	Jardinagem	7,83
6.	Cantar/atuar	6,95
7.	Conversar/falar/socializar	6,38
8.	Observar pássaros /natureza	6,28
9.	Caçar/pescar	5,82
10.	Beber álcool	5,73
11.	Passatempos/artes/artesanato	5,53
12.	Meditar/atividades religiosas	4,95
13.	Jogo/evento desportivo	4,39
14.	Cuidar/brincar com crianças	4,1
15.	Cuidar/brincar com animais de estimação	3,63
16.	Outros jogos/*puzzles*	3,07
17.	Compras/recados	2,74
18.	Jogo/apostas	2,62
19.	Ver TV/filmes	2,55
20.	Jogos de computador/*iPhone*	2,39
21.	Comer/petiscar	2,38
22.	Cozinhar/preparar comida	2,14
23.	Beber chá/café	1,83
24.	Ler	1,47
25.	Ouvir discurso/*podcast*	1,41
26.	Lavar/vestir/cuidar	1,18
27.	Dormir/descansar/relaxar	1,08
28.	Fumar	0,69
29.	Pesquisar na Internet	0,59
30.	Enviar mensagens/e-mail/redes sociais	0,56
31.	Trabalho doméstico/tarefas/DIY	–0,65
32.	Viajar/transportes	–1,47
33.	Em reunião, seminário, aula	–1,5
34.	Administrar/finanças/organizar	–2,45
35.	Esperar/fazer fila	–3,51
36.	Cuidar ou ajudar adultos	–4,3
37.	Trabalhar/estudar	–5,43
38.	Doente na cama	–20,4

Fonte: Bryson e MacKerron (2017).

Ora, sempre que considerar uma atividade, posso olhar para a parte de trás do meu telemóvel, ver quanta felicidade posso esperar da dita atividade e tomar uma decisão fundamentada nos dados quanto a participar nela.

De volta à tabela propriamente dita — e a como interpretá-la. Claro, alguns dos resultados, de quão prazerosas são as diferentes atividades, são óbvios. Provavelmente não precisava que os cientistas lhe dissessem que ter um orgasmo dá mais prazer do que estar com gripe.

Porém, alguns destes resultados podiam não ser tão óbvios antes do projeto Mappiness. Antes de ler a tabela, sabia que ver TV deixa as pessoas muito menos felizes do que fazer jardinagem? Sabia que relaxar dá muito menos felicidade do que observar pássaros? Sabia que cozinhar traz menos felicidade do que artes e artesanato? A maioria das pessoas, pelos vistos, não sabia.

ATIVIDADES SUBVALORIZADAS E SOBREVALORIZADAS

Outro cientista social, Spencer Greenberg, anfitrião do *podcast Clearer Thinking*, e eu estávamos curiosos por saber se as pessoas conseguiam adivinhar a ordem das atividades da Tabela de Atividade e Felicidade. Pedimos a uma amostra de pessoas para adivinhar quão felizes as pessoas eram, em média, a fazer cada uma das 39 atividades que MacKerron estudou.

Qual foi a motivação do nosso estudo? Uma ideia que tivemos foi que, se as pessoas sistematicamente sobrestimam a felicidade que uma atividade oferece, provavelmente deve haver mais algum ceticismo na frequência com que praticam essa atividade. Se as pessoas pensam que uma atividade nos faz mais felizes do que na realidade faz, então podem ficar sujeitas ao mesmo preconceito e devem ser um pouco mais reticentes em executar essa atividade. Pelo contrário, se as pessoas sistematicamente subvalorizarem a felicidade que uma atividade oferece, talvez devessem sentir um pouco mais de entusiasmo em praticar essa atividade. Por outras palavras, uma ferramenta inteligente para a vida é fazer coisas que tendem a tornar as pessoas mais felizes do que elas pensam.

Posto isto, quais foram os resultados? As pessoas foram capazes de prever o nível de felicidade que diferentes atividades tendem a suscitar?

No geral, acertaram em muitas das atividades. Mais uma vez, a Tabela da Atividade e Felicidade não é assim tão impressionante. As pessoas aperceberam-se corretamente que o sexo e a socialização estavam perto do topo, em termos de acréscimos de felicidade, e que estar doente na cama estava perto do fundo da tabela.

Mas algumas atividades foram mal avaliadas quanto à felicidade que traziam às pessoas. Seguem-se as atividades mais mal interpretadas:

Atividades subvalorizadas: tendem a fazer as pessoas mais felizes do que pensamos*

» Exposição/museu/biblioteca
» Desporto/corrida/exercício
» Beber álcool
» Jardinagem
» Compras/recados

Atividades sobrevalorizadas: tendem a fazer as pessoas menos felizes do que pensamos

» Dormir/descansar/relaxar
» Jogos de computador/*iPhone*
» Ver TV/filmes
» Comer/petiscar
» Pesquisar na Internet

Então, o que devemos concluir destas duas listas? «Beber álcool» é obviamente um caminho complicado para a felicidade, pela sua natureza aditiva; irei falar mais sobre a relação entre o álcool e a felicidade no próximo capítulo.

---

* *Encontra os resultados completos no Apêndice deste livro.*

Mas há um preconceito sistemático que as pessoas têm: parecem sobrevalorizar o efeito da felicidade em muitas atividades passivas. Vejamos as atividades da lista «Atividades sobrevalorizadas». Dormir. Relaxar. Jogar jogos. Ver TV. Petiscar. Pesquisar na Internet. Não são propriamente atividades que exijam muita energia.

Parece que as nossas mentes nos levam a pensar erradamente que essas atividades passivas nos dão mais prazer do que na realidade acontece. Pergunte a pessoas, como eu e Spencer Greenberg perguntámos, quão felizes se sentem quando estão a fazer estas atividades passivas. E pergunte às pessoas, como o Mappiness perguntou, quão felizes se sentem quando estão a fazer estas atividades passivas. Há uma desconexão. As pessoas julgam que estas atividades trazem mais felicidade do que acontece de facto.

Por outro lado, muitas das atividades na lista das «Atividades subvalorizadas» exigem alguma energia para se começar. Ir a um museu. Praticar desporto. Fazer exercício. Ir às compras. Jardinagem. Todas exigem que saia do sofá. E algumas das atividades que exigem que se levante do sofá dão a sensação de que não vão fazer-nos tão felizes como na verdade fazem.

Na realidade, o estudo que levei a cabo com Spencer Greenberg obrigou-me a fazer algo que detesto: a discordar de Larry David.

DETESTO TER DE FAZER ISTO, MAS... POR QUE RAZÃO LARRY DAVID ESTÁ COMPLETAMENTE ENGANADO

Numa ocasião, estava a ver o comediante Larry David num vídeo do YouTube a falar com humor de um sentimento com que eu — e provavelmente o leitor — me identifico bastante: a alegria que sentimos quando os planos são cancelados. Como David disse, «Se alguém cancela um plano comigo, faço uma festa... não tenho de inventar uma desculpa. Não interessa! Diga apenas que vai cancelar. Eu respondo "Fantástico". Vou ficar em casa a ver TV. Obrigado!»

Bem, sou um enorme fã de Larry David. O mantra de vida de algumas pessoas é «O que faria Jesus?» O meu mantra de vida é «O que faria

Larry?» Portanto, sim, sou um grande fã de Larry David. Mas a teoria deste livro é que até as grandes mentes, sem recorrerem aos dados, fazem juízos incorretos. Larry David, por mais incrível e engraçado que possa ser, não é diferente. Não podemos confiar no instinto de ninguém, nem mesmo no de Larry David. E Larry David parece estar a cair numa armadilha em que muita gente cai: exagerar no valor de não fazer as coisas.

Os dados do Mappiness deixam claro que muitas atividades passivas, como ver TV, não nos trazem muita felicidade — e levam a menos felicidade do que as pessoas esperavam.

Uma das melhores maneiras de melhorar a felicidade é escapar àquele instinto de evitar fazer coisas que parecem exigir muita energia. Quando pensa em fazer uma atividade e diz «ughhh», é talvez um sinal de que devia fazê-la, e não do contrário.

Quando alguém cancelava um plano para ir a um espetáculo comigo ou a um jantar ou ir dar uma corrida, costumava dizer, «O que faria Larry?», agradecia a minha sorte por terem cancelado e ia surfar na Internet sozinho. Agora, em vez disso, digo, «O que diriam os dados do Mappiness?» E olho para a minha capa do *iPhone* e tento ignorar o meu instinto de me sentar no sofá e consumir comunicação social passivamente. Os dados do Mappiness dizem-nos que há muito a ganhar (e mais do que suspeitamos) em levantarmo-nos do sofá — a menos, claro, que estejamos a fazer sexo nesse sofá.

O CAMINHO PARA A FELICIDADE: PONHA ESTE LIVRO DE LADO?

A Tabela de Atividade e Felicidade é apenas o começo do que o Mappiness nos disse acerca da felicidade. Já alguma vez se perguntou:

» De que forma ser adepto desportivo afeta a sua felicidade

» Como é que substâncias afetam a sua felicidade

» Como é que a natureza afeta a sua felicidade

» Como é que o tempo afeta a sua felicidade?

O projeto Mappiness deu-nos perceções sem precedentes sobre todas estas perguntas. Portanto, vou dedicar mais um capítulo, o último deste livro, a mais lições do Mappiness e a estudos modernos similares sobre a felicidade.

Mas antes de lá chegarmos, tenho de lhe fazer um aviso. Pode ter reparado na classificação relativamente baixa da «leitura» na Tabela de Atividade e Felicidade. De facto, foi outra atividade que o meu estudo e de Greenberg sugeriu que as pessoas sobrevalorizavam a felicidade que trazia.

Este livro supostamente deve dar-lhe conselhos de vida fundamentados em dados, mesmo que possam estar em conflito com os interesses do autor deste livro. Este livro só tem mais um capítulo, e adorava que o lesse. Mas não posso mentir, os dados dizem que, se fechar o livro e ligar a um amigo, é provável que isso lhe traga um acréscimo de felicidade e que talvez obtenha um impulso maior de felicidade do que esperaria. Os dados, por outras palavras, sugerem que, se parasse de ler o meu livro, ficaria mais feliz do que esperaria.

E quando ligar ao tal amigo, pode não querer recomendar-lhe que leia este livro fixe, *Não Confie nos Instintos*, sobre como pode usar dados para tomar melhores decisões de vida. Em vez disso, pode querer recomendar-lhe que faça jardinagem.

Dito isto, se quiser perder os 6,38 pontos de felicidade que receberia se ligasse a um amigo e se contentar com os 1,47 pontos de felicidade por continuar a ler, pode aprender mais sobre o que tende a tornar os seres humanos felizes. E se quiser dizer a um amigo para ler *Não Confie nos Instintos* em vez de ir fazer jardinagem — sabendo que lhe custaria 6,36 pontos de felicidade —, eu, pelo menos, não o vou considerar mau amigo.

A SEGUIR

Conjuntos de dados modernos sobre a felicidade podem fazer muito mais do que apenas dizer-nos a felicidade média que diferentes atividades trazem. Vamos explorar estudos mais pormenorizados do que tende a fazer as pessoas felizes — e infelizes.

CAPÍTULO 9

AS ARMADILHAS DA VIDA MODERNA QUE NOS FAZEM SOFRER

«É tudo fantástico, mas ninguém é feliz.»

Este ditado popular parece ter sido usado pela primeira vez em 2012, no título de uma canção dos Anchors. Mais tarde, foi um pouco popularizado por um comediante, agora caído em desgraça, no programa *Conan*, foi título de um artigo da *NPR* de Adam Frank e foi estampado em *t-shirts* de todos os tamanhos.

O que dizem os dados?

Bem, é óbvio, a citação não é literalmente verdadeira. Nem tudo é fantástico. A vida continua a envolver bastantes incómodos para todos e verdadeiras lutas para muitos.

O incrível *blogger* e psiquiatra Scott Alexander escreveu uma publicação deprimente que nos faz refletir sobre uma parte da vida moderna que continua a não ser fantástica: a surpreendente alta prevalência de pessoas com graves problemas na América — traumas reais, a par de problemas financeiros e jurídicos graves.

Alexander ficou impressionado com as situações péssimas em que muitos dos seus doentes se encontravam — como um com 70 anos sem amigos, poupanças diminutas e parca saúde. Alexander questionou-se sobre a abrangência destas situações objetivamente más.

Claro, Alexander sabe que, sendo psiquiatra, tem uma visão tendenciosa da Humanidade. As pessoas com problemas graves procuram psiquiatras. As pessoas sem problemas graves não procuram psiquiatras. Quem vai a um consultório psiquiátrico provavelmente é mais problemático do que as pessoas comuns.

Mas Alexander refere que muita gente não psiquiatra também tem uma visão distorcida dos outros, um preconceito que avança na direção oposta. As pessoas com problemas graves frequentemente não socializam muito; algumas nem sequer saem de casa. É provável que alguém do seu círculo social esteja menos conturbado do que uma pessoa comum.

Então, quantas pessoas na América têm problemas graves? Alexander analisou os dados. Verificou que, num dado momento, aproximadamente 20% dos americanos têm dores crónicas; 10% lidam com trauma de abusos sexuais; 7% sofrem de depressão; 7% sofrem de alcoolismo; 2% são cognitivamente incapacitados; e 1% está na prisão. Alexander fez alguma análise que sugere que algo como metade dos americanos, num dado momento, pode ter um problema grave, concluindo que «o mundo é certamente um sítio muito pior do que qualquer um de nós gostaria de admitir».

Levei a cabo a minha própria análise baseada na minha competência — pesquisa de dados — que validou o ponto de Alexander de que muitas pessoas estão a lidar com situações difíceis. Analisei um conjunto de dados divulgados pela AOL que mostravam as sequências de pesquisa de indivíduos anónimos ao longo do tempo. Analisei as pesquisas de quem pesquisou suicídio.

Pesquisa	Data, hora
procuro um quarto para arrendar	2 de março, 14:27:12
preciso de um emprego	2 de março, 15:02:10
idosos	2 de março, 23:26:45
www.plenentyoffish.com	3 de março, 11:18:33
preciso de um emprego	3 de março, 17:32:00
casamento	3 de março, 17:32:31
depressão	3 de março, 17:33:39
aos 60 vale a pena viver	4 de março, 16:43:55
vou ser despejado	4 de março, 16:57:49
procura-se apartamento barato	4 de março, 17:00:44
onde é o local mais barato para	4 de março, 17:06:32
www.nyclottery.gov	5 de março, 16:11:19

idosos pobres	6 de março, 15:49:04
www.plentyoffish.com	6 de março, 20:50:39
www.plentyoffish.com	6 de março, 20:51:02
www.plenentyoffish.com	7 de março, 10:10:53
www.plentyoffish.com	7 de março, 10:11:03
christianmingle	7 de março, 10:14:00
suicídio	7 de março, 10:20:36
drogas	7 de março, 10:26:27
como cometer suicídio	7 de março, 10:34:34

As sequências foram desoladoras e um lembrete importante das dificuldades por que muitas pessoas estão a passar, dificuldades que frequentemente nos são escondidas.*

Consideremos esse cidadão idoso que está a ficar sem dinheiro, vai ser despejado, sofre de solidão e não consegue arranjar emprego.

Os dados também revelam que algumas pessoas têm um único problema que podem não dizer a ninguém, mas que pode tornar as suas vidas tão insuportáveis que ponderam pôr-lhes um fim. Consideremos esta série de pesquisas, que também é desoladora, de uma pessoa com dores crónicas incessantes.

Não tenho grande autoajuda para oferecer, de acordo com estas sequências de pesquisas, exceto talvez o eco deste conselho de vida importante: «Nunca vai saber por que uma pessoa está a passar. Seja gentil.» Se uma pessoa está a fazer algo que o deixa irritado, talvez deva olhar para uma destas sequências de pesquisa e imaginar que essa pessoa, quando chegou a casa, fez pesquisas semelhantes. Pode ser que sinta compaixão, em vez de raiva.

Temos de ter em conta que muitas vidas não são fantásticas, são, na verdade, traumáticas. Muitas pessoas estão a passar por problemas graves.

---

* *As sequências de pesquisas trouxeram-me, também, muitas memórias dolorosas. Perdi mais de uma década de vida para uma depressão grave — e, por vezes, suicida.*

Pesquisa	Data, hora
não aguento as dores de pescoço e de costas	21 de abril, 23:40:05
como viver com dores de costas a vida inteira	21 de abril, 23:51:45
muito deprimido porque sinto que tenho fibromialgia	8 de maio, 0:58:43
por favor ajudem-me — tenho fibromialgia	11 de maio, 1:04:03
há alguma esperança para a fibromialgia	15 de maio, 0:57:50
suicídio e fibromialgia	15 de maio, 0:47:48
tenho muitas dores da artrite e atm	18 de maio, 13:30:21
dor no fundo do pescoço e ao cimo das costas	19 de maio, 22:24:21
ajuda com dor de artrite e fibromialgia	19 de maio, 0:26:51
dores na nuca	20 de maio, 11:17:58
infeliz com dores de pescoço costas e atm	20 de maio, 0:18:02
suicídio	23 de maio, 12:13:05

Para além disso, claro, não é literalmente verdade que «ninguém está feliz». Na verdade, de acordo com o *General Social Survey* (GSS), 31% dos americanos classificam-se como «muito felizes» nos dias de hoje. No entanto, se a máxima «agora, é tudo fantástico, mas ninguém está feliz» não é literalmente verdadeira, é uma verdade direcionada. Mesmo que não seja fabulosa para todos, a vida tem vindo consistentemente a tornar-se mais fabulosa, segundo muitas métricas. Porém, no geral, o número crescente de pessoas em situações objetivas cada vez mais fabulosas não se tem traduzido em felicidade acrescida.

Primeiro, os dados fabulosos.

Nos últimos 50 anos, o produto interno bruto (PIB) *per capita* nos Estados Unidos, mesmo controlando a inflação, mais que duplicou. Fantástico!

Mais, o PIB recolhe apenas o valor dos bens e serviços que as pessoas compram. A nossa economia digital dá-nos muitas coisas grátis, coisas que não vão figurar no PIB. Uma análise recente tentou perceber quanto estes serviços valem para as pessoas, perguntando-lhes quanto teriam de lhes pagar para desistirem deles. Calcularam que os motores de busca valem anualmente 17 530 dólares para o americano comum; o *e-mail* vale 8414 dólares; os mapas digitais valem 3648 dólares; e as redes sociais 322 dólares. E pagamos 0 dólares por esses serviços. Incrível!

Seguem-se os dados sobre a felicidade. Ao longo deste mesmo período, a felicidade reportada, pelo menos nos Estados Unidos, não aumentou. Em 1972, o primeiro ano em que o GSS recolheu dados, quando o PIB *per capita* era menos de metade, e ninguém tinha Google nem Google Maps nem Gmail, 30% dos americanos afirmaram ser «muito felizes», aproximadamente o número dos dias de hoje.

É tudo fantástico:
PIB per capita nos EUA, 1972-2018

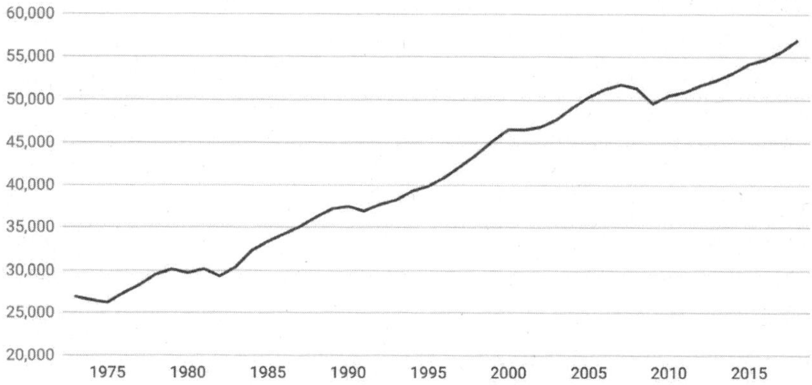

Fonte: US Bureau of Economic Analysis

Então, é verdade que, apesar de as coisas estarem cada vez mais fabulosas, as pessoas não estão a ficar notoriamente mais felizes? Porquê?

As pessoas não estão mais felizes.
% de americanos que se consideram infelizes, 1972-2018

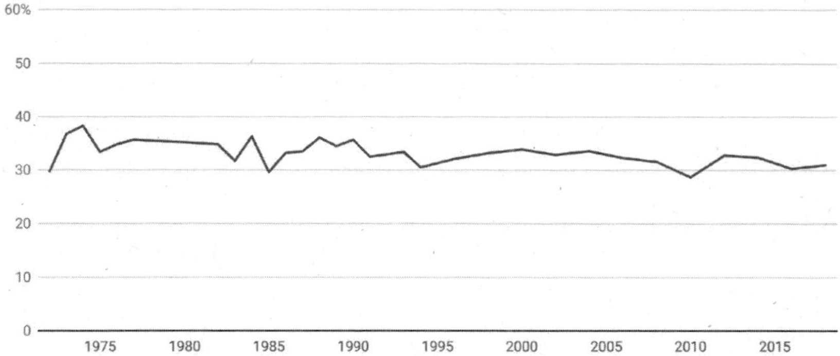

Fonte: US Bureau of Economic Analysis

Uma razão para não estarmos mais felizes é que, embora estejamos a ficar mais ricos, o dinheiro tem um efeito deveras diminuto na felicidade. Matthew Killingsworth é o fundador da trackyourhappiness.org, um projeto que, como o Mappiness, envia *pings* a utilizadores de *iPhone* a pedir-lhes para reportarem a sua felicidade. Levou a cabo o maior estudo de sempre sobre a relação entre o rendimento individual e a felicidade — um estudo a cerca de 1,7 milhões de dados. Constatou que o rendimento aumenta a felicidade, mas que os efeitos são mínimos, sobretudo, em rendimentos altos. Duplicar o rendimento pode aumentar a felicidade da pessoa em cerca de 1/10 de um desvio-padrão, o que realmente não é muito.

Outro desafio à busca humana pela felicidade é que as nossas mentes são péssimas. Um amigo meu disse, certa vez, que se a mente humana fosse um sistema operativo, o dono iria devolvê-la, porque se queixava de vírus. Há um vírus crucial na nossa mente que limita a felicidade: a nossa incapacidade de nos focarmos no momento presente.

Isto foi mostrado noutro estudo de Killingsworth, desta vez em colaboração com Daniel Gilbert. Os investigadores, para além de perguntarem aos utilizadores da trackyourhappiness.org o que estavam a fazer e qual o nível de felicidade que sentiam, faziam-lhes a seguinte pergunta: «Está a pensar noutra coisa além do que está a fazer neste momento?» (também perguntavam se o outro pensamento era agradável, neutro ou desagradável).

Verificaram que, em 46,9% das vezes, a pessoa estava a pensar noutra coisa além do que estava a fazer no momento. Os investigadores também verificaram que, quando estamos a pensar noutra coisa, sentimo-nos consideravelmente menos felizes.* É chocante: mesmo quando a mente está a vaguear numa direção agradável, a pessoa reporta sentir-se ligeiramente menos feliz do que se estiver focada na tarefa em mãos. E, se o pensamento errante for neutro ou desagradável, a pessoa sente-se infeliz.

---

* *Interessante ver que o sexo era a única atividade em que menos de 30% dos participantes estavam a pensar noutra coisa, o que pode ser parte da razão de ser a atividade que traz mais felicidade.*

Como os autores resumiram o estudo, «A mente humana é uma mente que divaga, e uma mente errante é uma mente infeliz». Os perigos de uma mente errante podem explicar, em parte, porque é que a meditação pode ser tão útil à felicidade. Os cientistas têm verificado sistematicamente que a meditação aumenta, de facto, a felicidade.

O sistema operativo com vírus que é a mente humana é grande parte da razão de a felicidade ser esse tal desafio, mesmo num mundo cada vez mais fabuloso. Mas há outras razões para as pessoas terem dificuldades em ser felizes nos tempos modernos — muitas delas foram reveladas no projeto Mappiness. Simplesmente, as pessoas passam muito tempo em situações improváveis de trazerem felicidade.

Desde 2003, o Gabinete de Estatísticas Laborais leva a cabo o *American Time Use Survey* (Estudo da utilização do tempo dos americanos), que pede a uma amostra de americanos para registar o que estão a fazer a cada momento do dia.

Comparei os dados do Estudo da Utilização do Tempo dos Americanos com a Tabela de Atividade e Felicidade criada pelo Mappiness, que discuti no capítulo anterior. Dividi as atividades em três categorias: as que dão mais felicidade, que incluem tudo, desde fazer amor a meditação e atividades religiosas; aquelas que dão felicidade mediana, que incluem tudo, desde brincar com crianças a ouvir um *podcast*; e as que trazem menos felicidade, tudo, desde tomar banho e cuidar de nós a estar doente de cama.

Verifiquei que, em média, o americano passa apenas duas horas por dia a fazer as atividades mais felizes. Em contraste, passa 16,7 horas por dia a fazer as atividades menos felizes. Em parte, admito, deve-se ao facto de o sono contar como uma das atividades menos felizes. E, em média, o americano dorme aproximadamente 8,8 horas por dia. Mas mesmo tirando o sono, os americanos passam cerca de metade das horas em que estão acordados em atividades classificadas entre as que dão menos alegria — sobretudo, no trabalho, em tarefas domésticas, em transportes e em cuidados pessoais.

Para além disso, os americanos não pareciam estar a traduzir a crescente riqueza em mais tempo para as coisas que tendem a fazer as pessoas mais felizes. Entre 2003 e 2019, um período em que o rendimento *per capita* real aumentou mais de 20% e em que Silicon Valley facultou todos aqueles produtos incríveis grátis, verifiquei que os americanos, quando muito, passaram menos tempo em atividades mais felizes. Isto deveu-se predominantemente ao decréscimo em tempo passado a «conversar/falar/socializar» de 0,93 horas para 0,77 horas, assim como ligeiros decréscimos em tempo passado a «meditar/atividades religiosas» e «jardinagem».

MÉDIA DE HORAS PASSADAS POR DIA

	Atividades menos felizes (e.g., trabalhar/ tarefas domésticas)	Atividades de felicidade mediana (e.g., comer/ /tratar de crianças)	Atividades mais felizes (e.g., socializar/ teatro)
2003	16,71	5,22	2,07
2019	16,72	5,42	1,86

A incapacidade de traduzir a riqueza em tempo passado em atividades que nos fazem felizes aponta para um problema mais vasto com a vida moderna, revelado por mais estudos que usaram o Mappiness e fontes de dados similares. A vida moderna, simplesmente, coloca armadilhas perante nós que podem intrometer-se no caminho para a felicidade. Portanto, se conseguir evitá-las, tem muito maiores probabilidades de ser feliz.

A ARMADILHA DO TRABALHO

O trabalho é uma seca.

Esse é talvez o facto mais impressionante da Tabela da Atividade e Felicidade. O trabalho está classificado em segundo lugar enquanto atividade que traz maior infelicidade, só suplantada por estar doente de cama.

Não é sempre isto que os nossos conhecidos nos dizem. Quando perguntamos aos outros coisas sobre o trabalho — em festas, *cocktails*, em eventos de *networking*, ou nas redes sociais —, há quem afirme coisas como «Vivo para o meu trabalho», «Adoro o meu trabalho», ou pelo menos «Gosto do meu trabalho».

Mas quando o Mappiness pede às pessoas que quantifiquem o quanto se divertem, quando estão no trabalho, se mais ninguém conseguir ver a resposta que dão, as pessoas reportam uma visão sombria. Reportam que o trabalho, em média, as faz mais infelizes do que fazer tarefas domésticas, tratar de idosos ou esperar numa fila. Isto sugere que muitas pessoas podem estar a mentir — a si próprias ou a si — quando afirmam que gostam ou que adoram o seu trabalho.

A infelicidade que muitos sentem no trabalho é, na verdade, bastante triste. Pense nisso. A maioria dos adultos passam uma grande parte das horas em que estão acordados no trabalho. Se a maioria dessas pessoas, a maioria das vezes que estão no trabalho, se sentem infelizes, isto significa que a maioria dos adultos passa uma grande parte das horas em que estão acordados profundamente infelizes.

Não há uma solução óbvia para o problema trabalho. Algumas constatações da Tabela da Atividade e Felicidade têm soluções óbvias.

> **PROBLEMA:** a Tabela da Atividade e Felicidade revela que os transportes fazem as pessoas infelizes.
>
> **SOLUÇÃO:** viva mais perto do seu trabalho.
>
> **PROBLEMA:** a Tabela da Atividade e Felicidade revela que fumar deixa as pessoas infelizes.
>
> **SOLUÇÃO:** deixe de fumar.

Mas a maioria dos adultos não pode deixar de trabalhar. A maioria dos adultos têm de trabalhar muitas horas para se conseguir em alimentar e vestir a si próprios e aos familiares.

Isto significa que a vida de adulto está destinada a ser uma porcaria e que existem apenas algumas horas por semana para atividades de que as pessoas gostam?

Não necessariamente.

Sim, o trabalho, a atividade predominante da vida de adulto, é frequentemente uma chatice. O Mappiness demonstrou isso. Mas há maneiras de tornar o trabalho menos infeliz — e até agradável. Há pessoas que consideram o trabalho menos doloroso do que outras.

Então, o que explica porque é que algumas pessoas acham o trabalho tolerável e ocasionalmente divertido? E como podemos ser uma dessas pessoas?

George MacKerron, cofundador do projeto Mappiness, estudou o que mais as pessoas faziam enquanto trabalhavam — e o que parece fazer com que gostem um pouco mais do trabalho. Neste projeto, MacKerron trabalhou com o amigo Alex Bryson. Foi uma decisão acertada para aumentar a felicidade no trabalho. Vou falar mais sobre isso daqui a pouco! MacKerron e Bryson descobriram que a primeira coisa que torna o trabalho um pouco menos infeliz é ouvir música. Aproximadamente 5,6% das vezes que as pessoas estão a trabalhar, também estão a ouvir música. E as pessoas que ouvem música enquanto trabalham reportam um aumento de felicidade de 3,94 pontos, elevando o resultado global de felicidade enquanto trabalham para –2,66. Se considera que o seu trabalho é enfadonho, tente trazer algum sentimento de volta à mente ouvindo umas batidas.

A segunda coisa que torna o trabalho um pouco menos infeliz é trabalhar a partir de casa. MacKerron e Bryson constataram que as pessoas que trabalham a partir de casa eram, em média, 3,59 pontos mais felizes. Disto isto, alguém que ouve música e trabalha a partir de casa talvez ainda se vá sentir moderadamente infeliz.

Os dados do Mappiness revelaram que há apenas uma forma de tornar o trabalho tolerável — ou até agradável. É a terceira e a mais importante forma, de acordo com os dados, de reduzir o fardo do trabalho. No conjunto de dados do Mappiness, indivíduos que trabalhavam com pessoas que consideravam amigas eram muitos mais felizes no trabalho. Estar com amigos pode trazer um acréscimo tão grande de felicidade que pode tornar o trabalho uma experiência agradável. As pessoas podem transformar a labuta diária e dolorosa numa labuta diária e agradável com uma pequena ajuda dos amigos.*

* *Trata-se de um ponto, de certa forma, técnico. No artigo de MacKerron e Bryson, o impulso de trabalhar com amigos consiste no efeito médio na felicidade de estar com amigos mais o efeito da interação de estar com amigos enquanto se trabalha. O bónus de trabalhar com amigos vem exclusivamente do efeito médio na felicidade de estar com amigos.*

A NEURA DO TRABALHADOR (OU NEURINHA)

Trabalhar (cenário base)	−5,43
Trabalhar a partir de casa	+3,59
Trabalhar a ouvir música	+3,94
Trabalhar com os amigos	+6,25

Fonte: cálculos do autor a partir de MacKerron e Bryson (2017).

A minha estimativa, baseada nos números de MacKerron e Bryson, é que a pessoa comum que trabalha com amigos é tão feliz como seria se estivesse a relaxar sozinha. No último capítulo, vimos que relaxar não produz tanta felicidade como as pessoas imaginariam, mas é bastante melhor do que a infelicidade de um trabalhador comum.

A pessoa comum a trabalhar a partir de casa, a ouvir música, com os amigos (talvez no Zoom ou talvez porque o amigo foi lá a casa para uma sessão de trabalho), estaria a sentir-se tão feliz como a pessoa comum a praticar desporto — que, como se deve lembrar, é uma das atividades que traz maior felicidade.

ALBERT CAMUS ESCREVEU UM LIVRO CÉLEBRE SOBRE O MITO GREGO de Sísifo, que é condenado pelos deuses a empurrar um pedregulho encosta acima repetidamente. Quando Sísifo chega ao cume da montanha, o pedregulho cai encosta abaixo, forçando-o a recomeçar tudo de novo. Camus achou que esta história era uma metáfora do homem trabalhador moderno, que tem de passar a sua vida de trabalho repetidamente a executar as mesmas tarefas inúteis. Sísifo tinha de empurrar um pedregulho. Os funcionários da Dunder-Mifflin têm de escrever memorandos.

Esta parece ser uma visão sombria da vida moderna. mas Camus termina o seu ensaio com uma reviravolta. Escreve, «Está tudo bem.» As palavras finais do seu ensaio: «Há que imaginar Sísifo feliz.» Com um parágrafo chocante, um ensaio pessimista e cruel transforma-se num conto otimista.

Os dados modernos dizem-nos que Camus, como tantos outros filósofos de renome que pontificaram sem as ferramentas próprias de

---

Isto significa que os amigos dão sempre um bónus de felicidade, incluindo quando se está no trabalho. Vou explorar mais este assunto na próxima secção.

medição, embora possa ter sido inteligente, estava tremendamente errado. Não está tudo bem para os trabalhadores modernos. Se imaginarmos que estão felizes, estamos enganados. Na verdade, se queremos que as nossas imaginações correspondam à realidade, temos de imaginar que os Sísifos entre nós experienciam 5,43 pontos de infelicidade.

Se um filósofo moderno quer escrever uma história metafórica com alguma base na realidade, pode tentar «O mito de Sísifo e Sísifa», em que dois melhores amigos, Sísifo e Sísifa, estão condenados a empurrar repetidamente um pedregulho montanha acima — juntos.

Por vezes, têm de empurrar o pedregulho em equipa. Às vezes, um deles empurra o pedregulho e o outro descansa. Outras, um idiota com mais poder tenta ensinar-lhes como empurrar melhor o pedregulho, enquanto reviram os olhos e gozam com o idiota. Às vezes, ambos fazem uma pausa de empurrar o pedregulho para conversarem sobre as vidas pessoais, os encontros, os programas de TV favoritos ou equipas de futebol imaginárias. Está tudo bem. Sísifo e Sísifa são, de acordo com as melhores ferramentas que os seres humanos alguma vez inventaram para medir a nossa utilidade a cada momento, de facto, felizes.

Ou, para sumariar os dados no mundo do trabalho: preste muita atenção às pessoas com quem trabalha. Se trabalhar com amigos, o trabalho muito provavelmente será bastante mais agradável.*

A ARMADILHA DE «NÃO PASSAR TEMPO SUFICIENTE COM AMIGOS OU COM O/A NAMORADO/A»

Os amigos são o segredo da felicidade em muitas dimensões da vida, não só na vida de trabalho. Na verdade, o acréscimo de felicidade dos

---

* *Outro truque para a vida conferido pelos dados relacionado com o trabalho é despedir-se de um emprego que não preste. Num estudo incrivelmente inteligente, Steven Levitt, um coautor da* Freakonomics, *pediu a pessoas que se deparavam com uma decisão importante — como deviam despedir-se de um emprego — a decidirem atirando a moeda ao ar. Incrivelmente, muitas pessoas dispuseram-se a seguir o conselho da moeda. Levitt verificou que, meses mais tarde, as pessoas que foram influenciadas pela moeda ao ar para se despedirem reportaram estar significativamente mais felizes do que as que foram influenciadas pela moeda para ficarem no emprego.*

amigos não é particularmente invulgar entre os trabalhadores. Noutro artigo, MacKerron, novamente a trabalhar de forma inteligente com uma amiga, Susana Mourato, observou como estar rodeado por outras pessoas afeta a felicidade.

Neste ensaio, os investigadores compararam as mesmas pessoas, a fazer a mesma atividade, à mesma hora do dia — mas viram se estavam sozinhas ou com outras pessoas. Se estivessem com outras pessoas, compararam os tipos diferentes de pessoas — parceiros românticos, amigos, familiares, etc.

Os resultados?

As pessoas que nos fazem mais felizes são as que escolhemos: parceiros românticos e amigos. Em relação a estarem sozinhas, as pessoas, em média, ganham mais de 4 pontos de felicidade estando com um parceiro romântico ou com amigos.

Outras pessoas, porém, tendem a não nos fazerem felizes. Em média, as pessoas ficam apenas um pouco mais felizes — ou estariam mais felizes sozinhas — quando estão com pessoas que não são parceiros românticos nem amigos.

MAPA DA FELICIDADE DAS PESSOAS

Pessoa	Acréscimo de felicidade por estar com elas, em relação a estar sozinho
Parceiro romântico	4,51
Amigos	4,38
Outros familiares	0,75
Clientes	0,43
Crianças	0,27
Colegas, colegas de escola	−0,29
Outras pessoas que o participante conhece	−0,83

Fonte: MacKerron e Mourato (2013).

Dizem-nos muitas vezes que as pessoas precisam umas das outras para viver. As pessoas são naturalmente criaturas sociais, dizem-nos. E, claramente, podemos estar muito mais felizes com outras pessoas. Mas o estudo de MacKerron e Mourato mostra que o acréscimo de felicidade depende imenso de quem são essas pessoas. Temos tendência a sentirmo-nos menos felizes com muitas pessoas que não conhecemos muito bem — ou que não escolhemos que entrassem no nosso círculo social próximo.

Temos um grande acréscimo de felicidade quando interagimos com os nossos parceiros românticos ou com amigos chegados. Mas e antigos colegas de escola ao acaso? Colegas de trabalho? Pessoas que conhecemos mal? Os dados sugerem que interagir com essas pessoas tende a não nos fazer felizes. Na verdade, os dados dizem-nos que nos sentimos frequentemente mais felizes connosco mesmos do que a interagir com muitas das nossas relações mais afastadas. Ou, como George Washington supostamente disse, «Mais vale só do que mal acompanhado». Ou, como George Washington poderia ter dito, se conhecesse a pesquisa moderna, «Numa escala de 0 a 100, é 0,83 pontos melhor estar sozinho do que em má companhia».

A ARMADILHA DAS REDES SOCIAIS

As redes sociais deixam-nos infelizes?

Sim.

A Tabela da Felicidade das Pessoas sugere que as redes sociais podem fazer-nos infelizes. O tempo que estamos nas redes sociais não é exclusivamente passado a interagir com o nosso parceiro romântico ou com os amigos próximos — as pessoas que costumam fazer-nos felizes. Também interagimos com pessoas que conhecemos mal — as pessoas que tendem a não nos fazerem felizes.

A Tabela da Atividade e Felicidade também sugere que as redes sociais nos fazem infelizes. As redes sociais estão classificadas como a atividade de lazer que produz menor felicidade.

Mas essa não é a única prova.

Investigadores da Universidade de Nova Iorque e da Universidade de Stanford recentemente levaram a cabo uma experiência aleatória sobre os efeitos da utilização do Facebook. Dividiram as pessoas em dois grupos — um grupo de tratamento e um de controlo. No grupo de utilizadores, do grupo de tratamento, cada indivíduo recebeu 102 dólares para parar de usar o Facebook durante quatro semanas.* O outro grupo de utilizadores, o grupo de controlo, teve permissão para continuar com a vida normalmente.

Mais de 90% das pessoas no grupo de controlo deixaram, de facto, de usar o Facebook. Então, o que aconteceu quando as pessoas fizeram isso?

Em comparação com os indivíduos no grupo de tratamento (que continuaram a usar o Facebook como antes), as pessoas no grupo de controlo (que desligaram o Facebook) passaram menos 60 minutos nas redes sociais; em vez disso, grande parte do tempo era usado para passar com amigos e família. E estas pessoas reportaram estar mais felizes. O acréscimo de felicidade por não usarem o Facebook foi cerca de 25–40%; um acréscimo tão grande em bem-estar como fazer terapia individual.

Para além disso, a maioria das pessoas, depois da intervenção, perceberam que estavam mais felizes. Aproximadamente 80% disseram que o cancelamento da conta foi benéfico. A seguir à experiência, conseguiram usar menos o Facebook nos meses seguintes.

Claro, quase ninguém recebe 102 dólares para deixar de usar o Facebook durante quatro semanas, mas podemos aproveitar as lições daqueles que receberam — e reduzir a nossa utilização do Facebook e de plataformas de redes sociais similares. Está, de facto, a tornar-nos infelizes.

A ARMADILHA DO DESPORTO

Eu gosto muito, muito, muito, mas mesmo muito, de desporto! Pode ter imaginado pela forma como falei da minha obsessão pelos Mets na Introdução, por ter considerado o livro «Moneyball for your life» ou por, num livro que tem como propósito explorar as nove questões fundamentais da vida, um dos capítulos explorar como ser um atleta de primeira.

---

* *Escolheram este número porque era o tempo, em média, que as pessoas reportaram que tinham de ser pagas para deixarem de usar o Facebook.*

Mas, sim, sou um grande fã de desporto. Sempre fui e acho que sempre serei.

Posto isto, é com absolutamente zero prazer que eu, um maluco por desporto assumido, faço a seguinte pergunta: ver desporto torna as pessoas infelizes?

Um estudo extremamente importante de MacKerron, com Peter Dolton, da Universidade de Sussex, fez-me certamente repensar no papel (enorme) que o desporto desempenha na minha vida. MacKerron e Dolton quiseram ver como a felicidade dos adeptos de desporto era afetada nas horas seguintes às suas equipas favoritas terem vencido ou perdido um jogo.

Para um grupo de adeptos de várias equipas de futebol, MacKerron e Dolton estudaram a felicidade média minuto a minuto vivida pelo adepto antes, durante e depois dos jogos das equipas favoritas. Os resultados?

Vamos começar com o que acontece antes de o jogo começar. Nos minutos antes de um jogo começar, o adepto de desporto comum sente um ligeiro acréscimo de felicidade (cerca de 1 ponto numa escala de 100 pontos). O adepto comum talvez antecipe uma vitória e obtenha satisfação a imaginar essa vitória.

E o que acontece depois do jogo? Obviamente, depende do que acontece durante o jogo.

Se a equipa do adepto vence, ele vai sentir um acréscimo extra de aproximadamente 3,8 pontos de felicidade. Nada mau! Até aqui, é bom ser um adepto desportivo. Se a nossa equipa vence, é divertido ser um adepto desportivo.

Mas e o que acontece quando a nossa equipa perde? Se a equipa de um adepto perde, ele pode esperar perder 7,8 pontos de felicidade. (Um empate dá ao adepto comum 3,2 pontos de dor.) Ou seja, as derrotas magoam mais o adepto desportivo comum do que as vitórias satisfazem.

Os adeptos de desporto parecem ter feito um acordo terrível. Sendo que, em média, as equipas podem esperar vencer tantos jogos como perdem no longo prazo, um adepto desportivo pode esperar sofrer mais do que alegrar-se.

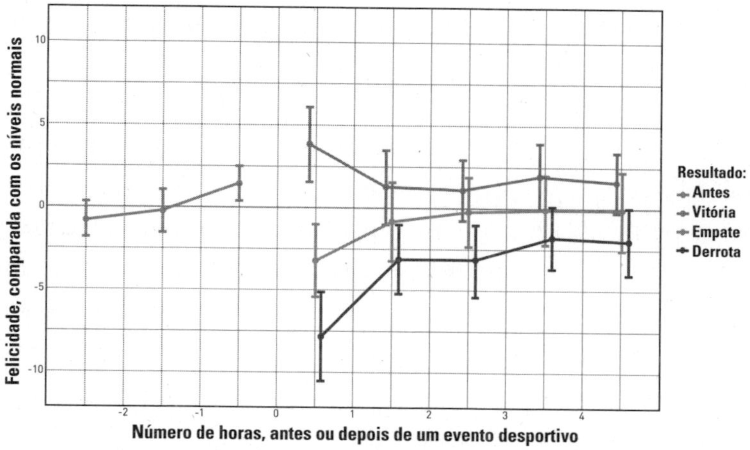

A armadilha do adepto desportivo: a alegria da vitória, a agonia da derrota

Estes efeitos são abrangentes. Suponhamos que alguém é adepto de quatro equipas. Pode ser fã dos Knicks, dos Mets, dos Jets e dos Rangers. Durante um ano, e extrapolando os resultados do Mappiness, pode esperar perder 684 pontos de felicidade. Ser um adepto fervoroso de quatro equipas desportivas, por outras palavras, é aproximadamente o equivalente ao estado de espírito de alguém doente de cama 2,2 dias extra todos os anos.

Então, o que pode fazer um adepto desportivo? Há alguma forma de escapar à Armadilha do Desporto?

Uma opção óbvia é apoiar equipas melhores. Os números parecem dizer o seguinte: se obtiver 3,8 pontos de prazer de uma vitória e 7,8 pontos de dor por uma derrota, então, desde que a sua equipa vença mais de 67,2% dos jogos, irá obter mais prazer do que dor ao apoiar essa equipa.

O meu pai tentou fazer isto. Depois de anos de frustração por apoiar os New York Mets, que jogam sempre mal, decidiu mudar para os New York Yankees, que competem em campeonatos com frequência. Como o meu pai me explicou numa tarde de outono fresca, «Filho, a vida é demasiado curta para torcermos por uma equipa rasca».

Andrew Yang, empreendedor e político, fez um cálculo similar no reino dos adeptos do basquetebol. Mudou a sua predileção de uma vida dos New York Knicks para os Brooklyn Nets. «Melhores que os Knicks, meu», disse à *Forbes*. «O domínio é... demasiado fraco.»

Terão o meu pai e Yang batido o sistema? Terão escapado à Armadilha do Desporto que MacKerron e Dolton descobriram?

Não!

MacKerron e Dolton dividiram mais os dados. Constataram que o cérebro de um adepto desportivo se ajusta ao nível da equipa, limitando quanto prazer obtém das vitórias de uma grande equipa. Em particular, os investigadores verificaram que um adepto desportivo, quando se espera que a sua equipa vença um jogo, recebe apenas 3 pontos de prazer de uma vitória e perde 10 pontos de felicidade com uma derrota. Ou seja, quanto melhor for a equipa que apoia, mais vezes a equipa tem de ganhar para lhe dar alguma satisfação.

	Esperava-se que a equipa vencesse	Esperava-se que a equipa perdesse
Média de alteração de felicidade depois de uma vitória	+3,0	+7,0
Média de alteração de felicidade depois de uma derrota	−10,0	−6,3

Pode verificar-se aqui uma semelhança a muitas adições. Para muitas substâncias — por exemplo, cocaína —, quanto mais se consome, menor prazer o consumo adicional confere — e quanto mais parar de consumir, mais dor sentirá.

Com os Yankees acontece o mesmo que com a cocaína. Uma equipa que venceu muito tem de ganhar muito mais vezes para lhe dar satisfação — e qualquer pausa numa vitória esperada lhe vai causar dor extrema. Os dados sugerem que é simplesmente impossível encontrar uma equipa de desporto que vença vezes suficientes para que consiga escapar à armadilha do prazer e dor enquanto adepto desportivo.

Isto significa que os adeptos desportivos devem cortar o desporto completamente das suas vidas? Serão os dados do Mappiness o equivalente aos primeiros estudos que mostravam que fumar provoca cancro? Os jogos desportivos deviam ter um aviso de um cirurgião, a dizer que podemos sentir-nos infelizes?

Não propriamente.

Regressemos à Tabela da Atividade e Felicidade, umas páginas atrás. (E se for demasiado preguiçoso para ir verificar umas páginas atrás, eu digo-lhe o que lá está.) Irá ver que assistir a jogos desportivos, em média, pode ser uma experiência razoavelmente agradável, está classificada entre os passatempos e brincar com animais de estimação. Em grande parte, isto acontece porque assistimos aos eventos desportivos com amigos, enquanto consumimos álcool — duas atividades que consistentemente nos conferem prazer. O perigo de ver desporto, de uma perspetiva de felicidade, não surge em todos os jogos. Pelo contrário, o perigo advém quando somos adeptos da equipa — ou seja, quando nos preocupamos com qual vai ser o resultado. Os dados sugerem que temos uma probabilidade maior de nos divertirmos a assistir a um jogo desportivo quanto menos nos preocuparmos com o resultado.

Todos precisamos de ser mais budistas no consumo que fazemos do desporto. Quando vemos desporto e não nos preocupamos muito com qual vai ser o resultado, conseguimos apreciar o talento de atletas de renome.

Quando vemos desporto e nos preocupamos com o resultado, caímos numa armadilha de as derrotas nos ferirem mais do que as vitórias nos alimentam.

Ou, para resumir os dados sobre o mundo do desporto: veja mais eventos desportivos de equipas das quais não é adepto.

A ARMADILHA DOS COPOS

Neal Brennan, um comediante que toda a vida lutou contra a depressão, recebeu mais uma vez conselhos do amigo e comediante Dave Chappelle. Chappelle aconselhou Brennan a combater a sua tristeza da seguinte forma: «Bebe e pronto». «Mas não gosto de beber», disse-lhe Brennan. Chappelle andava a reparar que muitos adultos — o amigo Brennan não incluído — usavam substâncias, como o álcool, para curarem as tristezas da vida adulta.

Será sensato?

O conselho sóbrio, evidentemente, é o oposto do conselho de Chappelle. Dizem a muitas pessoas para evitarem substâncias, para descobrirem como podem ser felizes sem melhorar o espírito de forma artificial. É, sem dúvida, o conselho acertado para a parte significativa da população que se vicia no álcool. O álcool é uma substância perigosa que pode arruinar as vidas das pessoas.

Mas e aquelas pessoas que não são viciadas? Devem beber? Quando devem beber?

Em última análise, há muitas perguntas empíricas relevantes para estas questões. Quão felizes ficam de facto as pessoas quando bebem? Pagam um preço depois de beber, ficam de mau humor nas horas ou dias seguintes? O humor das pessoas quando bebem depende do que mais estão a fazer?

A resposta honesta a estas questões há dez anos seria, respetivamente, «não faço ideia», «não faço ideia» e «não faço ideia». Mas o Mappiness, tal como em tantas outras questões relacionadas com a felicidade, transformou a nossa compreensão do papel que o álcool desempenha na felicidade. Os utilizadores do Mappiness puderam reportar se estavam a «beber álcool» e quão felizes se sentiam. MacKerron e o coautor, Ben Baumberg Geiger, estudaram os dados sobre a felicidade que os copos conferem.

Comecemos pelo nada chocante. A mesma pessoa, a fazer a mesma atividade, com as mesmas pessoas, irá sentir-se 4 pontos mais feliz se também estiver a consumir álcool. O álcool faz mesmo as pessoas sentirem-se melhor.

Agora, o que acontece depois? A pessoa perde os 4 pontos que ganhou? O domingo de manhã retira o que o sábado à noite trouxe? Os investigadores monitorizaram as pessoas depois de terem bebido. Verificaram, em média, que não havia diferença no humor na manhã seguinte a uma noite com álcool. Porém, verificaram que as pessoas que beberam estavam ligeiramente mais cansadas na manhã seguinte do que as pessoas que não tinham bebido.

Os investigadores conseguiram também dividir o acréscimo que a bebida trouxe pelas diferentes atividades. Analisaram duas questões: que atividades as pessoas tendem a suplementar com álcool? Até que ponto o álcool aumenta a felicidade nas diferentes atividades?

Vamos começar pela primeira pergunta. As pessoas têm mais tendência a beber, como é evidente, quando estão a socializar. Os cientistas verificaram um padrão curioso, as pessoas bebem com mais prevalência quando estão a fazer uma atividade que já é divertida, com ou sem álcool. Ou seja, as pessoas bebem para tentar tornar uma ótima noite numa noite épica.

Agora, a segunda questão: até que ponto o álcool aumenta a felicidade em diferentes atividades? Ao que parece, o álcool tende a dar-nos o maior acréscimo de alegria quando estamos a fazer uma atividade que sem álcool seria desagradável.

O QUE AS PESSOAS ESTÃO A FAZER QUANDO BEBEM

Conversar/falar/socializar	49,2%
Ver TV/filme	31,2%
Comer/petiscar	27,9%
Ouvir música	10,4%
Dormir/descansar/relaxar	7,4%

Fonte: Geiger e MacKerron (2016).

Um concerto de Bruce Springsteen é muito divertido, com ou sem álcool. Ter sexo é muito divertido, com ou sem álcool. Conversar com os amigos é muito divertido, com ou sem álcool. Mas viajar/transportes é chato sem álcool, sendo aceitável com álcool. O mesmo se aplica a esperar/filas e a lavar/vestir/arranjar.

Estes resultados sugerem que muitos de nós consumimos álcool de forma incorreta, pois costumamos beber durante algumas das atividades em que o álcool oferece o menor acréscimo de humor. Os resultados também sugerem algumas estratégias de bebida contraintuitivas que podem, na verdade, melhorar o seu bem-estar.

Maior estímulo do álcool (as pessoas sentem-se MUITO mais felizes a fazer estas atividades tocadas do que sóbrias)	Menor estímulo do álcool (as pessoas sentem-se mais ou menos felizes a fazer estas atividades tocadas do que sóbrias)
• Viajar/transportes	• Intimidade/fazer amor
• Esperar/fazer fila	• Teatro/dança/concerto
• Dormir/descansar/relaxar	• Conversar/falar/socializar
• Fumar	• Ver TV/filme
• Lavar/vestir/arranjar	• Ler

Fonte: Geiger e MacKerron (2016).

Digamos, por exemplo, que se está a preparar para uma noitada com os amigos. A maioria das pessoas estaria sóbria enquanto se prepara e começaria a beber depois de sair. Os dados sugerem que poderia sentir-se mais feliz se bebesse um copo no duche, ficasse um pouco tocado enquanto se arranjava e parasse quando saísse de casa. Divertia-se, tocado, enquanto se preparava, e divertia-se, sóbrio, quando saía.

Digamos, noutro exemplo, que ia a um concerto e depois vinha de Uber para casa. A maioria teria bebido uns copos no concerto e depois teria ficado sóbria para a viagem aborrecida de Uber. Os dados sugerem que teria sido muito mais feliz se tivesse estado sóbrio durante o concerto e bebesse uns copos antes de entrar no Uber para voltar. Ter-se-ia divertido, sóbrio, no concerto, e divertido, tocado, na viagem de regresso.

Mais uma vez, tenho de sublinhar os perigos do álcool. O álcool arruína as vidas de algumas pessoas, e temos de ter cautela se vamos beber com os colegas, beber no duche ou em viagens de avião.

Assim sendo, vou dar o conselho com grande cautela. Se não tem uma personalidade aditiva, há provas de que o álcool pode trazer uma importante melhoria de humor. E deve considerar beber menos quando está a fazer algo já divertido, como socializar ou ter sexo, e mais para tornar atividades dolorosas e aborrecidas menos dolorosas e aborrecidas, mas é evidente que tem de ter cuidado com este conselho. Há uma linha ténue entre estratégias contraintuitivas, e fundamentadas nos dados para melhorar o seu humor, e um caminho certo para o alcoolismo.

A ARMADILHA DE NÃO PASSAR TEMPO SUFICIENTE NA NATUREZA

«A felicidade é maior em ambientes naturais». Este é o título de um ensaio de MacKerron e Mourato baseado na análise que fizeram aos dados do Mappiness.

O ensaio defende (como deve ter adivinhado pelo título) que estar na natureza é uma componente crucial da felicidade. Quer ser mais feliz? Os cientistas aconselham-nos a tentar passar mais tempo em campos, montanhas e lagos — e menos tempo em metros, salas de conferência e sofás (a menos, claro, que esteja a fazer sexo no sofá, que, como referi, é a atividade a que os seres humanos se podem dedicar que produz maior prazer).

Como é que os cientistas alegam que estar na natureza torna as pessoas mais felizes?

A aparente relação entre estar na natureza e o bem-estar é impressionante, basta olhar para a Tabela de Atividade e Felicidade. Quatro das dez atividades (40%) em que as pessoas se sentem mais felizes — praticar desportos, jardinagem, observação de pássaros e caçar/pescar — são frequentemente feitas em ambientes naturais. Dez das dez atividades (100%) em que as pessoas se sentem menos felizes nunca são feitas na natureza.

Claro, uma correlação entre estar na natureza e estar feliz, por si só, não prova que estar na natureza faz as pessoas sentirem-se felizes. Talvez a razão de as atividades feitas na natureza estarem associadas a maior felicidade seja que essas atividades são mais divertidas; pode não depender do local onde as pessoas as praticam.

Claro, a atividade mais infeliz — estar doente de cama — nunca é feita na natureza. Mas a maioria das pessoas sentir-se-iam infelizes se estivessem doentes num ambiente natural. Se estivesse deitado na beira do Grand Canyon ao pôr do sol, mas se lhe ardesse a garganta e doesse o estômago e tivesse a cabeça a latejar, iria sentir-se infeliz na mesma.

As provas do impacto causal da natureza na felicidade, no entanto, tornam-se substancialmente mais fortes. MacKerron e Mourato não se limitaram a comparar todas as pessoas que fazem algo na natureza (como caminhar no Yosemite num sábado sem nuvens de maio) *versus* todas as pessoas que estão a fazer alguma atividade num ambiente artificial (como pessoas doentes de cama numa terça-feira húmida de fevereiro); claro que não seria minimamente convincente. Compararam a mesma pessoa em situações em tudo idênticas — de todas as formas de que se conseguiram lembrar de medir —, mas em ambientes diferentes.

Eis como funciona. Digamos que John vai correr às sextas-feiras às 17h com o namorado, sempre que está calor e há sol. Nalguns dias quentes e soalheiros, corre nas ruas de Londres. Às vezes, vai a um parque, outras, corre junto ao lago. Conseguiram comparar a felicidade que sentia em ambas as ocasiões. Digamos que Sarah tem reuniões de trabalho todas as segundas-feiras às 14h. Mas uma vez a reunião é no exterior, num campo relvado, e nas outras é numa sala normal. Puderam comparar a felicidade que sentia nestas situações diferentes. E como o conjunto de dados do Mappiness é enorme, puderam fazer isto para muitas pessoas.

Como medem se a pessoa está na natureza? Não se esqueça de que o Mappiness só pede às pessoas para reportarem o que estão a fazer e com quem, não pergunta onde estão a fazer a atividade. Esta é a magia de trabalhar com *iPhones*. Os *iPhones* dão um relatório de GPS sobre a latitude e a longitude da pessoa. E MacKerron e Mourato fizeram a correspondência com outro conjunto de dados que reporta, para todos os pontos da Terra, o tipo de terra existente. Então, sem mais delongas, seguem-se os resultados de quão feliz a mesma pessoa se sentiu, a fazer a mesma atividade, na mesma hora, em ambientes diferentes.

Aqui tem. Depois de ter esta tabela, senti que finalmente tinha encontrado, com uma enorme ajuda de MacKerron e Mourato, o segredo para os meus problemas, a resposta para a minha felicidade. Se quero alegria, basta-me... passar mais tempo em «margens marinhas e costeiras». Só havia um problema: não fazia a mínima ideia do que significava «margens marinhas e costeiras». Nem sequer sabia o que eram «turfeiras» e «charnecas»; MacKerron e Mourato verificaram que também conferiam um grande acréscimo de prazer.

Felizmente, pude pesquisar esses termos no Google. Ao que parece, «margens marinhas e costeiras» refere-se a terra perto do mar e do oceano. Embora MacKerron e Mourato não tenham estudado os efeitos de ver imagens de «margens marinhas e costeiras», achei que devia colocar uma imagem para o caso de também melhorar o humor da pessoa.

TABELA GEOGRÁFICA DA FELICIDADE

Ocupação do terreno	Acréscimo de felicidade (comparado com estar num ambiente urbano)
Margens marinhas e costeiras	6,02
Montanhas, turfeiras e charnecas	2,71
Bosques	2,12
Pastagens seminaturais	2,04

Terra agrícola fechada	2,03
Água doce, zonas húmidas e planícies aluviais	1,8
Suburbano/rural desenvolvido	0,88
Terreno descoberto	0,37

Fonte: MacKerron e Mourato (2013).

Charnecas e turfeiras, segundo a Wikipédia, são «solos inférteis e ácidos de drenagem livre... caracterizados por vegetação vasta, lenhosa, de baixo crescimento», que continuo sem perceber. Mas segue-se uma imagem:

O lugar mais feliz do mundo

Como podemos pensar na dimensão dos efeitos da «ocupação do terreno» na felicidade de uma pessoa? Vamos compará-los com a Tabela da Atividade e Felicidade. Se estiver sentado numa reunião, o que pode esperar? Pode esperar 1,5 pontos de felicidade. Mas se a reunião for em «margens marinhas e costeiras» — por exemplo, em terra perto de água —, pode esperar cerca de 4,5 pontos de felicidade, o que seria aproximadamente equivalente a assistir a um evento desportivo. Ou seja, mudar uma reunião de uma sala de conferências urbana e estéril para terra perto de água transforma uma atividade aborrecida numa atividade aceitável. Um grande efeito!

Um dos aspectos impressionantes da natureza é que tende a ser bonita. Os dados do Mappiness também indicam que estar rodeado de beleza, mesmo que não seja na natureza, pode melhorar o seu humor.

Estar num local como este confere-lhe 2,71 pontos de felicidade.

Chanuki Illushka Seresinhe e coautores exploraram esta questão de forma mais aprofundada. Usaram um novo site, ScenicOrNot, que pediu a uma equipa de voluntários para classificar a beleza de todos os cantos da Grã-Bretanha. Na imagem anterior, por exemplo, está um local que os voluntários da ScenicOrNot classificaram como bonito.

Os investigadores podiam usar os dados do GPS dos utilizadores do Mappiness para verem em que sítio da Grã-Bretanha se encontravam — e quão bonito esse sítio era. Os autores podiam considerar tudo o que MacKerron e Mourato consideraram no seu estudo — a atividade, o tempo, as pessoas com quem estavam, o tempo, a hora — e ainda a ocupação do terreno. Podiam agora comparar a mesma pessoa, a fazer a mesma atividade, com as mesmas pessoas, à mesma hora, com o mesmo clima, no mesmo tipo de sítio (por exemplo, «margens marinhas e costeiras»), mas com níveis diferentes de beleza.

Aqui está uma que os utilizadores não classificaram como bonita.

Tudo isto sendo igual, os investigadores constataram que estar nos sítios mais pitorescos — em comparação com locais menos pitorescos — acrescenta 2,7 pontos de felicidade. A lição dos dados é clara. Uma forma de ser mais feliz é passar mais tempo na natureza e rodeado por beleza. Estes resultados foram confirmados por uma equipa diferente, liderada por Sjerp de Vries. Motivados pelo projeto Mappiness, criaram uma *app*, a HappyHier, que enviava um *ping* a holandeses e lhes perguntava quão felizes estavam. Também constataram que as pessoas se sentiam mais felizes na natureza e perto das zonas costeiras ou da água. Curiosamente, estes investigadores descobriram que o efeito da felicidade causado por estarmos perto das zonas costeiras também se verificava quando a pessoa estava dentro de casa — talvez porque as vistas as alegravam.

UMA ÚLTIMA PERGUNTA IMPORTANTE SOBRE COMO O QUE NOS RODEIA nos influencia: de que forma o clima afeta a nossa felicidade? MacKerron e Mourato também analisaram isto. Mais uma vez, compararam a mesma pessoa, a fazer a mesma atividade, na mesma altura — mas analisaram como a felicidade mudava com as alterações do clima.

A direção destes resultados não é nada surpreendente. O sol faz as pessoas mais felizes do que a chuva. (Dah!) Dias quentes deixam as pessoas mais felizes do que dias frios. (Dah!)

Mas a magnitude dos efeitos foi de certa forma surpreendente. Em particular, de longe, o maior efeito do tempo na nossa felicidade é o efeito positivo de dias realmente quentes. Quando estão 24 °C (ou 75,2 ° Fahrenheit) ou mais calor, as pessoas reportaram, em média, 5,13 pontos de felicidade adicional. Em comparação, os outros efeitos do clima são menores. As pessoas sentem-se muito mais infelizes se estiver um tempo gelado ao contrário de tempo apenas frio. E os efeitos negativos da chuva são significativamente menores do que os efeitos positivos do calor. No que respeita ao clima, a felicidade parece ter mais que ver com a maximização do número de dias de clima perfeito do que evitar os dias de tempo horrível.

TABELA DO CLIMA NA FELICIDADE

Clima	Efeito na felicidade quando o participante está no exterior
Neve	1,02
Sol	0,46
Nevoeiro	–1,35
Chuva	–1,37
0–8 °C	–0,51
8–16 °C	0,29
16–24 °C	0,99
+24 °C	5,13

Fonte: MacKerron e Mourato (2013).

Ao comparar a Tabela do Clima na Felicidade com outros gráficos que o Mappiness produziu, também chegamos a um ponto importante: frequentemente, há outros fatores que importam mais do que o clima para se determinar a felicidade de alguém.

Por exemplo:

- Mesmo no exterior, as pessoas estão, em média, mais felizes se estiverem a conviver com amigos num dia de chuva com 2 °C do que se estiverem sozinhas num dia de sol, com 21 °C.
- As pessoas sentem-se mais felizes se estiverem num lago num dia com 2 °C do que se estiverem na cidade num dia com 21 °C.
- As pessoas estão mais felizes a beber álcool num dia com 2 °C do que sóbrias num dia com 21 °C.
- As pessoas estão mais felizes a praticar desporto num dia com 2 °C e com chuva do que deitadas sem fazer nada num dia de sol com 26,6 °C.

Os dias de sol perfeitos podem, de facto, influenciar o nosso estado de espírito, mas é importante não dar uma importância exagerada ao clima. O clima, em si, não consegue tornar uma pessoa feliz. Também tem de estar a fazer coisas que o fazem feliz com pessoas que o fazem feliz.

CONCLUSÃO

Caro leitor, chegou a altura de concluir este livro. Sei que será favorável fazer um bom resumo por causa da regra do final de pico discutida no Capítulo 8. As suas impressões sobre o livro inteiro vão depender bastante do que achar destes últimos parágrafos. E, para quem pensa que ler este livro foi como fazer uma colonoscopia, talvez consiga, pelo menos, torná-la uma colonoscopia do Paciente B no Capítulo 8: no final, nem foi assim tão má, permitindo-lhe relembrar a experiência como tendo sido menos dolorosa.

Assim sendo, o que retiramos dos dados disponíveis dos sites de encontros, registos fiscais, entradas da Wikipédia, pesquisas no Google e de outras fontes dos Grandes Dados?

Bem, os Grandes Dados mostram-nos que frequentemente temos noções sobre a forma como o mundo funciona que são diferentes da forma como na verdade funciona.

Às vezes, os dados revelam perceções verdadeiramente contraintuitivas, como a que um americano tipicamente rico é proprietário de uma empresa de distribuição grossista de bebidas ou que os casais com qualidades imensamente diferentes têm as mesmas probabilidades de serem igualmente mais felizes ou infelizes ao longo do tempo.

Contudo, por vezes, os dados revelam perceções contra contraintuitivas. Estas perceções fazem bastante sentido, mas por algum motivo não se tornaram sabedoria convencional. Os dados não representativos da comunicação social e de outras fontes de informação sobre a vida moderna enganaram-nos claramente.

Esta está entre as principais lições da pesquisa de George MacKerron, Susana Mourato e outros sobre talvez o tópico mais importante da vida: a felicidade. Ao ler os estudos modernos mais inovadores sobre a felicidade, cheguei à conclusão de que a felicidade é menos complicada do que por vezes pensamos. As coisas que tendem a tornar as pessoas felizes — digamos, conviver com amigos ou passear à beira de um lago — não são propriamente extasiantes.

Porém a sociedade moderna tenta ludibriar-nos a fazermos coisas que os dados (ou mesmo algum senso comum) dizem ser improváveis de nos fazerem felizes. Muita gente dedica anos a trabalhar com demasiado afinco em trabalhos de que não gosta com pessoas de que não gosta. Muita gente passa horas a contemplar as últimas atualizações das redes sociais. Muita gente está meses sem passar tempo real na natureza.

Os dados do Mappiness — e de projetos similares — dizem-nos que, se não estamos felizes, temos de nos questionar se estamos a fazer coisas suficientes (não necessariamente arrebatadoras) que tendem a fazer os seres humanos felizes.

Depois de ter lido todos os estudos sobre felicidade, perguntei-me se conseguia resumir numa frase todas as lições da pesquisa sobre a felicidade moderna. Podemos dizer que uma frase dessas poderia chamar-se «a resposta para a vida baseada nos dados».

Como consigo resumir o que os Grandes Dados nos dizem sobre a questão mais importante da vida? O que revelam milhões de *pings*, apenas disponíveis graças aos *smartphones*, sobre a resposta ao mistério do sofrimento e da existência? De uma forma mais geral, qual é a resposta para a vida de acordo com os dados?

A resposta para a vida baseada nos dados é a seguinte: esteja com o seu amor, num dia de sol com 27 °C, com vista para uma extensão bonita de água, a fazer sexo.

AGRADECIMENTOS

Frequentemente, quando leio um livro, começo pelos agradecimentos. Serei o único a fazê-lo? De qualquer forma, espero que alguns dos que partilham este gosto pelo reconhecimento apreciem o que se segue.

Os meus maiores agradecimentos vão para os cientistas apresentados no livro. Agradeço a todos o seu trabalho e por falarem comigo sobre o mesmo. Em particular, retirei grandes benefícios de conversas com Albert-László Barabási, Paul Eastwick, Sam Fraiberger, Samantha Joel, George MacKerron, Alexander Todorov, Danny Yagan e Eric Zwick.

Algumas das minhas interpretações podem ser um pouco diferentes das dos cientistas que conduziram os estudos. Daí, todos os estudos originais podem ser encontrados nas notas finais.

Pela ajuda na recolha de dados, histórias e pela colaboração em projetos de pesquisa, agradeço a Anna Gát, Spencer Greenberg, David Kestenbaum, Lou Corina Lacambra e Bill Mallon.

Pelos comentários aos diferentes capítulos, agradeço a Coren Apicella, Sam Asher, Esther Davidowitz, Amanda Gordon, Nate Hilger, Maxim Massenkoff, Aurélie Ouss, Julia Rubalevskaya, John Sillings, Katia Sobolski, Joel Stein, Mitchell Stephens, Lauren Stephens-Davidowitz, Noah Stephens-Davidowitz, Logan Ury e Jean Yang.

Obrigado a Sourav Choudhary e Adam Shapiro por me oferecerem consultoria em conjunto com amizade e alguns gentis empurrões para terminar o livro.

Pelas novas amizades e encorajamento, agradeço às famílias Hirsch e Seessel.

Para pressão menos gentil, mas mais eficaz, para terminar o livro, agradeço a Matt Harper. Matt é um editor maravilhoso, que tinha a tarefa nada invejável de me manter focado – e lidou com isso de forma esplêndida.

Por me tentar impedir de terminar o meu livro com infindáveis *memes* e debate político feroz, agradeço a #YouAreFakeNews.

Melvis Acosta é um verificador de fatos extraordinário, com uma atenção ao detalhe que eu não sabia ser humanamente possível. Alguns erros que possam sobrar devem-se provavelmente à desatenção com que eu tratei as notas que o Melvis me enviou para cada um dos capítulos.

Eric Lupfer continua a ser um agente atencioso e criativo, melhor que qualquer outro.

A pesquisa no capítulo 2 diz que os pais podem influenciar a forma como os seus filhos pensam deles. E eu acho que os meus pais são os melhores do mundo. Resultado causal alcançado, mãe e pai! Suspeito que somos uma família atípica, na forma em que vocês ajudaram a minha carreira.

A pesquisa no capítulo 9 diz que as pessoas não são, em média, muito mais felizes quando passa tempo com a sua família. Mas se o *Mappiness* ou qualquer outro serviço medissem a minha felicidade, estou confiante de que assistiríamos a um grande pico quando estou com Noah, Lauren, Mark, Jonah, Sasha e o resto do clã Stephens-Davidowitz-Osmond-Fryman-Wild-Sklaire.

E se o *Mappiness* me seguisse na última década, notaria uma mudança dramática no meu humor depois de trabalhar com o melhor terapeuta do mundo, Rick Rubens. Obrigado, Rick, por me ajudares a dar a vencer a depressão.

Julia, obrigado por tudo. Sabes da minha dificuldade em expressar emoções. Mas também sabes quanto te amo.

APÊNDICE

Esta tabela compara a felicidade prevista de atividades, segundo o estudo levado a cabo por mim e por Spencer Greenberg, para de facto classificar as atividades, como constavam do Mappiness. Atividades que têm uma diferença positiva, como «exposição/museu/biblioteca», tendem a dar às pessoas maior felicidade do que esperavam. As atividades que têm uma diferença negativa, como «dormir/descansar/relaxar», tendem a dar às pessoas menor felicidades do que esperavam.

Atividade	Classificação de atividade quanto à felicidade prevista	Classificação de atividade quanto à felicidade real	Diferença
Intimidade/fazer amor	1	1	0
Cuidar/brincar com animais de estimação	2	15	–13
Passatempos/artes/artesanato	3	11	–8
Conversar/falar/socializar	4	7	–3
Teatro/dança/concerto	5	2	3
Cantar/atuar	6	6	0
Dormir/descansar/relaxar	7	27	–20
Jogo/evento desportivo	8	13	–5
Jogos de computador/*iPhone*	9	20	–11
Ver TV/filmes	10	19	–9
Observar pássaros/natureza	11	8	3
Comer/petiscar	12	21	–9
Outros jogos/*puzzles*	13	16	–3
Caçar/pescar	14	9	5
Jardinagem	15	5	10
Desporto/corrida/exercício	16	4	12
Cuidar/brincar com crianças	17	14	3
Meditar/atividades religiosas	18	12	6
Ler	19	24	–5
Exposição/museu/biblioteca	20	3	17
Beber chá/café	21	23	–2
Pesquisar na Internet	22	29	–7
Beber álcool	23	10	13
Cozinhar/preparar comida	24	22	2
Enviar mensagens/*e-mail*/redes sociais	25	30	–5
Ouvir discurso/*podcast*	26	25	1
Jogar/apostar	27	18	9
Viajar/transportes	28	32	–4
Compras/recados	29	17	12
Cuidar ou ajudar adultos	30	36	–6
Lavar/vestir/cuidar	31	26	5
Fumar	32	28	4
Trabalhar/estudar	33	37	–4
Em reunião, seminário, aula	34	33	1
Administrar/finanças/organizar	35	34	1
Trabalho doméstico/tarefas/DIY	36	31	5
Esperar/fazer fila	37	35	2
Doente de cama	38	38	0

NOTAS

INTRODUÇÃO: AUTOAJUDA PARA CROMOS DOS DADOS

- *sucesso inconvencional de quem usa sites de encontros*: Christian Rudder, *Dataclysm: Who We Are (When We Think No One's Looking)* (Nova Iorque: Broadway Books, 2014).
- trajetórias completas de carreiras de centenas de milhares de pintores: Samuel P. Fraiberger *et al.*, «Quantifying reputation and success in art», Science 362(6416) (2018): 825–29.
- Oakland A's: Michael Lewis, *Moneyball: The Art of Winning an Unfair Game* (Nova Iorque: Norton, 2004).
- «mais Moneyball do que os próprios Moneyball A's»: Jared Diamond, «How to succeed in baseball without spending money», *Wall Street Journal*, 1 de outubro de 2019.
- acompanhe a trajetória de cada jogada: Ben Dowsett, «How shot-tracking is changing the way basketball players fix their game», *FiveThirtyEight*, 16 de agosto de 2021, https://fivethirtyeight.com/features/how-shot-tracking-is-changing-the-way-basketball-players-fix-their-game/.
- 41 sombras de azul: Douglas Bowman, «Goodbye, Google», https://stopdesign.com/archive/2009/03/20/goodbye-google.html, 20 de março de 2009.
- 200 milhões de dólares por ano em receita publicitária adicional: Alex Horn, «Why Google has 200m reasons to put engineers over designers», *Guardian*, 5 de fevereiro de 2014.
- «All others have to bring data»: «Are we better off with the internet?» YouTube, carregado pelo Aspen Institute, 1 de julho de 2012, https://www.youtube.com/watch?v=djVrLNaFvIo.
- a marca emblemática da Renaissance, o fundo Medallion: Gregory Zuckerman, *The Man Who Solved the Market* (Nova Iorque: Penguin, 2019).
- «são simplesmente melhores do que os restantes de nós»: Amy Whyte, «Famed Medallion fund "stretches... explanation to the limit", professor claims», *Institutional Investor*, 26 de janeiro de 2020, https://www.institutionalinvestor.com/article/b1k2fymby99nj0/Famed- Medallion-Fund-Stretches-Explanation-to-the-Limit-Professor-Claims.

- conjunto de dados sobre a felicidade sem precedentes: encontra mais pormenores sobre o Mappiness em http://www.mappiness.org.uk.
- as mudanças são justificadas: Rob Arthur e Ben Lindbergh, «Yes, the infield shift works. Probably», 30 de junho de 2016, https://fivethirtyeight.com/features/yes-the-infield-shift-works-probably/.
- «agora, todos nos dedicamos às vendas»: Daniel H. Pink, *To Sell Is Human* (Nova Iorque: Penguin, 2012).
- ter um rosto soturno em vez de um sorriso: Neeraj Bharadwaj *et al.*, «EXPRESS: A New Livestream Retail Analytics Framework to Assess the Sales Impact of Emotional Displays», *Journal of Marketing*, 30 de setembro de 2021.
- os homens às vezes escrevem no Google: dados sobre pesquisas no Google relatadas pelas pessoas sobre os tamanhos do pénis podem ser vistos em https://trends.google.com/trends/explore?date=all&q=my%20penis%20is%205%20inches,my%20 penis%20is%204%20inches,my%20penis%20 is%203%20inches,my%20penis%20is%206%20 inches,my%20penis%20is%207%20inches.
- gosto muito de frases que incluem a palavra «tu»: Ariana Orwell, Ethan Kross, e Susan A. Gelman, «'You' speaks to me: Effects of generic-you in creating resonance between people and ideas», PNAS 117(49) (2020): 31038–45.
- o livro mais vendido de todos os tempos: https://en.wikipedia.org/wiki/List_of_best-selling_books.
- o estudo mais abrangente sobre as pessoas ricas: Matthew Smith, Danny Yagan, Owen Zidar, e Eric Zwick, «Capitalists in the Twenty-First Century», Quarterly Journal of Economics 134(4) (2019): 1675–1745.
- idade média dos empreendedores: Pierre Azoulay, Benjamin F. Jones, J. Daniel Kim e Javier Miranda, «Age and High-Growth Entrepreneurship», American Economic Review 2(1) (2020): 65–82.
- empreendedor de sucesso tem em média 42 anos: *ibid.*
- as hipóteses de começar um negócio de sucesso aumentam: *ibid.*
- a média de idades no mundo empresarial é verdadeira até mesmo na área da tecnologia: *ibid.*
- Dataísmo: Yuval Noah Harari, *Homo Deus: A Brief History of Tomorrow* (Nova Iorque: Random House, 2016).
- «organismos são algoritmos»: «Yuval Noah Harari. Organisms Are Algorithms. Body Is Calculator. Answer= Sensation~Feeling~Vedan?», YouTube, carregado por Rashid Kapadia, 13 de junho de 2020, https://www.youtube.com/watch?v=GrQ7nY-vevY.
- confusos com preconceitos: Daniel Kahneman, *Thinking, Fast and Slow* (Nova Iorque: Farrar, Straus & Giroux, 2011).

CAPÍTULO 1: CASAMENTO COM IA

- «a decisão mais importante que toma»: https://www.wesmoss.com/news/why-who-you-marry-is-the-most-important-decision-you-make/.

- comparação do campo das ciências sociais com um adolescente: Harry T. Reis, «Steps toward the ripening of relationship science», *Personal Relationships* 14 (2007):1–23.
- o plano de Joel resultou: Samantha Joel *et al.*, «Machine learning uncovers the most robust self-report predictors of relationship quality across 43 longitudinal couples studies», PNAS 117(32): 19061–19071.
- «The researchers had data on». Encontra as variáveis analisadas aqui: https://osf.io/8fzku/. O ficheiro relevante é Master Codebook With Theoretical Categorization, Final.xlsx, que se encontra na secção «Master Codebook with Theoretical Categorization».
  Agradeço a Joel por me ter referido este ficheiro.
- Joel marcou uma *talk* em outubro de 2019: https://www.psychology.uwo.ca/pdfs/cvs/Joel.pdf.
- Disse-me Samantha Joel numa entrevista por Zoom; entrevistei-a via Zoom a 24 de setembro de 2020.
- preveja com credibilidade agitação social cinco dias antes de acontecer: Ed Newton-Rex, «59 impressive things artificial intelligence can do today», *Business Insider,* 7 de maio d 2017, https://www.businessinsider.com/artificial-intelligence-ai-most-impressive-achievements-2017-3#security-5.
- informe as pessoas de uma questão de saúde emergente: Bernard Marr, «13 mind-blowing things artificial intelligence can already do today», *Forbes*, 11 de novembro de 2019, https:// www.forbes.com/sites/bernardmarr/2019/11/11/13-mind-blowing-things-artificial-intelligence-can-already-do-today/#4736a3c76502.
- É até possível de prever: Jon Levy, David Markell e Moran Cerf, «Polar Similars: Using massive mobile dating data to predict synchronization and similarity in dating preferences», *Frontiers in Psychology* 10 (2019).
- «fotos não solicitadas da anatomia masculina: "Quais são as maiores queixas das mulheres solteiras sobre sites de encontros online?"» Quora, https://www.quora.com/What-are-single-womens-biggest-complaints-about-online-dating-sites; https://www.quora.com/What-disappointments-do-men-have-with-online-dating-sites.
- classifique a importância de 21 traços num possível parceiro romântico: Harold T. Christensen, «Student views on mate selection», Marriage and Family Living 9(4) (1947): 85–88.
- Os investigadores descobriram que a aparência importa: Günter J. Hitsch, Ali Hortaçsu, e Dan Ariely, «What makes you click? — Mate preferences in online dating», *Quantitative Marketing and Economics* 8(4) (2010):393–427. Ver Tabela 5.2.
- como é que a altura afetou o desejo de quem tinha encontros: *ibid.*
- Alguém de uma raça desejada: https://www.gwern.net/docs/psychology/okcupid/howyourraceaffectsthemessagesyouget.html.
- efeitos da riqueza no desejo romântico: Hitsch, Hortaçsu e Ariely, «What makes you click?»

- O emprego de uma pessoa interessa no mercado dos encontros: *ibid.*
- os nomes mais *sexy*: os resultados deste estudo foram discutidos no *Daily Mail Reporter*, «Why Kevins don't get girlfriends: Potential partners less likely to click on 'unattractive names' on dating websites», DailyMail.com, 2 de janeiro de 2012, https://www.dailymail.co.uk/news/article-2081166/Potential-partners-likely--click-nattractive-names-dating-websites.html. O estudo académico é de Jochen E. Gebauer, Mark R. Leary e Wiebke Neberich, «Unfortunate first names: Effects of name- based relational devaluation and interpersonal neglect», Social Psychological and Personality Science 3(5) (2012): 590–96.
- parecença, ao invés de diferença, leva à atração: Emma Pierson, «In the end, people may really just want to date themselves», FiveThirtyEight, 9 de abril de 2014, https://fivethirtyeight.com/features/in-the-end-people-may-really-just-want-to-date-themselves/.
- Os utilizadores da Hinge são 11,3% mais parecidos: Levy, Markell, e Cerf, «Polar Similars».
- Os Oito Irrelevantes: a taxa de sucesso das diferentes variáveis para prever a felicidade de uma relação encontram-se nas Tabelas 3, S4, e S5 de Joel *et al.* (2020).
- Parecia rechonchudo de uniforme: Alex Speier, «The transformation of Kevin Youkilis», WEEI, 18 de março de 2009.
- «classifique a atratividade de cada um dos seus colegas de turma de sexo oposto»: Paul W. Eastwick e Lucy L. Hunt, «Relational mate value: consensus and uniqueness in romantic evaluations», Journal of Personality and Social Psychology 106(5) (2014): 728.

CAPÍTULO 2: LOCALIZAÇÃO. LOCALIZAÇÃO. LOCALIZAÇÃO.

- no primeiro ano da vida de um bebé: Nehal Aggarwal, «Parents make 1,750 tough decisions in baby's first year, survey says», *The Bump*, 9 de julho de 2020, https://www.thebump.com/news/tough-parenting-decisions-first-year-baby-life.
- os pais classificaram a idade dos 8 anos: Allison Sadlier, «Americans with kids say this is the most difficult age to parent», *New York Post*, 7 de abril de 2020.
- «Try timeouts»: Jessica Grose, «How to discipline without yelling or spanking», *New York Times*, 2 de abril de 2019.
- «never use timeouts»: Wendy Thomas Russell, «Column: Why you should never use timeouts on your kids», *PBS NewsHour*, 28 de abril de 2016.
- mãe frustrada: Rebecca Dube, «Exhausted new mom's hilarious take on "expert" sleep advice goes viral», *Today*, 23 de abril de 2013, https://www.today.com/moms/exhausted-new-moms-hilarious-take-expert-sleep-advice-goes-viral-6C9559908.
- três mundos diferentes: todas as médias de salários são do Bureau of Labor Statistics' Occupational Outlook Handbook, disponível em https://www.bls.gov/ooh/.
- contraexemplos da lição dos Emanuel: «Quero inscrever um rapaz numa aula de dança (ballet, etc.), mas temo que seja perseguido por ser uma "coisa de meninas" e também que ele possa tornar-se gay. O que devo fazer?» Quora, https://

www.quora.com/I-want-to-enroll-a-boy-in-dance-class-ballet-etc-but-I-fear-he-could-be-bullied-because-its-a-%E2%80%9Cgirl-thing-and-also-that-he-might-become-gay-What-should-I-do.

- Jim Lewis e Jim Springer: a história de Jim Springer e de Jim Lewis é discutida em muitos sítios, incluindo em «Twins reared apart: A living lab», de Edwin Chen, *New York Times*, 9 de dezembro de 1979.
- «Inclinei-me muito mais para o lado da natureza»: Steve Lohr, «Creating Jobs: Apple's founder goes home again», *New York Times Magazine*, 12 de janeiro de 1997.
- Harry e Bertha Holt: a história dos Holt é contada em https://www.holtinternational.org/pas/adoptee/korea-2-adoptees/background-historical-information-korea-all/.
- *O estudo de Sacerdote*: Bruce Sacerdote, «How large are the effects from changes in family environment? A study of Korean American adoptees», *The Quarterly Journal of Economics* 122(1) (2007): 119–157.
- *deu a Jared uma quota no seu negócio lucrativo de imobiliário*: Andrew Prokop, «As Trump takes aim at affirmative action, let's remember how Jared Kushner got into Harvard», *Vox*, 6 de julho de 2018, https://www.vox.com/policy-and-politics/2017/8/2/16084226/jared-kushner-harvard-affirmative-action.
- ensaio controlado aleatório sobre amamentação: Michael S. Kramer *et al.*, «Effects of prolonged and exclusive breastfeeding on child height, weight, adiposity, and blood pressure at age 6.5 y: Evidence from a large randomized trial», *American Journal of Clinical Nutrition* 86(6) (2007): 1717–21.
- *exposição à TV não teve efeitos no longo prazo nos resultados dos testes das crianças*: Matthew Gentzkow e Jesse M. Shapiro, «Preschool television viewing and adolescent test scores: Historical evidence from the Coleman Study», *Quarterly Journal of Economics* 123(1) (2008): 279–323.
- *ensinar às crianças jogos exigentes em termos cognitivos*: John Jerrim *et al.*, «Does teaching children how to play cognitively demanding games improve their educational attainment? Evidence from a randomized controlled trial of chess instruction in England», *Journal of Human Resources* 53(4) (2018): 993–1021.
- *meta-análise criteriosa da educação bilíngue*: Hilde Lowell Gunnerud *et al.*, «Is bilingualism related to a cognitive advantage in children? A systematic review and meta-analysis», *Psychological Bulletin* 146(12) (2020): 1059.
- *«provas limitadas»*: Jan Burkhardt e Cathy Brennan, «The effects of recreational dance interventions on the health and well-being of children and young people: A systematic review», Arts & Health 4(2) (2012): 148–61.
- «É preciso uma família para criar uma criança»: «Discurso de Tomada de Posse| |Senador Bob Dole | 1996 Convenção Nacional Republicana», retirado do YouTube, publicado pela Convenção Nacional Republicana, a 25 de março de 2016, https://www.youtube.com/watch?v=rYft9qxoLSo.
- *alguns bairros dão crianças mais bem-sucedidas*: Seth Stephens-Davidowitz, «The geography of fame», *New York Times*, 13 de março de 2014.

- *SuperMetros*: encontra dados sobre os efeitos causais de crescer em diferentes áreas metropolitanas em: http:// www.equality-of-opportunity.org/neighborhoods/.
- *Dentro de uma determinada área metropolitana*: Raj Chetty *et al.*, «The Opportunity Atlas: Mapping the childhood roots of social mobility», NBER Documento de Trabalho 25147, outubro 2018.
- *aproximadamente 13%*: numa secção do documento, os autores dizem que um aumento de um desvio-padrão no rendimento médio num recenseamento é de 21% do rendimento médio do agregado familiar; e que 62% deste efeito se deve a efeitos causais de um bairro.
- *cerca de 25%*: se o desvio-padrão dos efeitos no rendimento dos pais no geral for o dobro do desvio-padrão dos efeitos do rendimento de um bairro, a variação dos efeitos do rendimento dos pais no geral é quatro vezes a variação dos efeitos de rendimento de um bairro.
- *mais indicadores de que dá às crianças um grande impulso na vida*: as correlações de nível entre as características dos bairros e a mobilidade ascendente podem ser encontradas na Figura V e na Figura II do Apêndice online em Chetty *et al.* (2018). Estes não incluem dados para a Proporção de Professor Estudante ou Despesas Escolares. Esses dados foram estudados em cálculos ao nível do município no artigo de Raj Chetty e Nathaniel Hendren, «The impacts of neighborhoods on intergenerational mobility II: county-level estimates», *Quarterly Journal of Economics* 133(3): 1163–1228. Os cálculos podem ser encontrados na Tabela A.12 e na Tabela A.14.
- *O Poder dos Exemplos de Mulheres Inventoras*: Alex Bell *et al.*, «Who becomes an inventor in America? The importance of exposure to innovation», *Quarterly Journal of Economics* 134(2) (2019): 647–713.
- *O Poder de Exemplos de Homens Negros*: Raj Chetty *et al.*, «Race and economic opportunity in the United States: An intergenerational perspective», *Quarterly Journal of Economics* 135(2) (2019): 711–83.

CAPÍTULO 3: O PERCURSO MAIS PROVÁVEL PARA A EXCELÊNCIA DESPORTIVA SE NÃO TIVER TALENTO

- *As pernas curtas de Phelps*: David Epstein, «Are athletes really getting faster, better, stronger?», TED2014, https://www.ted.com/talks/david_epstein_are_ athletes_really_getting_faster_better_stronger/ transcript?language=en#t-603684.
- *Esgrime o seu Caminho até à Faculdade*: a história de O'Rourke foi contada por Jason Notte, «Here are the best sports for a college scholarship», Marketwatch.com, 7 de novembro de 2018.
- *duas vezes em cada mil gravidezes*: Christiaan Monden *et al.*, «Twin Peaks: more twinning in humans than ever before», Human Reproduction 36(6) (2021): 1666–1673.
- *Twinsburg*: O festival Twinsburg foi discutido em muitos sítios, incluindo por Brandon Griggs, em «Seeing double for science», CNN, agosto de 2017.

- *comportamento confiável é 10% natureza*: David Cesarini *et al.*, «Heritability of cooperative behavior in the trust came», PNAS 105(10) (2008): 3721–3726.
- *capacidade de reconhecer sabores azedos é 53% natureza*: Paul M. Wise *et al.*, «Twin study of the heritability of recognition thresholds for sour and salty tastes», Chemical Senses 32(8) (2007): 749–54.
- o *bullying* é explicado 61% das vezes pela natureza: Harriet A. Ball *et al.*, «Genetic and environmental influences on victims, bullies and bully-victims in childhood», *Journal of Child Psychology and Psychiatry* 49(1) (2008): 104–12.
- *o* alelo *T em rs11126630*: Irene Pappa *et al.*, «A genome-wide approach to children's aggressive behavior», *American Journal of Medical Genetics* 171(5) (2016): 562–72.
- nove deles foram verdadeiros: cálculos de que gémeos eram verdadeiros vieram de notícias da imprensa. Há informação contraditória se Stephen e Joey Graham são verdadeiros ou falsos. Também não havia informação sobre se Carl e Charles Thomas eram verdadeiros ou falsos. Então, contactei Charles no LinkedIn. Respondeu-me a dizer que eram verdadeiros. Obrigado, Charles!
- *um em 33 mil*: é claro que este número depende do ano, mas pode ser calculado comparando o número total dos nascimentos nos Estados Unidos num dado ano com o número total de jogadores de NBA nascidos nos EUA nesse ano. Por exemplo, em 1990, houve aproximadamente 4,2 milhões de nascimentos nos EUA, cerca de metade, do sexo masculino. Sessenta e quatro jogadores da NBA nasceram nos EUA em 1990.
- *modelo geral baseado nas equações dos gémeos*: encontra o código no meu website, sethsd.com, na secção «Twins Simulation Model».
- a dificuldade que os olheiros têm em avaliar gémeos verdadeiros: Jeremy Woo, «The NBA draft guidelines for scouting twins», *Sports Illustrated*, 21 de março de 2018.
- 6,778 atletas olímpicos de luta livre: todos os números estimados de atletas olímpicos são retirados da Wikipédia.

CAPÍTULO 4: QUEM É SECRETAMENTE RICO NA AMÉRICA?

- *Jack MacDonald*: Katherine Long, «Seattle man's frugal life leaves rich legacy for 3 institutions», *Seattle Times*, 26 de novembro de 2013.
- *Anna Sorokin*: Rachel Deloache Williams, «My bright-lights misadventure with a magician of Manhattan», *Vanity Fair*, 13 de abril de 2018.
- recebeu 8,9 milhões de dólares em 2019 da Universidade de Stanford: Steve Berkowitz, «Stanford football coach David Shaw credited with more than $8.9 million in pay for 2019», *USA Today*, 4 de agosto de 2021.
- *Jerry Richardson*: Nick Maggiulli (@dollarsanddata), «2. Não pensar como um patrão. Sabe quem é o jogador mais rico da NFL em toda a História? Não são Brady/Manning/Madden. É Jerry Richardson. Nunca ouviu falar dele? Eu também não. Fez riqueza com os *franchises* da Hardees, não a jogar na NFL. Seja um patrão. E pense como um». 8 de fevereiro de 2021, 12h30, *tweet*.

- *que ramos de negócio dão um proprietário*: Tian Luo e Philip B. Stark, «Only the bad die young: Restaurant mortality in the Western US», arXiv: 1410.8603, 31 de outubro de 2014.
- O *top* 5 dos negócios com o maior número de milionários: retirado do apêndice online de Smith, Yagan, Zidar e Zwick, «Capitalists in the Twenty- First Century». Em particular, os dados vêm da Tabela J.3 em http://www.ericzwick.com/capitalists/capitalists_appendix.pdf. Agradeço a Eric Zwick por me ter apontado.
- existem pelo menos 10 mil criativos independentes: isto inclui proprietários de empresas-S e sociedades.

CAPÍTULO 5: O LONGO E ABORRECIDO PERCURSO PARA O SUCESSO

- *Tony Fadell*: a história de Fadell foi contada em muitos sítios, incluindo aqui: Seema Jayachandran, «Founders of successful tech companies are mostly middle-aged», *New York Times*, 1 de setembro de 2019.
- *Numa entrevista no The Tim Ferriss Show, Fadell afirmou*: The Tim Ferriss Show #403, «Tony Fadell—On Building the iPod, *iPhone*, Nest, and a Life of Curiosity», 23 de dezembro de 2019.
- «as pessoas com mais de 45 anos basicamente morrem em termos de ideias novas»: Corinne Purtill, «The success of whiz kid entrepreneurs is a myth», *Quartz*, 24 de abril de 2018.
- «Pessoas jovens são mais inteligentes»: Lawrence R. Samuel, «Young people are just smarter», *Psychology Today*, 2 de outubro de 2017.
- *anos que se seguiram ao lançamento do filme*: «Surge in teenagers setting up businesses, study suggests», https:// www.bbc.com/news/newsbeat-50938854.
- *Suzy Batiz*: Carina Chocano, «Suzy Batiz' empire of odor», *New Yorker*, 4 de novembro de 2019; Liz McNeil, «How Poo-Pourri founder Suzy Batiz turned stinky bathrooms into a $240 million empire», *People*, 9 de julho de 2020.
- *«A vantagem do forasteiro»*: David J. Epstein, *Range* (Nova Iorque: Penguin, 2019).
- *«novas coisas incríveis vêm muitas vezes das margens»*: Paul Graham, «The power of the marginal», paulgraham.com, http://www.paulgraham.com/marginal.html.
- *jogadores da NBA vêm desproporcionadamente de famílias de classe média*: Joshua Kjerulf Dubrow e Jimi Adams, «Hoop inequalities: Race, class and family structure background and the odds of playing in the National Basketball Association», *International Review for the Sociology of Sport* 45(3): 251–57; Seth Stephens-Davidowitz, «In the N.B.A., ZIP code matters», *New York Times*, 3 de novembro de 2013.
- *é mais provável que as pessoas riam quando as coisas correm bem*: Seth Stephens-Davidowitz, «Why are you laughing?» *New York Times*, 15 de maio de 2016.
- *«mais inteligência é sempre uma vantagem»*: Matt Brown, Jonathan Wai e Christopher Chabris, «Can you ever be too smart for your own good? Comparing linear and nonlinear effects of cognitive ability on life outcomes», PsyArXiv Preprints, 30 de janeiro de 2020.

CAPÍTULO 6: PIRATEAR A SORTE A SEU FAVOR

- *Airbnb*: A história da Airbnb foi contada em muitos sítios, incluindo por Leigh Gallagher, *The Airbnb Story: How Three Ordinary Guys Disrupted an Industry, Made Billions... and Created Plenty of Controversy* (Nova Iorque: HMH Books, 2017).
- *«Ideia vezes produto vezes execução vezes equipa vezes sorte»*: Tad Friend, «Sam Altman's manifest Destiny», *New Yorker*, 3 de outubro de 2016.
- *como a sorte influencia as empresas grandes*: Jim Collins, *Great by Choice (Good to Great)* (Nova Iorque: Harper Business, 2011).
- *As marcações na Airbnb caíram*: Corrie Driebusch, Maureen Farrell e Cara Lombardo, «Airbnb plans to file for IPO in August», *Wall Street Journal*, 12 de agosto de 2020.
- *OPA com uma valorização de mais de 100 mil milhões de dólares*: Bobby Allyn e Avie Schneider, «Airbnb now a $100 Billion company after stock market debut sees stock price double», *NPR*, 10 de dezembro de 2020.
- *uma clara diferença entre desporto e arte*: Albert-László Barabási, *The Formula* (Nova Iorque: Little, Brown, 2018).
- *Apenas 7 das 1097 pessoas que passaram pararam para ouvir*: Gene Weingarten, «Pearls Before Breakfast: Can one of the nation's great musicians cut through the fog of a D.C. rush hour? Let's find out», *Washington Post*, 8 de abril de 2007.
- *A Mona Lisa desapareceu*: R. A. Scotti, *Vanished Smile* (Nova Iorque: Vintage, 2009).
- «O Efeito Da Vinci»: https://www.beervanablog.com/beervana/2017/11/16/the-da-vinci-effect.
- *Salvator Mundi*: Caryn James, «Where is the world's most expensive painting?» BBC.com, 19 de agosto de 2021, https://www.bbc.com/culture/article/20210819-where-is-the-worlds-most-expensive-painting.
- *o que prevê o sucesso no mundo da arte*: Fraiberger *et al.*, «Quantifying reputation and success in art.»
- *Calendário de um artista de categoria 1 enquanto jovem*: calendários de exposições de artistas em particular do conjunto de dados gentilmente facultado por Samuel P. Fraiberger.
- *como Springsteen diagnosticou o seu problema*: «The Promised Land (Introduction Part 1) (Springsteen on Broadway — Official Audio)», retirado do YouTube, carregado por Bruce Springsteen, a 14 de dezembro de 2018, https://www.youtube.com/watch?v=omuusrmb6jo&list=PL9tY0BWXO ZFs9l_PMss5AB8SD38l-FBLwp& index=12.
- Os artistas que produzem mais trabalho tendem a ter mais êxitos: Dean Keith Simonton, «Creativity as blind variation and selective retention: Is the creative process Darwinian?», *Psychological Inquiry* 10 (1999): 309–28.
- *Escreveu*: *No Direction Home*, realizado por Martin Scorsese, Paramount Pictures, 2005.
- *Beethoven não gostou de uma peça que compôs*: Aaron Kozbelt, «A quantitative analysis of Beethoven as self-critic: Implications for psychological theories of musical creativity», *Psychology of Music* 35 (2007): 144–68.

- *Após terminar o seu terceiro álbum, Born to Run*: Louis Masur, «Tramps Like Us: The birth of Born to Run», *Slate*, setembro 2009, https://slate.com/culture/2009/09/born-to-run-the-groundbreaking-springsteen-album-almost-didnt-get-released.html.
- *Quando se é dos homens menos desejados do site*: Elizabeth E. Bruch e M. E. J. Newman, «Aspirational pursuit of mates in online dating markets», *Science Advances* 4(8) (2018).
- aumento drástico de mulheres heterossexuais: Derek A. Kraeger *et al.*, «"Where have all the good men gone?" Gendered interactions in online dating», *Journal of Marriage and Family* 76(2) (2014): 387–410.
- *Chris McKinlay*: Kevin Poulsen, «How a math genius hacked OkCupid to find true love», *Wired*, 21 de janeiro de 2014. McKinlay conta a história no seu livro *Optimal Cupid: Mastering the Hidden Logic of OkCupid* (Platforma Independente de Publicação CreateSpace, 2014).
- por cada proposta que um cientista recebe: Jason D. Fernandes *et al.*, «Research culture: A survey-based analysis of the academic job market», *eLife Sciences*, 12 de junho de 2020.

CAPÍTULO 7: TRANSFORMAÇÃO: EDIÇÃO CROMOS

- o maior perito em rostos do mundo: Alexander Todorov, *Face Value* (Princeton, NJ: *Princeton University Press*, 2017). Também entrevistei Todorov a 7 de maio de 2019.
- *a pessoa cujo rosto foi julgado como mais competente*: Alexander Todorov *et al.*, «Inferences of competence from faces predict election outcomes», *Science* 308(5728) (2005): 1623–26.
- o que melhor previu quais os cadetes de West Point: Ulrich Mueller e Allan Mazur, «Facial dominance of West Point cadets as a predictor of later military rank», *Social Forces* 74(3) (1996): 823–50.
- classifique várias imagens da mesma pessoa em muitas dimensões: Alexander Todorov e Jenny M. Porter, «Misleading first impressions: Different for different facial images of the same person», *Psychological Science* 25(7) (2014): 1404–17.

CAPÍTULO 8: A MAGIA TRANSFORMADORA DE SAIR DO SOFÁ

- *um contrato não dá felicidade duradora*: Dan Gilbert *et al.*, «Immune neglect: A source of durability bias in affective forecasting», *Journal of Personality and Social Psychology* 75(3) (1998): 617–38.
- *qual é a sensação de ver um contrato recusado:* «What is it like to be denied tenure as a professor?» Quora, https://www.quora.com/What-is-it-like-to-be-denied-tenure-as-a-professor.
- foram recrutados vários pacientes para uma colonoscopia: Donald A. Redelmeier e Daniel Kahneman, «Patients' memories of painful medical treatments: Real-time and retrospective evaluations of two minimally invasive procedures», *Pain* 66(1) (1996): 3–8.

CAPÍTULO 9: AS ARMADILHAS DA VIDA MODERNA QUE NOS FAZEM SOFRER

- *motores de busca valem 17 530 dólares todos os anos para o americano médio*: Erik Brynjolfsson, Avinash Collis e Felix Eggers, «Using massive online choice experiments to measure changes in well-being», PNAS 116(15) (2019): 7250–55.
- *trinta por cento dos americanos afirmaram ser «muito felizes»*: dados do GSS estão disponíveis em https://gssdataexplorer.norc.org/trends/Gender%20&%20Marriage?measure=happy.
- *o rendimento aumenta a felicidade, mas os efeitos são pequenos*: Matthew A. Killingsworth, «Experienced well-being rises with income, even above $75,000 per year», PNAS 118(4) (2021).
- *a meditação aumenta a felicidade*: Xianglong Zeng *et al.*, «The effect of loving-kindness meditation on positive emotions: A meta-analytic review», *Frontiers in Psychology* 6 (2015): 1693.
- *O trabalho é uma chatice*: Alex Bryson e George MacKerron, «Are you happy while you work?» *Economic Journal* 127(599) (2016): 106–25.
- experiência sobre os efeitos de usar o Facebook: Hunt Allcott *et al.*, «The welfare effects of social media», *American Economic Review* 110(3) (2020): 629–76.
- *como a felicidade dos adeptos desportivos foi afetada*: Peter Dolton e George MacKerron, «Is football a matter of life or death—or is it more important than that?» *National Institute of Economic and Social Research,* Documentos de Reflexão 493, 2018.
- *Melhor que os Knicks*: Sean Deveney, «Andrew Yang brings his hoop game, 2020 campaign to A.N.H. gym for new series», https://www.forbes.com/sites/seand eveney/2019/10/14/andrew-yang-2020-campaign-new-hampshire-luke-bonner/?sh=73927bbf1e47.
- *a felicidade da bebida*: Ben Baumberg Geiger e George MacKerron, «Can alcohol make you happy? A subjective wellbeing approach», *Social Science & Medicine* 156 (2016): 184–91.
- *estar na natureza é uma componente crucial da felicidade*: George MacKerron e Susana Mourato, «Happiness is greater in natural environments», *Global Environmental Change* 23(5) (2013): 992–1000.
- *estar rodeado de beleza:* Chanuki Illushka Seresinhe *et al.*, «Happiness is greater in more scenic locations», *Scientific Reports* 9 (2019): 4498.
- *HappyHier*: Sjerp de Vries *et al.*, «In which natural environments are people happiest? Large-scale experience sampling in the Netherlands», *Landscape and Urban Planning* 205 (2021).
- frequentemente, outros fatores importam mais do que o tempo: todas as comparações de felicidade são os cálculos do autor baseados na Tabela 2, que encontra em https://eprints.lse.ac.uk/49376/1/Mourato_Happiness_greater_natural_2013.pdf.